JavaScriptによる
アルゴリズム入門

著者：山本 修身

近代科学社Digital

はじめに

　本書はアルゴリズムの基礎的な内容を JavaScript を用いて解説したものです．従来の教科書で扱われていた内容を大幅に削減し，初等的なアルゴリズムに限定して実例を入れて詳しく解説しました．また，それらのアルゴリズムを用いて解ける問題のプログラム例をページ数が多くならない範囲でできる限り含めています．それは，著者がこのような基礎的なアルゴリズムの理解とプログラミングは不可分であると考えているからです．

　JavaScript はいくつかの Web ブラウザでは標準的であり，そこに装備されている処理系の性能は驚くほど高いものです．本書で扱っている問題のいくつかは相当の計算量を必要とするものですが，多くの場合，問題なく解くことができています．本書で利用した JS Executor はこのようなブラウザ上の処理系を利用したプログラミング環境であり，使い勝手にいまだ問題点はあるものの，ここ数年実際にアルゴリズムの授業において利用してきています．ソフトウェアのインストールも不要で，ブラウザにURL をタイプするだけで高速な言語処理系を利用できることは一昔前の状況とは比べものにならないほど手軽です．また，JavaScript は問題のある文法を一部含むということはあるにしても，多くの現代的な仕組みを装備したプログラミング言語であると言えます．JS Executor の環境ではデバッグの支援に難はありますが，初学者のアルゴリズムの学習システムとして十分に利用価値のあるものだと思います．

　本書を通じて多くの人たちがアルゴリズムの本質を理解してそのスキルを色々な場面で，よりスマートで洗練されたシステムづくりのために発揮してもらえれば本書の目的は十分に達成されたとものと考えます．

2022 年 2 月

山本修身

目次

第5章　ハッシングの手法

第6章　ソーティングアルゴリズム

第7章　計算と計算量の理論

付録A　JS Executorの使い方

第1章
アルゴリズムの考え方

　この章では具体的なアルゴリズムの話をする前
に，厳密ではないがアルゴリズムやプログラムと
は何かについて考え方を説明する．ここでの計算
機は命令を順番に実行する仕組みをもっており，
この命令の列をプログラムと呼んでいる．また，
計算機や計算機の命令セット（プログラミング言
語）に依存しない抽象的な計算手順のことをアル
ゴリズムと呼んでいる．

　非常に単純な描画方法を記述することしかでき
ないプログラミング言語を定義し，それを用いて
描画してみる．同じ絵を描くのに色々な描画方法
が存在する．同じ問題を解くためのアルゴリズム
はいくつも存在する可能性がある．しかし，それ
らのアルゴリズムがすべて効率的に実行できる
とは限らない．また，計算機に与えられる入力に
よって同じアルゴリズムで効率が著しく異なる場
合もある．

1.1　はじめに

　本書はアルゴリズムの考え方について述べたものである．アルゴリズムは抽象的なプログラムもしくはそれを作るための考え方と解釈されるが，実質的にはプログラムと同義である．本章ではアルゴリズムの基本的な考え方について解説する．

　まず，ソフトウェアとして見たときコンピュータ（計算機）[1] は入力データを出力データに変換する機械である．したがって「〜を計算するプログラム」と言う場合，何が入力されて何が出力されるのかはっきりしている必要がある（図 1.1）．

図 1.1　矩形の面積を計算するプログラムへの入力と出力のイメージ．

　入力された数を 2 乗するプログラムを考えてみよう．入力は整数 n であるとする．出力は n から計算される値 n^2 であるとする．この場合，入力として 1.3 は許されない．したがって．計算機は入力した整数値を 0 と 1 による 2 進数として表現してから，それ自身を掛け合わせる演算を行い出力する．このとき，もし入力として与えられる式が $2, 3, 4$ のいずれかのみであると限定されたとする．このように限定されてしまうと状況は一気に変わってしまう．わざわざ数を掛け合わせる仕組みを計算機内部に作る必要はなく，

$$入力 = 2 \Rightarrow 4 \text{ を出力}$$
$$入力 = 3 \Rightarrow 9 \text{ を出力}$$
$$入力 = 4 \Rightarrow 16 \text{ を出力}$$
$$それ以外 \Rightarrow エラーを出力$$

1　本書では場所によって「計算機」と「コンピュータ」という 2 つの用語を使うが両者は同じものを指している．

という単純な仕組みを構成すれば事足りる．すなわち，どのような入力が計算機に与えられるかということはかなり重要なことであり，計算自体が同じものであっても入力が変わってしまえば（もしくは入力の範囲が変わってしまえば）そのアルゴリズムも大きく変わってしまうのである．

　我々がアルゴリズムとして学ぶ事柄はいくつかの考え方である．その多くは単にアルゴリズムというわけではなく，データの構造や表現方法と深く結びついている．ここでは，まず標準的な計算機のモデルを見てみる（図 1.2 参照）．このモデルでは計算機はプログラムとメモリで構成されている．我々が計算機の一部として考えているディスプレイやキーボード，マウスなどは計算機につながれている入出力装置であり，コンピュータそのものとは考えない．いずれかの方法によって入力された入力（データ）はプログラムによって処理される．その際，プログラムは記憶装置であるメモリにデータを書いたり，メモリに書き込まれているデータを読み出したりすることができる．また，プログラムは命令の集合体からなっている．プログラムの具体的な構造や意味については次節で JavaScript として解説するのでここでは漠然としたイメージをもってもらえれば十分である．命令は計算機によって順々に実行されていく．その際，演算が行われたり，データのメモリへの読み書き，データの入出力装置への読み書きなどが行われる．

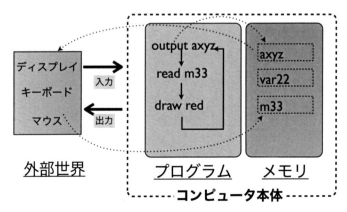

図 1.2　標準的な計算機のモデル.

このモデルは我々が日々利用しているパソコンの構造と基本的には同じ構造である．プログラムがあらかじめ計算機に入っており，現在どの命令まで実行したかを管理するプログラムカウンタがあり，順々に命令を実行していく計算機は**ノイマン型 (von Neumann architecture)** と呼ばれている．現実の計算機にはさらに色々な仕組みが導入されているが，我々に身近な計算機は根本的にはこのような構造をもっている．

1.2　縦横線分描画計算機

まず，複雑な計算を行う計算機を考えるのではなく非常に単純な命令の組み合わせによって動作する「縦横線分描画計算機」を考えてみる．この計算機のプログラムで用いられる命令は基本的には以下の 4 つの命令である：

```
r：右へ移動
l：左へ移動
u：上へ移動
d：下へ移動
```

これらの命令は順番に 1 つずつ読み込まれて実行する．この計算機は「現在のペンの位置」という 2 次元平面の座標を内容とする状態変数をもっている（これはメモリの上にある）．それぞれの命令によって状態変数が変化し，それに伴って画面の上に線画が描かれる．描画されるものは縦または横方向の単位長さをもつ線分である．

　例を見てみよう．この計算機は JavaScript で書かれたプログラムによって実現されている．このプログラムは例えば，以下の入力を受けとってグラフィックスウィンドウに描画する：

```
uuuuddrruuddddzrrz
rrlluurrlluurrzrrz
```

```
ddddrrzrruuuuz
ddddrrzrruuuuz
ddddrruuuull
```

このプログラムによって入力された文字列が描画された様子を図 1.3 に示す. 入力文字列はつなげて書いても変わらないが, 上記の 5 行はそれぞれ HELLO の 5 文字に対応している. 実際にはブラウザ上の JavaScript の実行環境[2]で動かすことができる. u, r, d, l を適当に並べることによって色々な絵を描かせることができる. さらに, 前述の命令セットでは一筆書きしか描けないので, ペンをアップダウンさせる命令 z が導入されている. 一度 z を実行するとペンが上がり実際には描画されない. もう一度 z を実行するとペンが下がりまた描画されるようになる.

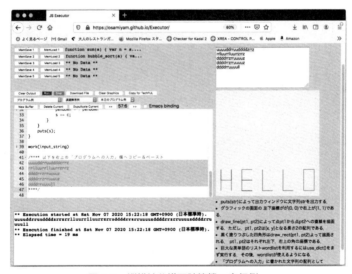

図 1.3 縦横線分描画計算機の実行例.

---

2 このプログラムは URL https://osamiyam.github.io/Executor/ を開き「プログラム例」のメニューから「お絵かきプログラム」を選択して, プログラム末尾のコメント文になっている 5 行を右上の入力欄に入れて「実行」ボタンを押すとプログラムが実行される.

　縦横線分描画計算機はこのような順な命令体系をもったものであるが，これもプログラミング言語の一種であると考えることができる．しかし，足し算もできないし，繰り返し構造もない．できることは非常に限られている．

　このようなシンプルな計算機を用いてある絵を描く場合，その描き方は無数に存在する．単純な例を見てみよう．図 1.4 に四角が 3 つつながった図形の描き方が 4 通り示されている．これらはすべて異なる描き方であり，それぞれの描き方に対応するプログラムは，左上から順に

```
urdurdurdlll
urrdlurrdlll
urdlurrdlurrdlll
urdrurdluldl
```

となる．重複して同じ辺をなぞると特に線分は変わらないので，何度でも同じ場所なぞることができて，いくらでもプログラムは存在する．なるべく少ない命令で実現するのが良いとすれば，3 つ目のプログラム以外は最適なプログラムとなる．

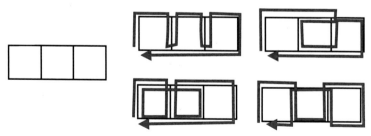

図 1.4　縦横線分描画計算機で図形を描く．

　与えられた図形に対して，最適な（または比較的良い）プログラムを見つけることは難しい場合もあるし，この例のように容易に発見できることもある．一般の計算機においても計算量の少ないアルゴリズムを見つける

ことが容易な場合もあるし，難しい場合もある．計算量が少ないどころか
どのような手順で計算させればよいかもよくわからない問題も存在する．

1.3　アルゴリズムとプログラミング言語

　極言すればプログラムとアルゴリズムはほぼ同じものである．普通プロ
グラムは実際に動くソースコードを指し，アルゴリズムは，それよりは抽
象的なプログラムを作成するための考え方や漠然とした構造を指すと理解
されている．抽象度の違いはあるにしても，両者は同じ方向を向いた同種
と考えられる．実際，多くの場合アルゴリズムを説明するのに簡略化さ
れたプログラミング言語（「pidgin code」と呼ばれている）がよく用いら
れる．
　そのような言い方からすれば，本書で扱う内容は「いかにプログラムを
書くか」というプログラミングの方法論であると言えなくはない．もちろ
ん内容は特定のプログラミング言語の仕様に関するものというよりも，よ
り抽象度の高いデータ構造とそれを用いた計算の方法ということになる．
　英単語をある程度知っていても英語が話せるわけではないし，英語が話
せてもその英語を使って効率良く自分の考えを人に伝えられるとは限らな
い．現実にプログラミングに携わる技術者は，プログラミングができない
と困ることになる．実際にプログラミングをしなくても，プログラミング
をした経験は色々な面で役に立つし強く要求される．おそらくあるプログ
ラミング言語を勉強したことがあるというのは，適当な英文法と英単語を
知っているということになぞらえることができる．しかし，それだけでは
自分の思っていることを表現することは難しい．現実の問題に則してどの
ようなプログラムを作ればよいのか，どのようなデータ構造でデータを蓄
えればよいのかという問題は，プログラミング言語の仕様などよりははる
かに抽象度の高い知識が必要となる問題である．特にどのような考え方で
問題に対処するのかということは，プログラム全体の設計に関わる一大事
である．だからこそアルゴリズムを系統的に学ぶということはとても重要
であると言える．

　「アルゴリズム」という言葉は 9 世紀のイラク バグダットの数学者ア
ル・フワーリズミーから来ていると言われている．アルゴリズムは計算機
上である特定の問題を解くための方法であり，前述のようにプログラム自
体もアルゴリズムと言えるが普通はプログラムよりも抽象的な方法論を指
すことが多い．また，数学的に言えば，ある問題を解くためのアルゴリズ
ムであるためにはつぎの 2 つの条件が成り立たなくてはいけない．(1)
まず，入力が与えられたとき必ずその問題が解けなくてはいけない．ある
入力については解けて，別の入力のときは駄目というのではアルゴリズ
ムとは認められない．(2) さらにプログラムは実行を伴うので，「解ける」
「解けない」以外に「止まらない」という状況が考えられる．アルゴリズ
ムは想定される入力に対して常に止まることが要求されている．アルゴリ
ズムによっては停止することが自明ではないアルゴリズムが存在する．
　例を見てみよう．与えられた 2 つの正整数の最大公約数 (GCD) を計算
するアルゴリズムに**ユークリッドの互除法 (Euclidean algorithm)** があ
る．このアルゴリズムは C 風に書けば，以下のようになる．正の整数 a，
b が与えられたとき，

```
while (b > 0)
    (a, b) = (b, a % b)
```

を実行すると，a に最初の a，b の GCD が入る．このアルゴリズムが停
止することは自明ではない．簡単な説明としては，while の本体を 1 回実
行するごとに b は小さくなるので，いつか b は 0 になり停止するとは言え
るが，厳密に示すには多少議論をしなければならない．また，停止したと
き a の値が GCD であることも自明ではない．ここでは細かく証明を与え
ることはしない．どうしてこのアルゴリズムが正しいのか考えてみること
は練習問題とする．
　アルゴリズムの概略は前述のようなものであるが，実際に動くプログラ
ムを書くと，上記の C 風の記述では済まない．例えば正しい C のプログ
ラムで表現すればこのアルゴリズムは，以下のようになる．

```
1  #include <stdio.h>
2  #include <stdlib.h>
```

```
 3
 4  int euclid(int a, int b){
 5    while (b > 0){
 6      int am = b;
 7      int bm = a % b;
 8      a = am;
 9      b = bm;
10    } /* while */
11    return a;
12  } /* euclid */
13
14  int main(){
15    int a = 34;
16    int b = 56;
17    printf("GCD(%d, %d) == %d\n", a, b, euclid(a, b));
18    return 0;
19  } /* main */
```

これに対して現代的な言語は比較的短い行数でアルゴリズムを表現することができる．例えば，Python と Ruby ではそれぞれ以下のようなプログラムで表現される．

```
1  def euclid(a, b):
2      while b > 0:
3          a, b = b, a % b
4      return a
5
6  a, b = 35, 56
7  print a, b, euclid(a, b)
```

```
1  def euclid a, b
2    while b > 0 do
3      a, b = b, a % b
4    end
5    return a
6  end
7
8  a, b = 35, 56
9  puts format("%d %d %d", a, b, euclid(a, b))
```

また，OCaml では

```
1  let rec euclid a b =
2    if b > 0 then euclid b (a mod b)
3    else a in
4  let a = 35 and b = 56 in
5  Printf.printf "%d %d %d\n" a b (euclid a b)
```

となる．我々はプログラミング言語の詳細について良否を議論したいわけではなく，アルゴリズムを表現するのに何が適当であるかということに着目している．さらに非常に一般的なプログラミング言語である C との接続性を考えるとき，以下に示す JavaScript（ECMA Script 1.7 レベル）は最良の選択肢の 1 つであると考えられる．

```
1  function euclid(a, b){
2    while (b > 0)
3      var [a, b] = [b, a % b];
4    return a;
5  } /* euclid */
6
7  var [a, b] = [35, 56]
8  puts(a + ', ' + b + ', ' + euclid(a, b))
```

本質的にはどのようなプログラミング言語でアルゴリズムを記述しても変わらないが，実際にはなるべく簡潔に（ストレートに）アルゴリズムを表現できる言語を用いることが最適であると考えるので，本書では JavaScript を用いてアルゴリズムを解説する．

1.4　本書で使う JavaScript について

JavaScript の正式名称は EcmaScript である．ここではこのプログラミング言語を JavaScript と呼ぶ．JavaScript はもともと Mozilla によって作られた言語である．この言語は Ecma International によって標準化されており，その仕様は ECMA-262 に定義されている．Java という名前が使われているが，Java 言語とは関係ない．Firefox, Chrome などの Web ブラウザでは直接 JavaScript を実行できるエンジンを備えている．特に「v8 エンジン」（Google Chrome）と呼ばれる処理系や「spider monkey」(Mozilla Firefox) 処理系は，処理速度が極めて高速であること が知られている．C などに比べて JavaScript は細かいハードウェアなど の実装を気にしなくてもプログラミングすることができ，柔軟性があり抽 象度が高いプログラミングが可能である．さらに，特にソフトウェアをイ ンストールしなくてもブラウザ上でそのまま実行できる．本書では本格的 なソフトウェア開発の道具として JavaScript を用いるのではなく，アル ゴリズムを記述し説明するための道具として用いる．

　現在 JavaScript にはいくつかの仕様が存在する．本書で示す JavaScript プログラムは，EcmaScript 2016 に準拠する．2021 年 2 月 現在 Firefox ブラウザは EcmaScript 2016 をサポートしているので， Firefox 上では本書のプログラムは問題なく動く．また，Firefox 上でプ ログラミングを円滑に行うために，JS Executor というプログラムを用 いる[3]．

　また，本書に掲載されているプログラムの多くは Node.js[4]や Rhino[5]な どでそのまま実行可能であるが，本書で利用している出力関数 puts は通 常の環境では利用できないので，プログラムの先頭に

```
1    var print
2    if (print == undefined) puts = console.log
3    else puts = print
```

を付け加える．これにより，Node.js や JS コマンド (Spidermonkey)， Rhino などで本書の puts を同じように利用することができる．詳しくは 付録 A.5 を参照すること．

---

[3]　JS Executor は https://osamiyam.github.io/Executor/ にアクセスすることによ り起動することができる．

[4]　Google Chrome に利用されている v8 エンジンに色々なライブラリを付加してコマンド ラインから利用できるようにしたもの．https://nodejs.org/ja/ を参照のこと．

[5]　Java によって書かれた JavaScript 処理系であり，Java の機能を JavaScript から利用 することができる．https://github.com/mozilla/rhino を参照のこと．

1.5　練習問題

1. 縦横線分描画計算機を用いて以下の図形をなるべく少ない命令で描画するようにプログラムを作成せよ.【ヒント：48 ステップのプログラムが存在する.】

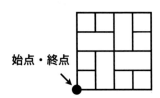

始点・終点

2. 正整数 n が与えられたとき，この数を 2 進数として表現した場合の桁数を計算するプログラムを適当なプログラミング言語で作れ.このプログラムはいつも正しい答えを返すか.また，このプログラムが無限ループに陥ることはないか.

3. ある素数 p と任意の正整数 $0 < a < p$ が与えられたとき，

$$ab \equiv 1 \quad (\mathrm{mod}\ p)$$

となるような正整数 $0 < b < p$ を計算するアルゴリズムを考えよ.【ヒント：a と p は互いに素なので $ab + qp = 1$ となるような b, q を見つけることができる.$p - q'a = r\ (0 < r < a)$ を求めると a と r は互いに素である.】

第2章

JavaScriptの概略

　本書ではJavaScriptを用いて色々なアルゴリズムを解説する．本書で示すプログラムを正確に理解できるように，また，本書で学ぶアルゴリズムを自由にプログラムで表現できるように本章ではJavaScriptを解説する．プログラミング言語について説明する場合，内容は大きく2つの要素を含む．1つは「プログラムはどのように書かれるべきか」を論ずる部分でシンタックス (syntax) と呼ばれる．もう1つは「プログラムはどのように動くべきか」を論ずる部分でセマンティクス (semantics) と呼ばれる．この2つの部分を含めて現実にJavaScriptのプログラムをどう書けばよいのか解説してみる．

2.1 識別子，データ，変数，コメント

JavaScript のプログラムは一連の命令を並べたものである．命令はいくつかのカテゴリーに分類され，詳細については次節で解説する．簡単なプログラムとして以下のようなものを書くことができる．

```
1  puts('Hello, there!')
2  a = 23
3  b = 56
4  puts('Input: ' + a + ', ' + b)
5  puts('The answer is ' + (23 * 56))
6
7  // Hello, there!
8  // Input: 23, 56
9  // The answer is 1288
```

多くのプログラミング言語で重要となるのは記憶を蓄えるための場所とその機能である．普通，データを蓄える場所を指すための実体を**変数 (variable)** と呼ぶ．C などの静的な言語では変数はメモリ上の番地 (address) と結びついていてデータは特定の番地に蓄えられることになるが JavaScript の場合，データが物理的にどこに蓄えられるかを知ることはできない．したがって，その番地も定義されないしポインタも存在しない．

多くのプログラミング言語と同様にプログラム上で変数やその他のものを特定するために**識別子 (identifier)** が用いられる．識別子はアルファベット (a-z, A-Z)，アンダースコア (_)，ドルマーク ($) または Unicode 文字からスタートしてそのあとにアルファベット，数字 (0-9)，アンダースコア，ドルマーク，Unicode 文字を 0 回以上続けた文字列のことである．ただし，**予約語 (reserved words)** と呼ばれるものは識別子ではない．予約語には，function，while，if，var などが含まれる．また，識別子の例としては，count，i，j，budget2017，情報工学科学生，合計などが挙げられる．漢字は Unicode 文字の繰り返しとして普通に使うことができるが，漢字を含めたプログラムは読みづらいので基本的に本書では漢字をプログラム中に書くことはしない．

　識別子は通常変数名として利用することができる．変数は本節の後半で述べるデータのいずれかを代入して指し示すことができる[1]．データは生成された直後に適当なもの（変数とは限らないが多くの場合は変数である）によって指される（参照される）．いかなるものからも指されなくなった（参照されなくなった）データは自動的に消滅する[2]．変数にデータを結びつけるには，以下のように「＝」を用いてデータを代入する：

```
1  a  = 12
2  b  = 34
3  pi = 3.141592
4  S  = 2 * pi * pi * a * a * b
5  puts(S)
6
7  // 96643.12608339151
```

このプログラムの場合，代入が行われる直前に（大域）変数が生成されて，さらに代入されるデータが生成されて，それがこの変数によって指されるようになる．

　JavaScript の変数には型制限がない．どの変数もどのような型のデータでも代入できる．代入されるデータの型が何であろうと，特に非常にサイズの大きなデータ型であろうが単なる1つの数値で0であろうが，変数がそのデータを指すという意味では皆同じである[3]．

　プログラム中にプログラムそれ自体に関係のない文字列を挿入することができる．通常この文字列は**コメント (comments)** と呼ばれる．JavaScript のコメントには2つの形式があり，1つはコメントのスタート

1　多くの教科書で変数を「データを入れる箱」のように説明しているものが見られるが，そのような説明は素朴なデータについては問題ないが，複雑なデータについては説明しづらい．本書で変数は C のポインタのようにデータ指し示すものと解釈している．

2　実際には処理系のゴミ集め機 (garbage collector) によって回収され消去される．データが置かれていた場所は再利用される．

3　C などは変数の型が厳密に決まっている（かつてケン・トンプソンが作り出した原始的な C では型の制限は相当にゆるかったが，カーニハンらによって作られた ANSI C では中途半端に厳しくなってしまった．さらに徹底的に厳しくしてがんじがらめにしてしまったのが C++ であるが，結局それがプログラム開発の効率性に有効に働いているとは考えづらい）．また，OCaml や Haskell などの関数型言語では人が型を管理するのはなく，型推論エンジンによって処理系が自動的に変数の型を管理してくれる．

記号// から同じ行の行末までをコメントとする形式であり，もう 1 つは
コメント開始記号 (/*) から始まりコメント終了記号 (*/) で終了するもの
である．多くの場合前者は行についての注釈を与えるために使われるが，
ブロックコメント（数行にわたるコメント）にも利用される．後者はブ
ロックコメントに利用されることが多い．プログラムはプログラムとして
読みやすく書かれるべきなので，一行一行にコメントを付ける必要はない
が，意味の分かれ目でプログラムを区切ったり，大きな塊に注釈を付ける
必要はある．

　JavaScript では扱うことのできる基本データ型がいくつか用意さ
れている．まずは数データ (Number) である．数は整数 (ex. 2354,
-1123) であったり浮動小数点数 (ex. 7.23, 1.23e+23) であったりす
る．JavaScript ではこれらをデータ型として区別しない．ともに数であ
るが，また，数は必ずしも 10 進で表現する必要はない．C と同様に 0 か
らスタートする数は 8 進数であるし，0x からスタートする数は 16 進数と
して解釈される．parseInt 関数を用いれば，2 進数（0 と 1 で表現され
た数）で扱うこともできる．さらに，toString(数，基数) を用いること
で n 進表示をさせることもできる．以下に例を示す．

```
1  a = parseInt("1001010010111111", 2)
2  puts(a)
3  puts(a.toString(16))
4  puts(a.toString(2))
5
6  // 38079
7  // 94bf
8  // 1001010010111111
```

　数データと並んで，我々がよく利用するデータに文字列がある．文字列
は文字通り文字を並べた列のことである．プログラム中で文字列を表現す
るには文字の列の前後をダブルクオート (") またはシングルクオート (')
で括る．ダブルクオートで始まった文字列はダブルクオートで終了し，シ
ングルクオートで始まったものはシングルクオートで終了する．これによ
り，文字列の中にシングルクオートまたはダブルクオートを含めることが
簡単にできる．また，JavaScript には C のような文字型（1 文字だけの

データ）は定義されていない．1文字のデータを表現するのであれば，長さ1の文字列を用いる．

　文字列は和の演算子 + によって連結することができる．文字列でないものと文字列を + で結んだ場合，文字列でないものは文字列に変換されて連結される．したがって結果は文字列となる．この + 演算子は左結合（左から順につなげていく）ので注意を要する．以下の例をよく理解すること．

```
1  puts("Number of people: " + 10 + 20)
2  // Number of people: 1020
```

　数，文字列以外に頻繁に用いるデータに論理値がある．論理的な状態を表すためのもので，値としては true と false の2つのみである．これらは 2 < 4 のような比較演算などを行ったときに返される．C などでは論理値を数で代用しているが，JavaScript の場合には独立したデータ型として扱う．

　JavaScript の基本データ型はこれ以外にも若干存在する．特に null と undefined はしばしば利用される．それぞれ「データが存在しない」ことと「データが定義されていないこと」を表現するためのデータであり，それぞれが独自の型をもつと考える．例えば，var は後述するように変数を生成するための命令であるが，var によって変数を生成してその値をすぐに出力すると undefined が出力される．値が定義されていないということである．

```
1  var i
2  puts(i)
3  // undefined
```

2.2　演算子

　本節では前節で説明した単純なデータに対する基本的な演算について解説する．演算とは数に対する四則演算（足す，引く，掛ける，割る）など

を含むもので通常 2 つ以上のデータが与えられたとき，その情報から第 3
のデータを作り出すことである．

　文字列の演算については，前節で説明した文字列を連結する + 演算子以
外で頻繁に利用される演算子は比較演算子であるが，それについては本節
の後半で解説する．

　そこで，比較演算を除く数どうしの演算についてまず説明する．数の演
算は前述の四則演算が代表的なものである．JavaScript の演算は，**なる
べく情報が減らないように**設計されている．さらに表面上，整数と浮動小
数点数の区別はない．したがって，C のように 1/3 という演算結果が 0
とはならず，0.3333333 という浮動小数点数（JavaScript にはそのような
区別はないが）になる．この部分は C と挙動が異なるので注意すること．
整数を整数で割った商を求める場合には Math.floor(10 / 3) のように
整数化を行う関数を利用する必要がある．また，計算機では数の演算には
四則演算以外に余りをとる演算がよく利用される．これは % で表される．

　また，C などでは整数を 0 で割ると割り込みが起こって制御がシステム
に返されるが，JavaScript は web ページの記述などに利用されることか
ら割り込みは起こらず，Infinity や NaN (not a number) が返される．
以下に例を示す．このような値を返すことにより，形式的には計算を中断
させることなく最後まで完了させることができるが，その代わりにどこで
計算に不具合が発生したのかわかりづらくなっている．

```
1  a = 3.0 / 0
2  b = 0.0 / 0.0
3  puts(a)
4  puts(b)
5
6  // Infinity
7  // NaN
```

　数の演算として余りを計算する演算子 % がある（表 2.1）．JavaScript
の場合，整数と浮動小数点数を区別しないことから浮動小数点数に対し
ても余りの演算が計算できる．具体的には 1.23 % 0.34 = 0.21 とな
る．これは，$3 \times 0.34 + 0.21 = 1.23$ という演算から得られる結果であ
る．この場合，0.34 を -0.34 に置き換えても同じ結果となる．それは，

$(-3) \times (-0.34) + 0.21 = 1.23$ だからである.

さらに数の演算としてべき乗演算子 ** がある. この演算子は C にはない. この演算子は 2 ** 10 のように書き,これは 2^{10} を意味している. 実装により問題が生じることはあるかもしれないが,基本的に x * x は x ** 2 に置き換えることができる. また,平方根を計算する場合にも x ** 0.5 とすればよいが,これは可読性に問題があるので使わない方がよい[4].

表 2.1　数の演算（四則演算などとビット演算）.

+	足し算	&	AND 演算
-	引き算	|	OR 演算
*	掛け算	^	XOR 演算
/	割り算	<<	左シフト演算
%	余りをとる演算	>>	右シフト演算
**	べき乗演算	>>>	右シフト演算（ビット拡張なし）

さらに,整数に限定されるがビット演算を利用することができる. 本書でビット演算を利用することはほとんどないと考えられるが,ここで簡単に説明する. 多くのプログラミング言語では数を 0 と 1 のビット列と考えてビットごとの演算が可能になっている. AND 演算,OR 演算,XOR 演算はそれぞれ記号 &,|,^ を用いる. また,ビットをずらす演算として右シフトと左シフトをそれぞれ演算子 >>,<< によって実行することができる. このとき,右シフトの場合,pat >> n は n ビット右にずらしたビットの並びが返されるが,元のパターンの最上位ビットが 1 の場合は 1 を,0 の場合は 0 を左側に詰めるようになっている. このずらし方を**ビット拡張**と呼ぶ. これが通常の動作となっているが,常に 0 で詰めるようなずらし方が必要な場合には >>> を用いる.

このビット演算は常に整数を対象とする演算であるが,JavaScript は整数と浮動小数点数を同一視していることから,1.23e+2 のような浮動小数点数が与えられたときはその数を 32 ビット整数に変換してからビット演算を施す. 普通このような問題を考慮する必要はないが,デバッグな

4　平方根は Math.sqrt(x) を用いた方がよい.

どのためにこの動作を把握している必要がある.

　数と文字列の両方に関わる重要な演算としてデータの比較演算がある. 比較は「同じものであるか」というタイプのものと「一方が他方よりも大きいか否か」を調べるタイプのものがある. 比較演算子は結果が正しいときはブール値は true となり, 正しくない場合には false となる.

　まず, データが等しいかどうかを調べるための演算子として==と!=がある. 後者は「等しくない」ことを調べるためのものである. これは形式的に C と同様であるが, 文字列についても正しく調べることができるのが違いである. ただし, JavaScript では同じ種類のデータが比較されるときに型が異なる場合, 適当にそれぞれのデータを型変換してから比較する. 例えば, 0 == false は正しい (true) ということになる. これは, false を数と比較するために数に変換して 0 となるからである. これに対して型変換を行わずに等しいかどうかを判定する演算子として===が用意されている. 0 === false は正しくない (false) と判定される. 初心者が JavaScript でプログラムを書くときの一般的な注意として==は使わずに常に===を用いるというものがある. 常に妥当とは言えないが, 大きな不具合を起こさないという意味で無難な方法かもしれない. 比較するデータの型が一致しているという確信があるのであれば==を用いればよい.

　また, 大小関係を調べる演算子に<, >, <=, >=がある[5]. これも C と概ね挙動は同じであるが, 文字列の場合, 辞書式順序で大小関係を判定する. すなわち, 先頭の文字から順に比較していって, ある文字まで一致していれば, その直後の文字で比較する. 最後まで一致すれば完全に等しいと考える. これも両辺の型が異なる場合には, 適当に型変換を行ってから比較するので注意すること.

　比較演算子などで返される論理値に対して論理演算を行う演算子が定義されている. これも多くのプログラミング言語と共通である. 利用でき

---

[5]　しばしば 3 つ目の比較演算子を=<と勘違いしている学生が見受けられる. 通常のプログラミング言語ではこのような記号の使い方はしないので注意すること. = と複合している不等号は「小なりイコール」や「大なりイコール」と覚えること.

るのは，&&, ||, !である．それぞれ論理積 (AND)，論理和 (OR)，否定 (NOT) を表している．注意すべきなのは，この演算子は通常の演算子と異なり両側に置かれたデータの値が確定してからこの演算子を計算するのではなくて（このようなやり方を**最内簡約 (innermost reduction)** という），左側のデータによって値が確定する場合には右側の式は計算しないということである．以下の例の場合，3 行目の後半の式は最初に条件が成り立ってしまったので，puts の計算が行われない．したがって表示もされない．

```
1  var x = 20
2  x > 10 && puts('greater than ten.')
3  x < 30 || puts('not less than thirty.')
4
5  // greater than ten.
```

2.3 制御構造

前述のように JavaScript は命令を並べると，それらを順に実行していく．繰り返しなどもっと複雑な動きをさせたい場合には，制御構造 (control structure) を用いる．本節ではいくつかの制御構造について解説するが本質的なのは if と while だけである．

まず，ある条件が成り立つときだけ実行させる場合には，

　　if (条件) 文

という構造を用いる．条件が成り立たない場合（すなわち条件式の値が false の場合）何も実行されない．また，「文」の部分は，{と}を挟んで複数の文を書くことができる（これを**複文 (compound)** という）．この仕組みは if 以外にもあらゆる制御構造について有効である．if には前述の構造以外に

```
if (条件) 文 1
else 文 2
```

という書き方がある．こちらの構造は条件式が成り立つ場合には文 1 を，成り立たない場合には文 2 を実行するというものである．if には以上 2 種類の形式があることから，以下のようなプログラムに 2 通りの解釈が可能となる：

```
if (条件 1)
if (条件 2) 文 1
else 文 2
```

このプログラムでよくわからなくなるのは最後の else がどちらの if に対応しているのかということである．論理的にはどちらの解釈も可能であるが，多くのプログラミング言語では共通に 2 つ目の if と対応すると考える[6]．もしそのように解釈させたくなければ，2 行目全体を {} で括る必要がある．重要なのは複数の解釈が可能な複雑なプログラムを書かないことである．

　if と並んで JavaScript の制御構造において本質的なのは while である．while は繰り返しを記述するための制御構造である．while は

```
while (条件) 文
```

と書かれる．これは条件が成り立っている間，文を繰り返し実行し続ける．while の文の内部で break を実行すると，このループから脱出する．ただし，脱出できるのは一番内側の while であり，それよりも外側の while からは脱出できない．ここは注意を要する．また，while の文の内部で continue が実行されると while によるループの先頭に強制的に戻る．これも continue を含む一番内側のループについてであり，それよ

6　else は一番近い if に対応すると覚える．

りも外側の while については戻ることができない.

```
1  i = 0
2  while (i < 5){
3    j = 0
4    s = ""
5    while (j < 5){
6      s = s + j + " "
7      j = j + 1
8      if (i == 3 && j == 2) break
9    }
10   puts(s)
11   i = i + 1
12 }
13
14 // 0 1 2 3 4
15 // 0 1 2 3 4
16 // 0 1 2 3 4
17 // 0 1
18 // 0 1 2 3 4
```

while を用いれば我々が必要とするほとんどのループを記述すること
ができるが, 数をカウントアップするといった非常に単純なループを記述
する場合にも複数の命令をループの内部に散りばめなければならない. 例
えば, 0 から 9 までの数を順に表示させるプログラムは,

```
1  i = 0
2  while (i < 10){
3    puts(i)
4    i = i + 1
5  }
```

と書けるが, このような必要度の高いパターンをもっと簡略化して書きた
いという欲求から定義されたのが for である. この構造は

for (初期の処理; 条件; ループの最後の処理) 文

という形をもち, 上記 while と同等のプログラムは,

```
1  for (i = 0; i < 10; i = i + 1)
2    puts(i)
```

と書ける．簡潔で見やすいということで，for は繰り返し構造として頻繁に使われる．

　ここまでに説明した制御構造以外によく使われる制御構造として switch がある．この制御構造もこれがないとプログラミングできないというものではない．switch は指定した変数の値によってそれぞれ指定された動作に分岐する命令である．ただし，かつて 1960 年代に使われていた goto 文の考え方による分岐であるので，それぞれの処理が終わったら break によって脱出しなければならない（そうしないとその下の処理を継続して実行してしまう）．switch は以下のような構造をもつ．

```
switch (変数) {
  case 値 1:
    動作 1
    break;
  case 値 2:
    動作 1
    break;
    ....
  case 値 N:
    動作 N
    break;
  default:
    動作 N + 1
    break;
}
```

この制御構造を利用する場合の注意点として，それぞれの動作の最後に必ず break を入れる必要があるということである．break を入れないと以下のように動作する．この動きについてよく理解すること．

```
1  s = ""
2  for (i = 0; i < 5; i++){
```

```
3    switch(i){
4    case 0:
5      s += "zero:"
6    case 1:
7      s += "one:"
8    case 2:
9      s += "two:"
10   case 3:
11     s += "three:"
12   case 4:
13     s += "four:"
14   }
15 }
16 puts(s)
17
18 // zero:one:two:three:four:one:two:three:four:two:three:
19 // four:three:four:four:
```

また，どの値にも当てはまらない場合に選択される項目として default
を指定することができる．default の前には case は付けない．

この他にもいくつかの制御構造を利用することができるが，いずれも絶
対に必要なものではなく，プログラムを簡潔に書くためにもあまり意味が
ないので，ここでは省略する[7].

2.4　配列

多くのデータをまとめて 1 つのデータにするための構造として配列があ
る．配列を利用することによって，巨大なデータを扱うプログラムが書け
る可能性が出てくる．単に一つ一つの変数に素朴なデータを代入して利
用している状況では，大量のデータを一括して利用する方法が見えてこ
ない．

配列ではまとめられたデータはそのデータが置かれている順番を指定す

---

[7]　色々な制御構造を用意することは効率的にプログラミングするために有効ではないが，
色々なプログラミング言語との互換性をとるという意味では有効である．特に C/C++
との互換性をとることは，C/C++ プログラマの JavaScript への敷居を低くしてくれ
る．

ることによって取り出すことができる．この順番のことをインデックス
(index) と呼ぶ．通常多くのプログラミング言語ではインデックスは 0 か
ら始まる自然数であり，JavaScript でも同様である．まず，空の配列は

```
[]
```

と書く．さらに要素の入った配列は [と] の間に要素をカンマ (,) で区
切って配置する．例えば，

```
a = [1, "Meijo University", [1, 2]]
```

のような配列を定義することができる．この配列は 3 つの要素をもち，要
素はそれぞれ数の 1, 文字列の"Meijo University", 配列の [1, 2] で
ある．C などの配列は要素の型を統一しなければならないという制限があ
るが，JavaScript の配列にはそのような制限はない．したがって，色々
な型のデータを 1 つのデータとしてまとめて扱うことが可能となる．
　また，この配列のデータを参照するには，a[1] のようにインデック
スを指定する．この場合，配列の要素の値は a[0] = 1, a[1] = "Meijo
University", a[2] = [1, 2] となる．
　また，JavaScript の配列は C などと異なり配列の大きさをあらかじめ
指定する必要がない．JavaScript の配列は伸縮自在である．特に配列の
最後にデータを添加することによって配列を拡張させることが可能であ
る．よって，最初から大きな配列を生成する必要はない．配列の末尾に
データを追加する命令は，配列を arr とすれば，arr.push(data) であ
る．この命令を実行することより data を配列 arr の末尾に追加すること
ができる．
　計算としては意味がないが，0 から $N-1$ までの整数を要素とする配列
a を作り，配列の値の累積を順に足していくことにより，最後の要素に全
体の総和を入れることができる．

```
1  N = 100000
2  a = []
```

```
3   for (i = 0; i < N; i++)
4     a.push(i)
5   for (i = 0; i < N - 1; i++)
6     a[i + 1] = a[i] + a[i + 1]
7   puts(a[N - 1])
8
9   // 4999950000
```

また同様の考え方で，$(n+1)^2 - n^2 = 2n + 1$ であることから，配列に順次 $2n + 1$ を足しこむことによって，n^2 の数列を作り出すことができる．以下にプログラムを示す．

```
1   N = 10
2   a = [0]
3   for (i = 0; i < N - 1; i++)
4     a.push(a[i] + 2 * i + 1)
5   puts(a)
6
7   // [0,1,4,9,16,25,36,49,64,81]
```

また，JavaScript の配列はまだ存在していない要素に値を代入すると，それまでの配列の最後尾に新しい要素までの箱を作って，値の決まらない箱には null を代入する（実際は何も情報がないから null になるのだが）．以下に例を示す．

```
1   a = [1]
2   a[10] = 2
3   puts(a)
4
5   // [1,null,null,null,null,null,null,null,null,null,2]
```

この機能により，配列の内容を決定して所定の大きさにするだけであれば，わざわざ push を用いる必要はない．

　配列を利用したプログラムの例としてエラトステネスのふるいのプログラムを以下に示す．エラトステネスのふるいは古くから知られている素数を数え上げる方法である．素数の個数は無限個あり数が小さい場合には素数の密度はそれなりに大きいことが知られている．よって大きな素数の判定にこの方法を用いるのは効率的ではないが，小さな素数のデータ列が欲

しいのであれば，手軽な方法であると言える．

　エラトステネスのふるいでは，あらかじめ素数か否かを判定する対象の数 $2 \sim N - 1$ までに対応する配列を定義して，その中身をすべて true にしておく．2 から始めて 1 つずつ配列をみていき，false ならば何もせず，true になっていれば，その数の倍数（その数自身は含まない）に対応する配列の中身をすべて false に変えていく．

```
1  a = []
2  res = []
3  N = 1000
4  for (i = 2; i < N; i++) a[i] = true
5  for (i = 2; i < N; i++)
6    if (a[i]){
7      for (j = i * 2; j < N; j += i)
8        a[j] = false
9      res.push(i)
10   }
11 puts(res)
12
13 // [2,3,5,7,11,13,...,983,991,997]
```

　本節の最後に配列の長さの測り方について説明する．C などでは配列自体に配列の長さの情報は蓄えられていない．もっと正確に書けば，C コンパイラがプログラムをコンパイルするとき，それぞれの配列の長さを把握しているが，コンパイルされてしまったコードの中に配列の長さの情報は埋め込まれない．したがって，必要であれば，何らかの方法で配列の長さを蓄えておく必要がある．

　これに対して JavaScript では配列内部にその長さが蓄えられている．よっていちいち配列の長さを別の変数などに蓄える必要はない．配列 a の長さは a.length によって参照することができる．したがって，与えられた数値の配列のそれぞれを 2 乗する関数は以下のように書くことができる．

```
1  function sqr_all(lst){
2    var res = []
3    for (var i = 0; i < lst.length; i++){
4      res.push(lst[i] ** 2)
5    }
```

```
6    return res
7  }
8
9  puts(sqr_all([4, 2, 5, 6, 3, 4, 5]))
10 // [16,4,25,36,9,16,25]
```

2.5　関数と変数の仕組み

　前述のように命令を順番に書いていくと処理系はその命令を順に実行
してくれる．この実行には猶予はなく，読み込まれた瞬間に実行される．
我々はプログラムを即座に実行するのではなく，必要になったときそのプ
ログラムを起動してその機能を利用したいという場面に直面する．そのた
めに，すぐにプログラムを実行するのではなく，プログラムをデータとし
て蓄えておいて，必要になったときそれを実行する仕組みが用意されてい
る．このような実行可能なプログラムをデータ化したものを**関数（また
は関数オブジェクト）(function (function object))** と呼ぶ．さらに関数
への入力を**引数 (arguments)** として受けとって，出力を**返り値 (return
value)** として返す機能をもつ．このような機能によって，特定の計算を
行う関数内部の実装と外部から見えるインタフェース（この場合には外か
ら見えている引数と返り値の形式）に分離することができる．このように
実装とインタフェースを分離することを**カプセル化 (encapsulation)** と
呼ぶ．カプセル化を関数よりも徹底的に行ったものがオブジェクト指向と
いう考え方に基づいたオブジェクトである．ただし，JavaScript におけ
るカプセル化はプログラマが意識して外部から実装を隠すようにコーディ
ングしないと実現されない．
　さて，関数を生成するための式は以下の形式で書く：

　　function（引数 1, 引数 2,..., 引数 n）{ 関数本体 }

　「関数本体」は通常のプログラムと同じように記述する．関数本体での
実行を終了して関数値を返すためには，以下のように return を用いる．

return 返す値

ここで注意しなければならないのは，上記の function による関数の生成
はあくまで生成しているだけであり，それをつなぎとめる変数がなければ
生成した直後に消えてしまう，ということである．

　例えば，与えられた 2 つの数の 2 乗和を計算して返す関数 sqrsum は，
以下のように定義することができる．

```
1  sqrsum = function(x, y){
2    return x * x + y * y
3  }
4
5  a = 2
6  b = 3
7  puts(sqrsum(a, b))
8
9  // 13
```

上記プログラムでは 2 つの引数 x，y をもつ関数を生成し，それを sqrsum
という変数に結びつけている．これにより関数 sqrsum が使えるようにな
る．さらに変数 a，b に代入された整数データ 2, 3 を sqrsum に与えて関
数本体を実行させている（a，b のことを**実引数**と呼ぶ）．関数が呼び出さ
れると引数データはそれぞれ変数 x，y に代入されて（この変数を**仮引数**
と呼ぶ），x * y + y * y が計算され return により関数値として返され
る．返された関数値は関数 puts によって表示される．

　もう少し複雑な関数を書いてみる．与えらた引数を n として，1 から n
までの和を計算して返す関数は以下のとおりである．

```
1   intsum = function(n){
2     s = 0
3     for (i = 1; i <= n; i++){
4       s = s + i
5     }
6     return s
7   }
8
9   puts(intsum(10))
10
```

11　// 55

　この関数の場合，前の例より複雑で関数内部で利用する変数 s が使われ
ている．この変数を最初 0 にしておいて for でループを作り，変数 i を
1 から n まで動かしながら i を s に足しこんでいく．計算が終了したら
return で s を返す．このプログラムでは実引数 10 を与えてこの関数を
呼び出して，その関数値を表示させている．
　ここで説明した基本的な仕組みは関数の実体（関数オブジェクト）を変
数に結びつけて関数として利用するというものだが，C の関数定義などに
慣れているプログラマのために C に似た書き方が許されている．関数は

　　　function　関数名（引数 1, 引数 2,..., 引数 n）{ 関数本体 }

という形で定義することができる．この場合，「関数名」のところに置か
れた名前の変数に関数オブジェクトが代入される．
　さらに，新しい JavaScript の仕組みでは，**アロー関数 (arrow function)**
と呼ばれる形式でもっと簡潔に関数を定義することができる．この方法は
本体が小さな関数の定義に有効である．しかし，本体の大きな関数につい
ても使うことはできる．関数オブジェクトを表現する場合に

　　　（引数 1, 引数 2,..., 引数 n）=> 結果の式

という形が使える．簡単な関数であればこれで十分であるが，本体が複数
行に渡る関数の場合には

　　　（引数 1, 引数 2,..., 引数 n）=> {式 1; 式 2;...; 式 n}

と書くことができる．ただし，複数個の式を書く場合には return で関数
値を返す必要がある．以下に例を示す．

```
1  var sqr = (x) => x ** 2
2  puts(sqr(23))
```

```
3
4   var expr = (x, n) => {
5     var i
6     var p = 1
7     for (i = 0; i < n; i++){
8       p = p * x
9     }
10    return p
11  }
12  puts(expr(2, 10))
13
14  // 529
15  // 1024
```

　関数を説明するとき，同時に問題になるのがその中で使われる変数である．前述のとおり，関数を用いる大きな理由はカプセル化である．それは複雑な処理の実装を関数内部に閉じ込めて見えなくし，外部からインタフェースを介して実行させようということである．このようなカプセル化を円滑に行うためには関数内部で利用される変数は外部から切り離されていることが好ましい．そうでないと変数を介して外部に影響を与えたり，逆に外部からインタフェースを通さないで影響されてしまったりする．JavaScript には関数内部だけで有効な変数を作り出す仕組みとして var が用意されている．ある関数内部で var によって作られた変数はその関数内部でのみ利用可能な変数（これを**局所変数 (local variable)** という）となる．var は以下のように書く：

　　var 変数 1, 変数 2,..., 変数 n

これにより n 個の変数が同時に定義され，初期値として undefined が代入されている．あらかじめ初期値を指定して変数を生成したい場合には，

　　var 変数 1 = 初期値 1, 変数 2 = 初期値 2,..., 変数 n = 初期値 n

のように書くことができる．これらの形式は変数ごとに変更してもよい．さらに，関数の仮引数は局所変数と同様にその関数内部でのみ利用可能

である．また，局所変数でない変数を**大域変数 (global variable)** と呼ぶ．大域変数はどこからでも参照でき，どこからでも代入ができるがカプセル化の観点からは利用しない方がよい．また，大域変数も全体を包み込む大きな 1 つの関数環境の中にあると考えて var によって定義をした方がよい形式であると考えられる．

　以上のことから，前述の 1 から n までの和を計算する関数の例は以下のように書き換えた方がよい．

```
1  var intsum = function(n){
2    var s = 0
3    for (var i = 1; i <= n; i++){
4      s = s + i
5    }
6    return s
7  }
8
9  puts(intsum(10))
10
11  // 55
```

また，JavaScript の局所変数で注意しなければならないのは，**ホイスティング（hoisting: 巻き上げ）**と呼ばれる現象である．ある関数内部で var で定義された変数は，関数のどこに var が置かれていても関数全体で局所変数である．これは JavaScript の変数の仕組みの欠陥とも言える現象であるが，現実にはこの方式が採用されているので，よく理解する必要がある．ホインスティングの例を以下に示す．var が関数内のどこに置かれていても変数は局所変数として定義されるが，その変数の初期化は var が書かれた位置に来ないと実行されない．

```
1  var i = 2, j = 3, k = 4, el = 5
2
3  var foo = function(){
4    puts(i + ":" + j + ":" + k + ":" + el )
5    var i, k, el = 8
6    puts(i + ":" + j + ":" + k + ":" + el )
7  }
8  foo()
9
10  // undefined:3:undefined:undefined
```

```
11  // undefined:3:undefined:8
```

さらに，新しい JavaScript の文法では，let と const が利用できる．
let は var に似ているが関数に付随する変数を作るのではなくて，{，}
に囲われたブロックの内部で有効な変数を生成する．以下に示すようにブ
ロック内部では別の a が生成されてそれが有効となっている．

```
1   var a = 20
2
3   {
4     let a = 55
5     puts(a)
6   }
7
8   puts(a)
9
10  {
11    puts(a)
12    let a = 10
13    puts(a)
14  }
15  puts(a)
16
17  // 55
18  // 20
19  // Error: can't access lexical declaration 'a'
20  // before initialization
```

また，上記プログラムの最後のブロックではブロックの 2 行目で let に
より変数 a を定義しているので，ブロック内部で a が有効となり，a が初
期化されていないことからエラーになっている．すなわち，関数内部で
var によって定義した変数についてホイスティングが起こるのと同様に，
ブロック内部では let によりホイスティングが生じる可能性がある．こ
れは注意を要する．
　また，さらに新しい JavaScript の仕様では定数を使うことができる．
定数は最初に設定した値から値が変化しない変数のことである．このよう
な定数を作るには const を用いる．またその際必ず値を設定しなければ
ならない．すなわち，定数は

const 定数名 = 値

という形で定義する．let と同様に定数は定義されたブロック内で有効である．定数は書き換えることができないので，これを書き換えようとするとエラーが起こる．

```
1  {
2    const FOO = 200
3    puts(FOO)
4    FOO = 300
5  }
6
7  // 200
8  // Error: invalid assignment to const 'FOO'
```

さらに以下に示すようにホイスティングに対応する現象は const でも起こることが確認できる（以下のブロックの 3 行目がないと「変数が定義されていない」というエラーになる）．やはり注意が必要である．

```
1  {
2    puts(FOO)
3    FOO = 300
4    const FOO = 200
5  }
6
7  // Error: can't access lexical declaration 'FOO'
8  // before initialization
```

JavaScript に限らず C を含む多くのプログラミング言語では，**定数はすべて大文字の識別子を用いて表現するという慣習がある**．ただし，C における「定数」は#define で定義されたマクロ定義[8]のことを指している．

2.6　構造化プログラミングについて

本章の最後に**構造化プログラミング (structured programming)** の考

8　マクロはプログラムの一部を与えられたルールに従って書き換える機能のことである．

え方に基づいた JavaScript のプログラム例を示す．「構造化プログラミング」という言葉が示す事柄はいくつかあるが，ここで焦点を当てるのは，プログラムのカプセル化である．プログラムを漠然と制御の流れとして理解しようとすると，プログラムが大きくなったとき，細かな部分まで適切に把握することが難しくなる．そこで，プログラムを**モジュール (module)** と呼ばれる塊に分けてそのモジュールをさらに実装 (implementation) とインターフェス (interface) に分けて内部の情報を隠蔽する．これによって，それぞれのモジュールの独立性が確保されてプログラムの管理がやりやすくなる．これが構造化の概略である．JavaScript では関数をモジュールとして用いて，構造化プログラミングを行う．

早速例を示そう．まず，三角形の面積を計算するプログラムを作ってみる．ここでは三角形の 3 つの頂点の座標を与えたときの面積を計算する関数を作ってみる．三角形の面積 S はベクトルの外積で以下のように表現することができる：

$$S = \frac{1}{2} \left| (p_3 - p_1) \times (p_2 - p_1) \right| . \tag{2.1}$$

ここで，p_1, p_2, p_3 は三角形の頂点の位置ベクトルである（図 2.1）．

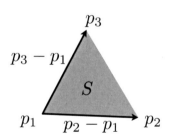

図 2.1　p_1, p_2, p_3 を頂点とする三角形の面積．

```
1  function vdiff(p1, p2){
2    var [x1, y1] = p1
3    var [x2, y2] = p2
```

```
 4    return [x2 - x1, y2 - y1]
 5  }
 6  function prod(p1, p2){
 7    var [x1, y1] = p1
 8    var [x2, y2] = p2
 9    return x1 * y2 - y1 * x2
10  }
11  var menseki =
12    (p1, p2, p3) =>
13      Math.abs(prod(vdiff(p3, p1), vdiff(p2,p1))) / 2
14
15  var p1 = [3, 3]
16  var p2 = [2, 1]
17  var p3 = [1, 7]
18  puts(menseki(p1, p2, p3))
```

　ここで定義した関数 menseki のインタフェースは menseki(p1, p2, p3) である．この関数を利用するだけであれば，この関数の中身がどうなっているのかを知る必要はない．引数の部分 p1, p2, p3 にそれぞれ座標（ベクトル）を入れて呼び出すことを知っているだけで十分である．このように関数の実装とインタフェースを分離することをカプセル化と呼ぶ．

　さらに，この関数を利用して凸多角形（凹みのない多角形）の面積を計算する[9]．図 2.2 に示すように，凸多角形の面積はいくつかの三角形に分

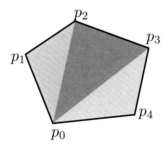

図 2.2　凸多角形の面積はいくつかの三角形に分解して測る．

9　実際には凹みがあっても線分の交差がなければ同じ関数で計算できるが，その場合には適切に辺の順番を入れ替えないとうまくいかない．ここではそのような複雑な作業は考えない．

解して考える．この凸多角形の頂点を p_i として以下のような関数を作る．

```
1  function polygon_menseki(poly){
2    var n = poly.length
3    var s = 0
4    for (var i = 1; i < n - 1; i++)
5      s += menseki(poly[0], poly[i], poly[i + 1])
6    return s
7  }
```

この関数が正しい結果を返すかどうかを検証するために，正多角形の面積
を計算する関数を作ってみる．そのために図 2.3 に示すような正 n 角形を
考えて，その座標を入力として polygon_menseki を呼んでみる．

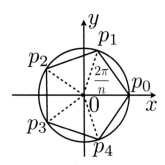

図 2.3　正 n 角形の頂点の座標の計算．

```
1  function regular_polygon_menseki(n){
2    var poly = []
3    for (var i = 0; i < n; i++){
4      var theta = 2 * Math.PI * i / n
5      var x = Math.cos(theta)
6      var y = Math.sin(theta)
7      poly.push([x, y])
8    }
9    return polygon_menseki(poly)
10 }
11
12 for (var i = 3; i < 20; i++){
```

```
13    puts(i + ", " + regular_polygon_menseki(i))
14  }
15  // 3, 1.299038105676658
16  // 4, 2
17  // 5, 2.377641290737884
18  // 6, 2.598076211353316
19  // 7, 2.736410188638104
20  // 8, 2.82842712474619
21  // 9, 2.8925442435894273
22  // 10, 2.938926261462366
23  // 11, 2.973524496005786
24  // 12, 2.9999999999999996
25  // 13, 3.0207006182844958
26  // 14, 3.037186173822907
27  // 15, 3.050524823068502
28  // 16, 3.0614674589207183
29  // 17, 3.0705541625908004
30  // 18, 3.078181289931019
31  // 19, 3.0846449574444934
```

このプログラムでは i = 3〜19 について，定義した regular_polygon_menseki を呼び出している．半径 1 の円を分割して正 n 多角形を作っているので，n が大きくなると面積は円周率 π に近づくはずであり，n の増加とともに円周率に収束していくように見える．実際，regular_polygon_menseki(1000) = 3.141571982779477 である．

以上に示したように，構造化プログラミングではプログラミングは関数を定義する作業となる．また，簡単な関数をいくつか作り，それらを使ってより複雑な関数を構成する．全体の表現がシンプルであることから，全体的に読みやすく理解しやすいプログラムとなる．

カプセル化をさらに徹底的に推し進めたプログラミングパラダイムにオブジェクト指向プログラミングがあるが，本書で扱うプログラム例ではオブジェクト指向プログラミングの考え方は不要である．

2.7　練習問題

1. 整数 n が引数で与えられたとき，n 番目の素数を返す関数
   nth_prime(n) を作れ．ただし，素数とは 1 とその数自身以外で
   割り切れない数のことである．また，以下のプログラムを参考にし
   てよい．

```
 1   function is_prime(n){
 2     var i
 3     for (i = 2; i * i <= n; i++){
 4       if (n % i == 0) return false
 5     }
 6     return true;
 7   }
 8
 9   function test_me(){
10     var k, s = ""
11     for (k = 2; k < 100; k++)
12     s += k + " " + is_prime(k) + ", "
13     puts(s)
14   }
15
16   test_me()
```

2. 0 から n までの 3 つの整数の組 (i_1, i_2, i_3) のうち i_3 が i_1 と i_2
   の中間値 $(i_1 + i_2)/2$ に一致するような組の個数を返す関数
   mean_tuples(n) を作れ．小数を結果とする演算結果は誤差を含
   むことに注意してプログラムを書くこと．

3. n を正整数として，正方形状に長さ $n \times n$ の文字列（空白を含まな
   い）の要素が先頭から n 個ずつ空白で区切られて n 行配置されて
   いる．この並びを左下図のように転置して縦横を入れ替えて，そ
   れに対応する文字列を出力する関数 transpose(n, str) を作れ．
   右下図のような $n = 4$ の並びについては，つぎのように動作すれ
   ばよい：

```
transpose(4, "abcdefghijklmnp") ==
          "aeimbcjncgkodhlp"
```

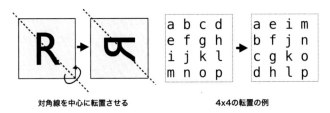

対角線を中心に転置させる   4x4の転置の例

4. $n \times n$ の枠に数のように左下から $0, 1, 0, 1, \dots$ を交互に入れて下図の順番で読み出した文字列を出力関数 zero_one(n) を作れ.

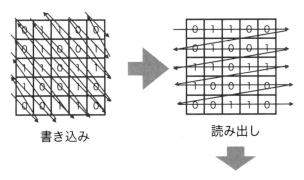

書き込み   読み出し

zero_one(5) = "0110001001110111001000110"

5. $-n$ から $n-1$ までの整数が配列 data として与えられる. このとき, ヒストグラムの表を配列で結果として返す関数 histgram(n, data) を作れ. ただし, 値と頻度の組のリストとして返せ. 出現しないデータについてはリストに載せない. また, リスト中の組の順番は出現する数 (値) の昇順とする.

例えば, histgram(5, [-2, 0, 3, 1, 0, 0, 1, 4, 1, 3]) は [[-2, 1], [0, 3], [1, 3], [3, 2], [4, 1]] を関数値として返す.

第3章

反復と再帰

　C など適当なプログラミング言語でさほど複雑でない仕事をやらせる場合には，反復が正しく書ければ，ある程度の範囲の問題に対処することができる．したがって，反復をうまく使えるようになることはプログラミングにおいて最初の関門となる．一方で反復は色々な問題において有効なテクニックではあるが，これですべてが解けるわけではない．より広い範囲の問題を解くために習得しなければいけないプログラミングの技として「再帰」がある．再帰的な方法がうまく使えるようになるとカバーできる問題は飛躍的に多くなる．本章では反復と再帰の考え方およびそれに基づいた具体的なプログラミングのテクニックについて解説する．

3.1　反復による計算

　反復計算は，同じ計算を何回も繰り返すものではない．初期の状態 c_0 が定義されていて，任意の自然数 i について c_i の状態が決まるとそこから c_{i+1} という状態を作り出す関数 φ があるとする．さらに終わりの状態 c_f が決まっているとする．すなわち，

$$\varphi : c_i \mapsto c_{i+1} \tag{3.1}$$

が定義されていて，初期状態 c_0 と終了状態 c_f が決まっているとする．このような状況で，

$$c_0, c_1, \ldots, c_f \tag{3.2}$$

という状態遷移の系列を反復（iteration）と呼んでいる．状態が c_f に到達するかどうかは不明なので，この反復計算が止まるかどうかはわからない（図 3.1）．C や JavaScript ではこの反復を for で表現することができる．

```
for (s=c_0;  s != c_f;  s=\varphi(s)){
        何かの仕事
}
```

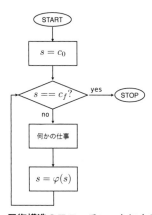

図 3.1　反復構造のフローチャートによる表現.

一番簡単な反復はある数を 0 から $n-1$ まで数え上げることである．例えば，以下の work(n) はそのようなプログラムである．

```
1  function work(n){
2    var s = "
3    for (var i = 0; i < n; i++){
4      s = s + i + " "
5    }
6    return s
7  }
8
9  puts(work(10))
10
11 // 0 1 2 3 4 5 6 7 8 9
```

繰り返しは非常に便利な道具であり，我々が対象としているものが上で説明したモデルに適応していれば，利用することができる．

もう1つ例を見てみる．与えられた正の整数が10進数で何桁かを数えるプログラムを書いてみる．このプログラムは与えられた変数 n が1桁になるまで10で割り続ける．割り算をしたとき，整数化するための関数は Math.floor である．

```
1  function work(n){
2    for (var i = 1; n >= 10; i++){
3      n = Math.floor(n / 10)
4    }
5    return i
6  }
7
8  puts(work(88776654))
9
10 // 8
```

もう少し複雑な反復の例を見てみる．ある年の1月1日から別の年の1月1日までの日数を計算してみる．太陽暦では閏年の日数は366日，それ以外の年は365日である．西暦の年が4で割り切れたら閏年である．しかし例外として100で割れる年は閏年ではない．さらにこの例外として400で割り切れる年は閏年である．この規則のみで与えられた2つの西暦の間の日数を数えてみる．

51

```
1  function is_leapyear(y){
2    if (y % 400 == 0) return false
3    else if (y % 100 == 0) return true
4    else if (y % 4 == 0) return false
5    else return true
6  }
7
8  function days(y1, y2){
9    var sum = 0
10   for (var y = y1; y < y2; y += 1){
11     if (is_leapyear(y)) sum += 366
12     else sum += 365
13   }
14   return sum
15 }
16
17 puts(days(1000, 1981))
18
19 // 358808
```

ここで定義した関数 days を用いると，指定した年月日の曜日を計算することができる．以下に示すように 1800 年 1 月 1 日が水曜日であることを使って，2017 年 9 月 12 日が火曜日であることが計算できる．ただし，曜日は日曜日に 0 を割り当て，土曜日に 6 を割り当てる．

```
1  function mdays(y1, y2, m2, d2){
2    const DD = [31, 28, 31, 30, 31, 30, 31, 31, 30, 31, 30, 31]
3    var sum = days(y1, y2)
4    for (var m = 1; m < m2; m++){
5      sum += DD[m - 1]
6      if (is_leapyear(y2) && m == 2)
7        sum += 1
8    }
9    sum += d2 - 1
10   return sum
11 }
12
13 var dd = mdays(1800, 2017, 9, 12)
14 puts(dd)
15 puts((dd + 3) % 7)
16 // 79624
17 // 2
```

3.2 反復による数値計算

反復を用いることにより，数値を計算することができる．この場合，求める結果は目的とする数値の近似値であり，数値そのものではない．計算機上で計算しているので，目的とする数にぴったりの答えを求められるとは限らない．例えば，$\sqrt{2}$ は計算機上の数の表現では正確に表現することはできない．

まず，$\sqrt{2}$ を例にとって説明する．$\sqrt{2}$ は $x^2 - 2 = 0$ という 2 次方程式の 2 つの解のうちの 1 つである．この解の近似値を反復により求めたい．そのために，上記方程式を以下のように変形してみる：

$$x^2 - 2 = 0 \tag{3.3}$$

$$x^2 + 3x = 3x + 2 \tag{3.4}$$

$$x(x + 3) = 3x + 2 \tag{3.5}$$

$$x = \frac{3x + 2}{x + 3} \tag{3.6}$$

この変形は同値変形であると考えれば，最後の式が成り立てばよいことになる．この式をもとにして以下のプログラムを動かしてみると $\sqrt{2}$ の近似値が得られる．

```
1   function work(){
2     function F(x){
3       return (3 * x + 2) / (x + 3)
4     }
5     const EPS = 1.0e-6
6     var x = 2.0
7     while (Math.abs(x ** 2 - 2) > EPS){
8       x = F(x)
9     }
10    return x
11  }
12
13  puts(work())
14  // 1.414213851755876
```

このプログラムにおける反復は

$$x \leftarrow F(x) \tag{3.7}$$

という反復である．このような反復の結果 x が変化しなくなったら，$x = F(x)$ が成り立っているということになる．したがって方程式が解けたことになる．目的の値に収束するような F を見つけて，それを用いてプログラムを作ればよい．しかし，適当な F を作っても，それによって x が収束するかどうかは定かではない．

前述の $\sqrt{2}$ を求めるための式の変形には色々なやり方が考えられ，最終的に収束するか否かもやってみないとわからない．そういう意味ではこの方法は $\sqrt{2}$ を求めるためのアルゴリズムとしては十分な性質を備えていない．

十分に $\sqrt{2}$ に近いとき，F を作用させることにより $\sqrt{2}$ に近くなるかどうかを調べれば，収束するかどうかを判定することができる．そこで，以下のように $\sqrt{2} + \varepsilon$ を代入して F の性質を調べてみる：

$$\frac{3(\sqrt{2}+\varepsilon)+2}{\sqrt{2}+\varepsilon+3} = \frac{3\sqrt{2}+2}{\sqrt{2}+3}\left(1+\frac{3\varepsilon}{3\sqrt{2}+2}\right)\left(1+\frac{\varepsilon}{\sqrt{2}+3}\right)^{-1} \tag{3.8}$$

$$\approx \frac{3\sqrt{2}+2}{\sqrt{2}+3}\left(1+\frac{3\varepsilon}{3\sqrt{2}+2}\right)\left(1-\frac{\varepsilon}{\sqrt{2}+3}\right) \tag{3.9}$$

$$\approx \frac{3\sqrt{2}+2}{\sqrt{2}+3}\left(1+\frac{3\varepsilon}{3\sqrt{2}+2}-\frac{\varepsilon}{\sqrt{2}+3}\right) \tag{3.10}$$

$$= \sqrt{2}\left(1+\frac{7\varepsilon}{12+11\sqrt{2}}\right). \tag{3.11}$$

ここで，$\sqrt{2}\cdot 7/(12+11\sqrt{2}) = 0.3592455 < 1$ なので，反復を繰り返すことによって 1 回あたり誤差が 36% 程度になっていくことが分かる．普通に近似値を求めるだけであればこれで十分であるが，方程式についてはもっと効率的な近似方法である **Newton 法 (Newton's method)** が知られている．

Newton 法は方程式 $f(x) = 0$ の 1 つの解を求めるためのアルゴリズムである．今，x がすでにこの方程式解の十分な近似値になっていると仮定する．このとき，$x \to x' = x + \varepsilon$ としてより精度の高い解を得ようと

考える．その場合，ε をいくつにすればよいか考えてみる．1 次の項まで Taylor 展開すれば

$$f(x') = f(x + \varepsilon) \doteqdot f(x) + f'(x)\varepsilon = 0 \tag{3.12}$$

となるので，$\varepsilon = -f(x)/f'(x)$ が得られる．これより $x' = F(x) = x - f(x)/f'(x)$ となる．これが Newton 法の反復公式である．前述の $\sqrt{2}$ の近似値を求める問題の場合には，$f(x) = x^2 - 2 = 0$ という方程式を解けばよい．したがって，Newton 法の反復公式は，

$$x' \leftarrow x - \frac{x^2 - 2}{2x} = \frac{x^2 + 2}{2x} \tag{3.13}$$

となる．これより，以下のプログラムが得られる．

```
 1  function work(){
 2    function f(x){
 3      return (x ** 2 + 2) / 2 / x
 4    }
 5    const EPS = 1.0e-6
 6    var x = 2.0
 7    var count = 0
 8    while (Math.abs(x * x - 2) > EPS){
 9      x = f(x)
10      count += 1
11    }
12    puts("count = " + count)
13    return x
14  }
15
16  puts(work())
17  // count = 4
18  // 1.4142135623746899
```

4 回の反復で小数点以下 6 桁までの精度で $\sqrt{2}$ の近似値が得られた．一般に Newton 法による近似値の精度は有効数字の桁数が反復回数の 2 のべき乗になること，すなわち，1 回の反復で有効数字が 2 倍になることが知られている[1].

1　これを 2 次収束と呼ぶ.

　ここで述べた反復法は一般的に必ず解が得られるという保証があるわけ
ではない．特殊な性質がある場合は除いて，収束する場合には解が得られ
るということだけが言える．

3.3　2分探索法

　反復法では，ある状態からつぎの状態を一意的に指定することができ
た．しかし，我々の周りにある現象はある状態から自明につぎの状態に移
るとは限らない．つぎの状態としていくつかの可能性が考えられる場合が
ある．このような状況を扱うのが次章で述べる木探索アルゴリズムである
（図 3.2）．一般的な木探索については次章で扱うが，このような場合でも
反復によって解くことのできる状況がある．本節では，そのような問題を
扱う．ここで想定するのは，それぞれの状態 c_i において $c_{i+1,1}, \dots, c_{i+1,r}$
のうちのいずれかを確実に選ぶことができる状況である．特に $r = 2$ とし
て 2 つの可能性から 1 つを選びとりながら反復していく方法を **2 分探索
法 (binary search)** と呼ぶ．

　まず，前節と同様に $\sqrt{2}$ を求めるアルゴリズムについて考えてみよう．
前述の反復法では解に収束するかどうかははっきりしなかったが，もし収
束するのであれば，それは解であることは確かであった．これに対して，
本節で述べる方法はもっと確実である．方程式 $f(x) = 0$ の根を求める．

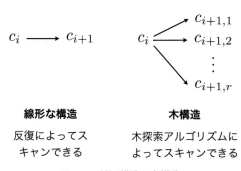

線形な構造　　　　　　　　**木構造**

反復によってス　　　　木探索アルゴリズムに
キャンできる　　　　　よってスキャンできる

図 3.2　線形構造と木構造.

ここでは $\sqrt{2}$ を求めるので，$f(x) = x^2 - 2$ とする．$y = x^2 - 2$ のグラフ を図 3.3 に示す．この方程式の根は区間 $[0, 2)$ に存在するということがわ かっているとする．さらにこの区間においてグラフは単調に増加してい る．このとき，根は区間を半分に分割して区間 $[0, 1)$ と $[1, 2)$ のどちらか に存在する．その場合，幸いなことに，どちらに存在するかを調べること ができる．すなわち，$f(1) \leq 0$ ならば根は $[1, 2)$ に存在し，$f(1) > 0$ な らば根は $[0, 1)$ に存在する．したがって，この時点でどちらの区間を選択 すればよいかがはっきり分かる．これを繰り返せば，根の近似値を得るこ とができる．以下にプログラムを示す．

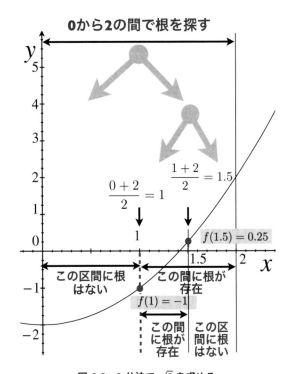

図 3.3　2分法で $\sqrt{2}$ を求める．

```
1   function binary(){
2     var f = (x) => x ** 2 - 2
3     const EPS = 1.0e-6
4     var [left, right] = [0.0, 2.0]
5     while (right - left > EPS){
6       var m = (left + right) / 2
7       var v = f(m)
8       if (v < 0) left = m
9       else right = m
10    }
11    return [left, right]
12  }
13
14  puts(binary())
15  // [1.4142131805419922,1.41421413342163086]
```

区間が十分に小さくなったら停止する．この方法を **2分法 (bisection method)** と呼ぶ．区間を平等に分けるために真ん中の点（中点）を使って区間を分割する．この方法は原理的には中点をとる必要はなく，区間内部のいずれかの点を選択すればよい．また，2分割ではなく3分割でも4分割でもそのあとの区間の選択がうまくできるのであれば問題ない．

中点をとって区間を分割するとしたとき，区間幅はちょうど半分となる．したがって，これを n 回繰り返せば区間幅は $1/2^n$ になる．この場合，最初の区間幅を w_0 とすれば，n 回反復したあとの区間幅は

$$w_n = \frac{w_0}{2^n} \tag{3.14}$$

となる．これが ε よりも小さくなるということから，

$$\frac{w_0}{\varepsilon} < 2^n \tag{3.15}$$

となり，$n > \log_2 \dfrac{w_0}{\varepsilon}$ となる．この条件が成り立ったとき反復が停止するので，繰り返し回数は $\left\lceil \log_2 \dfrac{w_0}{\varepsilon} \right\rceil$ となる[2]．

2分探索の例をもう1つ示す．大きな単語の辞書から特定の単語を探し出すことを考える．ただし，辞書に含まれる単語は**辞書式順序**

2　$\lceil a \rceil$ は a よりも小さくない最小の整数のことである．

(lexicographical order)[3]に並んでいると仮定する.

　2分探索法で単語を探すには，辞書式順序で並んでいる単語の区間を考えればよい．はじめは辞書全体を1つの区間とする．ある区間が与えられたら，その区間に含まれる単語のちょうど真ん中の単語を境界にして2つの区間に分割する．探している単語がどちらの区間に含まれるかはこの境界の単語と現在探している単語との大小関係によって決まる．図3.4ではこの方法で単語 was を探す.

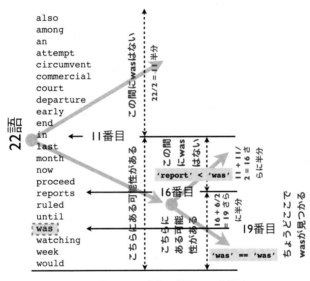

図 3.4 　2分法で単語 was を探す.

　プログラムを以下に示す．ここで利用している JavaScript の実行環境 Executor ではスペルチェッカ用の単語辞書を配列にしたものが用意されている．use_dict() を呼び出すことで，wordlist という大域変数に

3　辞書式順序は正に辞書に単語が並んでいる順序ということであるが，厳密には異なる．辞書式順序である単語 $v_1 v_2 \cdots v_n$ が別の単語 $w_1 w_2 \cdots w_m$ よりも先に来るということは，適当なインデックス r が存在して，$v_1 = w_1, v_2 = w_2, \ldots, v_{r-1} = w_{r-1}$ であり，$v_r < w_r$ であることである.

データが結びつけられる. 辞書の単語数は約 11.5 万個である.

```
1  use_dict()
2  function bsearch(p, q, word, wl){
3    while (q - p > 1){
4      var m = Math.floor((p + q) / 2)
5      if (wl[m] == word) return [m, word]
6      else if (wl[m] < word) p = m
7      else q = m
8    }
9    return [null, word]
10 }
11 var t1 = new Date()
12 var len = wordlist.length
13 puts("Size of the dictionary is " + len)
14 res = bsearch(0, len, "zygote", wordlist)
15 var t2 = new Date()
16 puts("Time = " + (t2 - t1) + " ms")
17 puts("Result = " + res)
18
19 // Size of the dictionary is 115521
20 // Time = 1 ms
21 // Result = 115515,zygote
```

前述の $\sqrt{2}$ を求める問題とは全く違う問題であるが, 解き方やその考え方はほぼ同じである. 単語の区間は 1 回の繰り返しで単語数が半分になっていくので, 辞書の単語数を N とすれば, n 回繰り返したあとの区間の中の単語数 d_n は,

$$d_n = \frac{N}{2^n} \tag{3.16}$$

である. $d_n < 1$ となれば反復は終了する. すなわち

$$n > \log_2 N \tag{3.17}$$

となれば反復は終了し, while ループ内部の繰り返し回数は $\lceil \log_2 N \rceil$ となる[4].

---

[4]　これは厳密にいうと正しくない. N が 2 のべき乗の場合には正しいが必ずしもそうとは限らない. その場合, 大きい方の区間を選択すると個数が多めになって回数が増えることになる. ここではそこまで厳密には考えない.

　木構造であっても，つぎにどの枝に解があるのかがその都度判定できれ
ば，反復法によって，とても効率的に答えに至ることができる．最後の辞
書の例は実際に我々が厚い紙の辞書を引くとき，さほど時間をかけずに目
的の単語を探し出せることに対応している．もしも最初のページから順に
単語を探しはじめたら，1つの単語を見つけるだけで莫大な時間がかかっ
てしまう．

3.4　再帰による計算

　反復法はとても強力な方法であり，この方法によって目的の答えが得ら
れる場合は問題ないが，多少複雑な問題になると単純に何かを繰り返すこ
とで解が得られるとは限らなくなる．このような場合に有効な方法として
再帰 (recursion) がある．再帰はプログラムの構造でもあり，同時にデー
タの構造でもある．

　まず，数の累乗 a^n を計算するプログラムについて考える．ある数 a を
n 回数え上げて計算するのであれば，前述の反復の考え方で n 回繰り返し
て a を掛ければ累乗を計算することができる．すなわち，以下のようなプ
ログラムで計算することができる．

```
1  function expr0(a, n){
2    var p = 1
3    for (var i = 0; i < n; i++)
4      p = p * a
5    return p
6  }
7
8  puts(expr0(2, 20))
9  puts(2 ** 20)
10
11 // 1048576
12 // 1048576
```

このプログラムはコンパクトであるという意味では理想的であるが，実は
計算効率があまり良くない．a^n を計算するのに n 回の掛け算は必要ない．

べき n が偶数の場合,

$$a^n = a^{2n'} = \left(a^{n'}\right)^2 \tag{3.18}$$

であり,奇数の場合,

$$a^n = a^{2n''+1} = \left(a^{n''}\right)^2 a \tag{3.19}$$

と書けるので,べきを半分にして 1〜2 回の掛け算で結果が得られる.こ
れをさらに推し進めて n' や n'' をさらに半分にして,と繰り返すことがで
きるが,これはここまで述べてきた反復とは多少雰囲気の異なるものであ
る.実際プログラムは以下のようになる.

```
 1  function expr(a, n){
 2    if (n == 0) return 1
 3    else {
 4      if (Math.floor(n / 2) * 2 == n){
 5        m = expr(a, n / 2)
 6        return m * m
 7      } else {
 8        m = expr(a, (n - 1) / 2)
 9        return m * m * a
10      }
11    }
12  }
13
14  puts(expr(2, 20))
15  puts(2 ** 20)
16
17  // 1048576
18  // 1048576
```

このプログラムでは,関数 expr の内部で関数 expr を呼び出している.
このとき.expr の引数が必ず半分程度に小さくなるので,値はいつか 0
となり,限りなく expr が expr 自身を呼び出すことはない.したがって,
いつか呼び出しは停止する(もちろんいつ止まるかは計算量に関わる問題
なので精査しなければならない).このような関数内部でその関数自身を
呼び出すようなプログラミングを**再帰呼び出し (recursive call)** と呼ぶ.
前述のように,このようなことをやると一般的には自分自身を限りなく呼

び出し続けて止まらなくなる可能性がある．しかし，このような仕組みを
うまく利用すると複雑な動きをコンパクトなプログラムで表現することが
可能になる．

　もっと単純な例について見てみる．与えられた整数 n について 1 から n
までの数の和 $\sum_{i=1}^{n} i$ を計算する関数 sum(n) について考えてみる．これ
も上記の例と同様に反復を用いて表現することができ，さらに上記の例と
は異なり，再帰を用いることのメリットはあまりない．しかし，あえて再
帰によって書けば以下のようなプログラムになる：

```
1  function sum(n){
2    if (n <= 0) return 0
3    else return sum(n - 1) + n
4  }
5  puts(sum(100))
6  // 5050
```

このプログラムには for も while もないので，とてもシンプルである．
関数 sum が sum(5) で呼び出されたときの挙動を図 3.5 に示す．計算は正
しく行われることが分かる．実際，反復で書かれているあらゆるプログラ
ムは再帰の形式で以下のように書くことが可能である．

```
function work(s){
  if (s==c_f) return
  else {
    何かの仕事
    work(φ(s))
  }
}
work(c_0)
```

　このプログラムの work の本体最後の部分で work 自身を呼び出してい
る．このような再帰の形式を**末尾再帰 (tail recursion)** と呼ぶ．末尾再帰
を用いると反復は再帰として表現することができる．また，末尾再帰で表

現されているものは，繰り返しの構造をもっているプログラミング言語であれば，繰り返しに書き直すことができる[5].

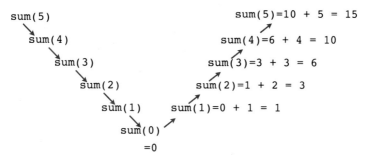

図 3.5　再帰で表現された sum(n) による sum(5) の計算の様子.

ここで示した関数 sum の場合には，for などを使って反復でプログラミングする方がずっと効率的であるが，そもそもプログラミングとして再帰を使わないと非常に複雑なプログラミングになってしまうものもある．以下に格子状の道の行き方の数え上げの例を示す．

図 3.6 に示すような縦横に 7 × 7 の格子状の道があるとする．この道を

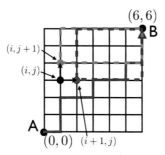

図 3.6　縦横 7 × 7 の格子状の道とその上の移動方法.

5　実際，Scheme などのプログラミング言語ではいくつかの処理系で末尾再帰を反復に動的に書き換えて実行するものがある．このような書き換えによって素直な再帰の動作に比べて高速に計算させることができる（末尾再帰の最適化）.

$(0,0)$ から $(6,6)$ まで移動するやり方について考える. ただし, 移動に際して逆戻りをすることは許されない. すなわち, ここでは右への移動と上への移動以外は許されないとする. このとき, 移動経路の場合の数を求めたい.

この問題の場合, 図 3.6 に示すように位置 (i, j) からつぎに移動できる可能性がある場所は $(i+1, j)$ と $(i, j+1)$ の 2 つである. 位置が上辺まで達していたり右端に達していると 2 つの方向を選択することができない. この問題を解くために以下のようなプログラムを作る:

```
1  var [m, n] = [6, 6]
2  function phi(i, j){
3      if (i == m) return 1
4      else if (j == n) return 1
5      else return phi(i + 1, j) + phi(i, j + 1)
6  }
7
8  puts(phi(0, 0))
9  // 924
```

(i, j) から $(i+1, j)$ への行き方と $(i, j+1)$ への行き方は違う行き方である. したがって, 上記のプログラムの関数 phi は引数 i, j をもらってその位置から $(6,6)$ に至る経路の場合の数を返すとする. 位置がすでに上辺や右端に至っていれば, $(6,6)$ まで 1 通りの行き方しかない. そうでない場合, 2 つの位置まで移っていく経路の場合の数の和になる. 結局, 場合の数は 924 通りとなる.

このプログラムの特徴は, プログラムとして部分的にどう解けばよいかを指定しているが, 実際にどのように動作するかは反復のプログラムのように明らかではない. しかし, それぞれの場合における動きは正しいので, 結果的に正しい結果が返ってくる. 実際, この関数が何数呼び出されるのかはすぐにはわからない.

このプログラムは非常にシンプルなので, さらに複雑な条件を付加することが可能となる. 図 3.7 左図に示すように位置 $(2,4)$ から $(2,5)$ への道が工事中で通れないとする. このとき, 経路の場合の数を計算してみる. この場合, 以下のように 1 つ条件を付加すればよいだけである.

65

```
1  var [m, n] = [6, 6]
2  function phi(i, j){
3     if (i == m) return 1
4     else if (j == n) return 1
5     else if (i == 2 && j == 4)
6                 return phi(i + 1, j)
7     else return phi(i + 1, j) + phi(i, j + 1)
8  }
9  puts(phi(0, 0))
10
11 // 849
```

プログラムは適当に経路を数え上げる．場合の数は 849 である．

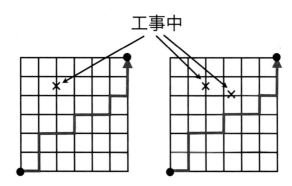

図 3.7　工事中の通れない道がある場合．

さらに，図 3.7 右図のように 2 か所が通れない場合には，さらにもう 1
つ条件を追加してプログラムは以下のようになる．

```
1  var [m, n] = [6, 6]
2  function phi(i, j){
3     if (i == m) return 1
4     else if (j == n) return 1
5     else if (i == 2 && j == 4)
6                 return phi(i + 1, j)
7     else if (i == 3 && j == 4)
8                 return phi(i, j+ 1)
```

```
 9      else return phi(i + 1, j) + phi(i, j + 1)
10  }
11  puts(phi(0, 0))
12  // 639
```

ここで見たように再帰はうまく利用することによって，非常に効率的なプログラミングを可能にしてくれる[6]．ただし，うまくプログラミングを作らないと無限ループに陥る可能性があり，その場合，デバッグは反復によるプログラミングに比べると厄介である可能性がある．

3.5　再帰呼び出しによるプログラム例

　本節では再帰呼び出しを使ったプログラムの例をいくつか示す．まず，2変数関数 $f(x, y) = x^2 + y^2 - 1 = 0$ の第1象限のグラフを描画する問題を考えてみる．これは半径1の円周の一部である．変数が1つで方程式が多項式の場合には，一般に有限個の解しかもたないことが知られているので，前述の2分法によって解の存在する領域を絞っていくことが可能である．これに対して，2変数関数の場合，方程式を満たす解の組み合わせは無限に存在する．これらの解を平面上にプロットすればグラフになるわけだが，無限個の点をプロットすることはできないので，適当な近似によりグラフを構成する．

　まず，第1象限にある四角形の4頂点がすべて $f(x, y) = 0$ の内部にある場合や4頂点がすべて外部にある場合には，その四角形と $f(x, y) = 0$ は共通の点をもたない．したがって，このような四角形の領域にグラフを描画する必要はない．

　図3.8では全体の四角形を $\{(x, y)|0 \leq x, y \leq 1\}$ とし，順次四角形を4等分していく．全体の四角形を4等分（縦半分，横半分）にすると左下の四角形の4つの頂点はすべて円の内部に含まれる．よってこれについてはもう考える必要がない．残りの3つの四角形についてそれぞれ4等分す

6　プログラムとしては単純化され効率的にプログラミングが可能であるが，計算として効率的であるかどうかは別の話である．

67

ると，頂点が完全に円の内部，または外部にある四角形がいくつか出て
くる．これらはやはりグラフを描画する対象としては除外することがで
きる．

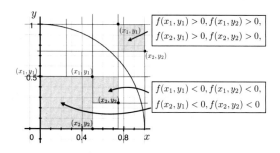

図 3.8　4 分の 1 円を描画する．

このような操作を繰り返していくと，四角形の大きさが小さくなり，そ
れらはすべて描画対象の円と共通点をもつような矩形となる．したがっ
て，十分に四角形を小さくして，それらの四角形の内部を塗りつぶせば矩
形が表示される．プログラムは以下のように作ることができる．

```
1  var f = (x, y) => x * x + y * y - 1
2
3  function circle(p1, p2, level){
4    if (level == 0){
5      draw_rect(p1, p2)
6      return
7    }
8    var [x1, y1] = p1
9    var [x2, y2] = p2
10   var [c1, c2, c3, c4] =
11     [f(x1, y1), f(x1, y2), f(x2, y1), f(x2, y2)]
12   if (c1 > 0 && c2 > 0 && c3 > 0 && c4 > 0 ||
13       c1 < 0 && c2 < 0 && c3 < 0 && c4 < 0)
14     return
15   var [mx, my] = [(x1 + x2) / 2, (y1 + y2) / 2]
16   var pm  = [mx, my], pp1 = [mx, y1], pp2 = [x2, my]
17   var pp3 = [x1, my], pp4 = [mx, y2]
18   circle(p1, pm, level - 1)
```

```
19    circle(pm, p2, level - 1)
20    circle(pp1, pp2, level - 1)
21    circle(pp3, pp4, level - 1)
22 }
23
24 circle([0, 1], [1, 0], 9)
```

このプログラム中で draw_rect(p1, p2) は 2 点 p1, p2 によって挟ま
れる四角形の内部を黒く塗りつぶす命令であり，JS Executor で利用する
ことができる．JS Executor 上で上記プログラムを実行したとき表示され
るグラフィックスを図 3.9 に示す

図 3.9 JS Executor 上での 4 分の 1 円の描画結果．

つぎにもう 1 つグラフィックスのプログラム例を示す．我々が通常扱っ
ている図形は平面上であれば 2 次元の図形であり，面積をもつ．それに対
して，2 次元の図形であるのに面積が 0 であったり．折れ線なのに長さが
無限大であったりする図形が知られている．例えば，地図の海岸線は拡大
すればするほど細かな折れ線が出現してより長くなっていく．限りなく拡
大すると長さ無限大になってしまう．このような図形をフラクタル図形と
呼ぶ．ここで扱うシェルピンスキーガスケットもそのような図形の 1 つで
ある．
　シェルピンスキーガスケットは平面上に三角形状の形をもつが，その面
積は 0 である．シェルピンスキーガスケットを近似的に描画すると，図
3.10 のようなものになる．実際には細かな三角形の内部がさらにシェル
ピンスキーガスケットになっていて，スカスカの図形になっている．

69

図 3.10　シェルピンスキーガスケットの概形.

このような図形の描画を考える．シェルピンスキーガスケットの構造は図 3.10 を見ても分かるように，上部と左下，右下の 3 つの部分に分解することができる（図 3.11 参照）．それぞれの部分に縮小されたシェルピンスキーガスケットを描画すればよい．このような図形を完全に正確に描画することは不可能である．したがって，ある程度細かくしたら，三角形を塗りつぶすことを考える．

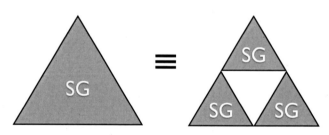

図 3.11　シェルピンスキーガスケットの構造（SG はシェルピンスキーガスケットのこと）．実際，これがシェルピンスキーガスケットの定義となる．

この考え方で以下のようなプログラムを作ることができる．関数 SG には外側の 3 つの頂点の座標とレベルが指定される．レベルは無限に SG 自身を呼び出さないようにある程度小さくなったら三角形をそのまま塗りつぶすようにするための引数である．

```
1  function middle_point(p1, p2){
```

```
2    var [x1, y1] = p1
3    var [x2, y2] = p2
4    return [(x1 + x2) / 2, (y1 + y2) / 2]
5  }
6
7  function SG(p1, p2, p3, level){
8    if (level == 0)
9      draw_triangle(p1, p2, p3)
10   else {
11     var m1 = middle_point(p1, p2)
12     var m2 = middle_point(p2, p3)
13     var m3 = middle_point(p3, p1)
14     SG(p1, m1, m3, level - 1)
15     SG(m1, p2, m2, level - 1)
16     SG(m3, m2, p3, level - 1)
17   }
18 }
19
20 SG([0.5, 1], [0, 0], [1, 0], 7)
```

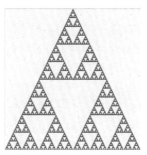

図 3.12　JS Executor で描画したシェルピンスキーガスケット（レベル 7
　　　　まで）.

このプログラムを実行すると，図 3.12 に示すような図形が表示される．
このように再帰を使うことによって，複雑なプログラムを比較的少ない行
数で表現することができる．しかし，前節で述べたように，プログラムが
単純であっても動作は複雑であるので，周到にプログラミングしないと反
復によるプログラミングに比べて予期しない動作をする可能性が大きく
なる．

71

3.6 練習問題

1. 1 から n までの整数をとる 3 つの整数 a, b, c のうち, $a^2 + b^2 = c^2$ を満たす組 (a, b, c) をすべて列挙するプログラムを作れ. ただし, 数の組は配列として [a, b, c] と表現し, それらを順に付け加えた配列, [[a1, b1, c1], [a2, b2, c2], ...] を返す関数 kadai(n) を定義せよ.

2. 以下の図ような三角形を連ねた n 段のはしご状の図形の点 A から点 B までに至る経路の総和を返す関数 ladder(n) を作れ. ただし, A から B への移動では B から遠ざかる方向には移動しないと仮定する.

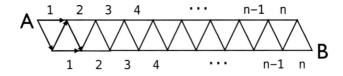

3. 正整数 n が与えられたとき, 以下に示すような文字の並びを返す関数 block(n) を作れ. 作り方は以下の図のとおりである.

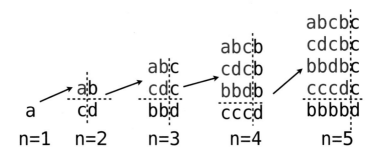

ただし, 返す文字列は最後の行以外は '\n' で区切って 1 本の文字列にして返すこと. block(n) を計算するとき, block(n - 1) の結果を用いることを考えると簡潔に書ける. 文字列の特定の位置の文字は配列 s[2] のように参照することが可能である.

第4章

木探索アルゴリズムの原理とその応用

本章では木構造をスキャンするアルゴリズムを紹介し，そのアルゴリズムをいくつかの問題に応用する方法について述べる．解きたい問題を木構造に当てはめて解決することは，アルゴリズムの基本である．色々な問題や構造が木構造に翻訳できる．一度木構造に翻訳できれば，木の上で問題解決のアルゴリズムを考えることで，より抽象的なレベルで問題を扱うことができる．

4.1　深さ優先探索

　まず，木を定義する．前章の 2 分探索法の説明でも，不完全ではあるが
木構造について言及した．木構造の本質は図 3.2 右図に示したような 1 つ
の状態から複数の状態への遷移があり，その遷移が継続的に伝搬していく
ような状況である．このような状況をまとめて描けば，図 4.1 のように
なる．

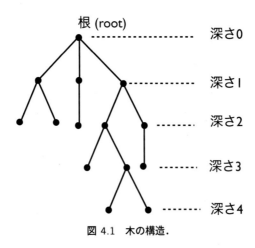

図 4.1　木の構造．

　木は点（ノード）を線分（エッジ）で結んだ構造である（ここでは前述
の遷移は考えない）．一般にこのような構造のことを**グラフ (graph)** と呼
ぶ．木構造はこのようなグラフのうち内部にループをもたない構造として
定義することができる．木はグラフのうち特殊な構造をもったものである
と言える．木におけるスタートのノードを**根（ルート；root）**と呼ぶ．根
はグラフのノードの集合から適当に選ばれた 1 つのノードである．
　ここで，各ノードから根への距離を考える．ここで距離とは各ノードか
ら根に到達するまでに通過するエッジの本数のことである（図 4.1 参照）.
あるノードから根に到達する経路が 2 つ以上存在すると内部にループをも
つことになるので，各ノードから根までの経路は唯一であり，その距離も

一意に決まる．この距離のことをそのノードの**深さ (depth)** と呼ぶ.

それぞれのノードについて自分に接続されているノードのうち深さが 1 つ小さいノードを**親ノード（親; parent node）**と呼ぶ．親は 1 つだけ存在する．異なる親が 2 つ以上存在するとループができてしまうので木の定義と矛盾する．また，自分に接続されているノードで深さが 1 つ大きいノードを**子ノード（子 ; child node）**と呼ぶ．子は存在するとは限らない．子をもたないノードのことを**葉ノード（葉; リーフ; leaf node）**と呼ぶ．図 4.1 に示すようにコンピュータサイエンスにおける木は習慣的に紙の上方に根を配置して描かれる.

複数の根をもった木（の集合体）のことを**森（フォレスト; forest）**と呼ぶ.

さて，本節で解説するのは，木構造が与えられたときその木構造のノードをもれなく列挙することである．前章で説明した 2 分探索法ではそれぞれのノードで解をもっている子ノードをその場で選び出すことができたので，反復によって必要な解のノードを見つけ出すことができた．しかし，一般的な状況ではそのようなノードを選び出すことはできない．したがって，解をもつ可能性のあるノードをすべて列挙する必要がある.

本節で解説する方法は，木構造のもともとの構造である，1 つのノードからいくつかのノードへ遷移する構造と再帰呼び出しを組み合わせたもの

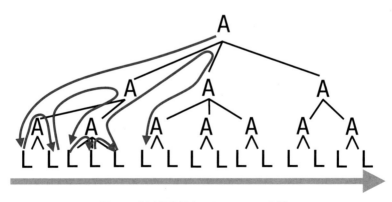

図 4.2　深さ優先探索によるノードの列挙.

である．具体的なノード列挙の順序は図 4.2 に示すとおりである．この探
索ではまず根からスタートして，それぞれのノードにおいて適当な子の方
向へ降りていく．下降を繰り返した結果，葉に到達したら「後戻り」をす
る．後戻りをしたあとそのノードから見てまだ下降していない子がある場
合には，その子の方向に下降する．すべての子について下降してしまった
ら「後戻り」をして親に戻る．この動作を繰り返す．要はどこまでも降り
ることができる場合にはどんどん降りていって，降りられなくなったら戻
るというアルゴリズムである．

　以上に述べた木探索の方法を**深さ優先探索 (depth-first search)** とい
う．また，前述のようにこのアルゴリズムは「後戻り」が特徴なので**バッ
クトラック法 (backtracking)** と呼ぶことがある．この探索アルゴリズム
を実現するプログラムは JavaScript 風に表現すると以下のような構造を
もつ：

```
function DFS(node){
    node についての処理;
    for (node のすべての子 child について) {
      DFS(child)
    }
}
DFS(root)
```

この構造は再帰呼び出しを利用している．深さ優先探索は再帰呼び出しと
とても相性が良い．このプログラムの構造を用いると，色々な問題を木構
造と結びつけて，木探索アルゴリズムによって解くことができる．ただ
し，**このアルゴリズムは葉に到達したときに「後戻り」する方式なので，
ずっと葉に到達しないような木構造（限りなく深い木構造）の場合には利
用することができない．**

　実際に例をみてみよう．0 と 1 によって作られる長さ n の文字列をすべ
て列挙するプログラムを考える．図 4.3 に示すような木を考える．根は空
列であり，取り出したいのは葉のノードだけである．以下のプログラムは

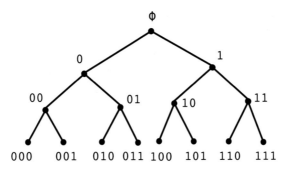

図 4.3 0 と 1 による文字列を表現する木構造. 深さが文字列の長さに対応している.

長さ 5 の 01 列を列挙するプログラムである.

```
 1  var res = []
 2  function binary(s, n){
 3    if (s.length == n) res.push(s)
 4    else {
 5      binary(s + "0", n)
 6      binary(s + "1", n)
 7    }
 8  }
 9  binary("", 5)
10  puts(res)
11  // ["00000","00001","00010","00011","00100","00101",
12  //  "00110","00111","01000","01001","01010","01011",
13  //  "01100","01101","01110","01111","10000","10001",
14  //  "10010","10011","10100","10101","10110","10111",
15  //  "11000","11001","11010","11011","11100","11101",
16  //  "11110","11111"]
```

もし長さ 5 以外の文字列も列挙したいのであれば, 以下のプログラムのようにすればよい. 長さ 5 以下の文字列がすべて結果に含まれる.

```
 1  var res = []
 2  function binary(s, n){
 3    res.push(s)
 4    if (s.length == n) return
 5    else {
```

```
 6          binary(s + "0", n)
 7          binary(s + "1", n)
 8      }
 9  }
10  binary("", 5)
11  puts(res)
12
13  // ["","0","00","000","0000","00000","00001","0001",
14  //   "00010","00011","001","0010","00100","00101",
15  //   "0011","00110","00111","01","010","0100","01000",
16  //   "01001","0101","01010","01011","011","0110","01100",
17  //   "01101","0111","01110","01111","1","10","100","1000",
18  //   "10000","10001","1001","10010","10011","101","1010",
19  //   "10100","10101","1011","10110","10111","11","110",
20  //   "1100","11000","11001","1101","11010","11011","111",
21  //   "1110","11100","11101","1111","11110","11111"]
```

このように木探索と問題を結びつけることによって比較的単純なプログラムで複雑な動作をさせることが可能となる.

　つぎに有名なパズルの例として図 4.4 に示すような「ハノイの塔 (the Tower of Hanoi)」を解くためのプログラムを示す. ハノイの塔は 3 つの柱（ペグ）と, 中央に穴のあいた半径の異なるいくつかの円盤から構成される. 最初すべての円盤は半径の大きい方から順にあるペグに（図 4.4 ではペグ X に）積み重なっているとする. このパズルは, この状態から円盤を移動させながら別のペグにすべて円盤を移動させるものである. ただし, 円盤は以下の制約を満たしながら移動させなければならない:

図 4.4　パズル「ハノイの塔」.

1. 円盤は1回に1枚だけ移動させることができる．まとめて移動させることはできない．
2. 半径の小さな円盤の上に大きな円盤を乗せてはいけない．

この問題を解くために部分的な問題を考える．あるペグ X に円盤 1 から円盤 n の n 枚が順に刺さっているとする（円盤 1 の半径が最小で円盤 n の半径が最大とする）．このとき，この n 枚をペグ Y を利用しながらすべてペグ Z に移動させるための移動させる関数を hanoi(n, X, Y, Z) と置く．この関数について以下の性質がある．$n \geq 2$ のとき，

```
hanoi(n, X, Y, Z) ==
  hanoi(n - 1, X, Z, Y)
  円盤 n を X から Z へ移動させる
  hanoi(n - 1, Y, X, Z)
```

すなわち．上の n 枚を移動させるには，まず上の n − 1 枚の円盤をペグ X からペグ Z を使いながらペグ Y まで移動させて，そのあと，円盤 n を X から Z へ移動させて（円盤 1 から円盤 n − 1 はペグ Y にある），最後に上の n − 1 枚の円盤をペグ Y からペグ X を使いながらペグ Z まで動かせばよい．このように，ある問題をそれよりもスケールの小さな問題を利用して解く形に分割することを**分割統治法 (divide and conquer)** と呼ぶ．

　ここでは，上記の部分問題のそれぞれをノードとする木を考える（図 4.5 参照）．欲しいのは円盤を実際に移動させる部分の情報である．これは図 4.5 の黄色のノードに対応する．動作は左側から右側に向けて実行されるので，結局，この木を深さ優先探索したときの葉の部分を順に集めれば問題の答えになることが分かる．

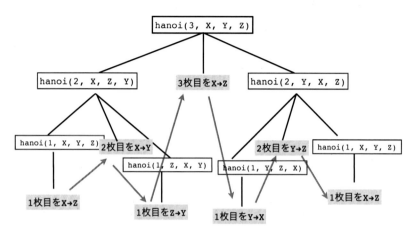

図 4.5　ハノイの塔の部分問題をノードとする木. 黄色い部分を集めるとハノイの塔の解になる.

この考え方で作ったプログラムを以下に示す.

```
 1  res = []
 2  function hanoi(n, X, Y, Z) {
 3    if (n > 0) {
 4      hanoi(n - 1, X, Z, Y)
 5      res.push("move " + n + " from " + X + " to " + Z)
 6      hanoi(n - 1, Y, X, Z)
 7    }
 8  }
 9
10  hanoi(4, "X", "Y", "Z")
11  puts(res)
12
13  // ["move 1 from X to Y", "move 2 from X to Z",
14  //  "move 1 from Y to Z", "move 3 from X to Y",
15  //  "move 1 from Z to X", "move 2 from Z to Y",
16  //  "move 1 from X to Y", "move 4 from X to Z",
17  //  "move 1 from Y to Z", "move 2 from Y to X",
18  //  "move 1 from Z to X", "move 3 from Y to Z",
19  //  "move 1 from X to Y", "move 2 from X to Z",
20  //  "move 1 from Y to Z"]
```

ここでは全く証明を与えないが，上記プログラムによって得られる動か

80

し方はこの問題に対する最適解になっている．すなわち，最も少ない手数
で円盤を移動させる方法になっている．一般にもっと多くのペグを利用す
ればもっと少ない回数で円盤を移動させることができる．同様の考え方
で，4つのペグによるハノイの塔の問題も深さ優先探索で解くことができ
る．これについては練習問題を参照すること．

　もう1つ例を見てみよう．数などのデータには大小関係が定義できる．
与えられた集合の要素を小さい方から大き方へ（または大きい方から小さ
い方へ）並べ替える作業を**ソーティング (sorting)** と呼ぶ．ソーティング
については第6章で詳しく述べる．ここではソーティングのための代表的
なアルゴリズムである**クイックソート (quicksort)** について，そのアルゴ
リズムの概略を説明する．

　ソーティングとはあるデータの系列

$$a_1, a_2, \ldots, a_n \tag{4.1}$$

が与えらえたとき，適当にデータを入れ替えて

$$a_{i_1} \leq a_{i_2} \leq \cdots \leq a_{i_n} \tag{4.2}$$

とすることである．ただし，i_k はデータを入れ替えるためのインデック
スであり $i_k \in \{1, \ldots, n\}$ とする．

　クイックソートは与えられたデータの中からキーと呼ばれる要素を1つ
決めて，それを用いてデータをキーよりも小さな要素，キーと等しい要
素，キーよりも大きい要素の3つの要素に分類する．ハノイの塔のパズル
を解いたときと同様に部分問題を考える．データの列を $\{a_i\}$ と置き，こ
れをソートした列を計算して返す関数を qsort($\{a_i\}$) とする．クイック
ソートは以下のような動作をするものであり，やはり部分問題の間に親子
関係があり木構造を作ることができる：

```
qsort({a_i}) ==
    key を決める
    M = {a_i} \ {key}
    lt = M の要素のうち key 以下のもの
```

gt = M の要素のうち key よりも大きいもの

qsort(lt), {key}, qsort(gt) をこの順に連結して解とする.

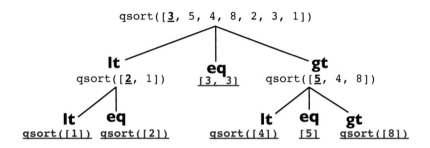

図 4.6　木探索としてのクイックソートアルゴリズム. 展開された木構造の葉を順に並べるとソートの結果になる.

このアルゴリズムはそれぞれの部分問題をノードとすれば, 図 4.6 に示すような木構造として表現することができる. 大きさが 1 以下のデータはソートする必要がないので, 引数に与えられたデータがそのまま答えとなる. 実際のプログラムにすると以下のようになる.

```
1  function qsort(dat) {
2    if (dat.length <= 1) return dat
3    else {
4      var lt = [], gt = []
5      var key = dat[0]
6      for (var i = 1; i < dat.length; i++) {
7        var ele = dat[i]
8        if (ele <= key) lt.push(ele)
9        else gt.push(ele)
10     }
11     return qsort(lt).concat([key]).concat(qsort(gt))
12   }
13 }
14
15 var dat = [6, 2, 6, 8, 7, 8, 10, 2]
16 puts(dat)
```

```
17  puts(qsort(dat))
18
19  // [6,2,6,8,7,8,10,2]
20  // [2,2,6,6,7,8,8,10]
```

ただし，2つの配列 lst1, lst2 を連結するには lst1.concat(lst2) とする．この例では非常に小さな配列をクイックソートアルゴリズムでソートしている．実は大きなデータについても，クイックソートアルゴリズムは名前のとおり高速に動作することが知られている．これについては，色々なソーティングアルゴリズムについてまとめて説明する第6章で詳しく説明する．

深さ優先探索の応用範囲は非常に広い．解きたい問題を木構造に落とす作業が必要であり，うまく木の問題に置き換えることができれば，そのまま解くことができる．本章の後半で深さ優先探索を利用する例をさらにいくつか示す．

4.2　幅優先探索

本節ではもう1つの基本的な木探索アルゴリズムである幅優先探索について説明する．

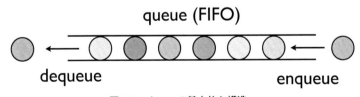

図 4.7　キューの基本的な構造．

幅優先探索ではキューというデータ構造を用いる．キューやスタックは色々なアルゴリズムで利用される基本的なデータ構造である．ここでは JavaScript の配列に実現されたキューやスタックの利用方法について述べる．**キュー (queue)** は FIFO (First In First Out) やバッファとも呼ば

れるデータ構造である．これは図 4.7 に示すような構造をもつものである．キューは理想的にはいくらでもデータを入れることができ，データを取り出すときは早く入れらたデータから順に取り出される．ちょうど待ち行列の構造になっており，あるデータを別のデータが抜かして早く取り出されるということはない[1]．JavaScript では配列がキューの機能を備えているので，わざわざキューを別途構成する必要はない．配列はそのままキューであり，配列 queue の末尾にデータを入れる（これを enqueue という）には前述のとおり

```
queue.push(data)
```

とすればよい．また，queue の先頭からデータを取り出す（これを dequeue という）には

```
queue.shift(data)
```

とする．この場合，この式の値が取り出されたデータそのものとなる．実際，以下のようなプログラムを書くことができる．

```
1  function sample(n){
2    var queue = []
3    for (i = 0; i < n; i++)
4      queue.push(i)
5    var res = "|"
6    while (queue.length > 0){
7      res += queue.shift(i) + "|"
8    }
9    return res
10 }
11 puts(sample(10))
12 // |0|1|2|3|4|5|6|7|8|9|
```

また，キューと同様にパイプにデータを入れていくというイメージは同

---

[1]　データの優先度に従って順序の入れ替えが起こる特殊なキューについて第 6 章で説明するが，通常のキューでは順序の入れ替えは起こらない．

様で，キューとは異なり一方のデータの出し入れができないように封鎖し
て片側からデータを入れ，データを取り出すときも同じ側からデータを取
り出すようなデータ構造を**スタック (stack)** と呼ぶ（図 4.8 参照）．また，
これは LIFO (Last In First Out) とも呼ばれる．

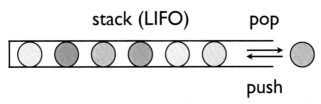

図 4.8　スタックの基本的な構造.

　配列をスタックとして利用する場合，データを stack という名前の配
列にスタックとして入れるにはキューでも用いた stack.push() を用い
ればよく，データを取り出す場合には

```
stack.pop()
```

とする．また，この式の値が取り出されたデータになるのはキューの場合
と同様である．前述の例と同様に push と pop を使った例を以下に示す．

```
 1  function sample_stack(n){
 2      var stack = []
 3      for (i = 0; i < n; i++)
 4          stack.push(i)
 5      var res = "|"
 6      while (stack.length > 0){
 7          res += stack.pop(i) + "|"
 8      }
 9      return res
10  }
11  puts(sample_stack(10))
12  // |9|8|7|6|5|4|3|2|1|0|
```

このように，取り出されるデータの順番がキューと逆になる．スタックを

積極的に用いた深さ優先探索アルゴリズムについて本章の最後で説明する．キューやスタックは多くのアルゴリズムで重要なデータ構造となる[2]．

さて，本節で説明する**幅優先探索 (breadth-first search)** はもう 1 つの木探索アルゴリズムであり，根に近いノードから遠いノードへ順に列挙していくアルゴリズムである．図 4.9 に示すように根からスタートし，順次根からの距離が短い順でノードを見ていく．ただし，同じ深さの子ノードどうしは，それぞれの親ノードどうしの順番がそのまま適用されると考える．同じ親に属する子の順番は決まらない．

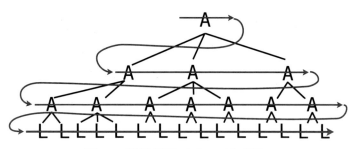

図 4.9　幅優先探索によるノードの列挙．

このような順序の探索を実現するためのアルゴリズムは JavaScript 風に書けば以下のようなものである：

```
var queue = [根]
while (queue.length > 0) {
  var node = queue.shift()
  node 個別の処理
  queue に node の子ノードをすべてに付け加える
}
```

2　実は再帰呼び出しを実現しているデータ構造はスタックである．したがって，前節で示した深さ優先アルゴリズムでは陽にスタックを利用したアルゴリズムは出てこないが，実際には間接的にスタックを利用していることになる．

　キューは初期状態でただ1つ根が入っている．その状態からスタートして，順次キューからノードを取り出したら，そのノードの処理を行ったあと，そのノードの子ノードをすべて queue に付加する．キューが空になるまでこの動作を繰り返す．

　この探索アルゴリズムは深さ優先探索と異なり木が限りなく深くなっても探索することができる[3]．深さに制限のない木を探索してもあらゆるノードはいつか列挙される．しかし，このアルゴリズムはキューに多くのノードを蓄える可能性があり，多量のメモリを消費してしまう可能性がある．この点は，このアルゴリズムを採用する際考慮する必要がある．

　まず，簡単な例を見てみよう．a，b の2文字で構成される文字列のうち aa，bb，ababab を含まない文字列をすべて列挙する．まず，文字列 c が与えられたとき，この3つの文字列のいずれかを部分列として含むか否かを判定する関数 judge(c) を以下のように定義する．

```
1  function judge(c){
2    var m = ["aa", "bb", "ababab"]
3    for (var i = 0; i < m.length; i++){
4      if (c.search(m[i])>= 0) return true
5    }
6    return false
7  }
```

ここで c.search(s) は文字列 c が s を部分列として含むか否かを判定する．含む場合には，その位置を0以上の数として返し，含まない場合には -1 を返す．

3　もちろん適当な条件でループから脱出する必要がある．

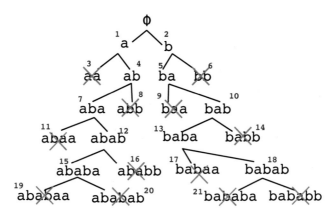

図 4.10　幅優先探索で a，b からなる文字列で aa，bb，ababab を含まない
ものをすべて列挙する．バツの付いているノードでは，これらの文
字列を含むためそれ以上ノードを展開しない．

この関数を利用して，幅優先探索によって，この 3 つの文字列を含まな
い文字列をすべて列挙する．その際，一度これらの文字列を含んでしまう
と，その末尾にいかなる文字を付加してもやはりこれらの文字列を含んで
しまうという性質を利用している．幅優先探索による木の構成の様子を図
4.10 に示す．一度この 3 つの文字列を含んでしまうとそれ以上キューに
子ノードを付加しない．JavaScript によるプログラムは以下のとおりで
ある：

```
1  function bfs(){
2    var queue = [""]
3    var ans = []
4    while (queue.length >= 1){
5      var c = queue.shift()
6      if (! judge(c)){
7        ans.push(c)
8        queue.push(c + "a")
9        queue.push(c + "b")
10     }
11   }
12   return ans
13 }
14
15 puts(bfs())
```

```
16  //  ["","a","b","ab","ba","aba","bab","abab","baba",
17  //   "ababa","babab","bababa"]
```

　この問題の場合には答えは有限個しかないが，もしも解が限りなく存在する場合には，このプログラムは限りなく解を変数 ans に付加し続けることになる.

　幅優先探索を用いて解ける典型的な例として「宣教師と人食い人種」問題について解説する．この問題は以下のようなものである（図 4.11参照）：

　3 人の宣教師 (M) と 3 人の人食い人種 (C) が川を渡ろうとしている．ボートは 1つしかなく一度に 2 人までしか乗れない．また，各岸で宣教師の人数よりも人食い人種の人数が多くなると宣教師は食べられてしまう．合計 6 人が左から右の岸へ無事渡るためにはどうすればよいか？ ボートに乗る回数をなるべく少なくしたい．また，人が乗らないとボートはどちらの方向にも動かないとする.

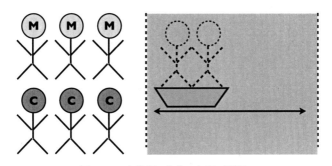

図 4.11　宣教師と人食い人種の問題.

　このようなパズルの問題を解く場合には，パズルのそれぞれの状態（木のノードとして表現される）をデータの形で表現する必要がある．ここでは以下のように 5 つのデータを組み合わせて配列で表現する：

[左岸の C の人数, 左岸の M の人数,
　　ボートの位置 (左岸:0, 右岸: 1),

　　　　右岸の C の人数，右岸の M の人数]

このように表現すると初期状態は [3，3，0，0，0]，終了状態は [0，0，1，3，3] となる．このパズルを解くには，初期状態から終了状態までをつなぐような動き（経路）を見つければよい．

　まず，ある状態から別の状態へ変化させる動きについて考えて見る．状態を変化させるということは，宣教師と人食い人種の 6 人のうち 2 名または 1 名が一方の岸から他方の岸に移動することである．この動きを指定するには，ボートに乗り込む宣教師と人食い人種の人数を指定すればよい．すべての可能性は move_list に示す 5 通りである．それぞれの要素は [C の人数，M の人数] という配列になっている．

```
1  var move_list = [[1, 0], [0, 1], [1, 1], [2, 0], [0, 2]]
2
3  function move_state(st, mv) {
4    var [c0, m0, boat, c1, m1] = st
5    var [mc, mm] = mv
6    if (boat == 0) {
7      if (c0 >= mc && m0 >= mm)
8        return [c0 - mc, m0 - mm, 1, c1 + mc, m1 + mm]
9      else return null
10   } else {
11     if (c1 >= mc && m1 >= mm)
12       return [c0 + mc, m0 + mm, 0, c1 - mc, m1 - mm]
13     else return null
14   }
15 }
```

状態 st を与えたとき，そこから mv の動かし方で状態変化させた結果を返す関数が move_state である．ボートがどちらの岸にあるかによって動かし方は変わることに注意すること．

　さらに人食い人種がどちらかの岸で宣教師たちを食べてしまうことが起こるかどうかを調べる関数 check_cond を以下のように作る．食べられてしまわない場合には true，食べられてしまう場合には false を返す．

```
1  function check_cond(st){
2    if ((st[0] > st[1] && st[1] > 0) ||
3      (st[3] > st[4] && st[4] > 0)) return false
```

```
4    else return true
5  }
```

作ろうとしているプログラムは最少の手順の解を見つけるプログラムで
ある．したがって，同じ状態が木構造の別の場所に出現した場合，幅優先
探索であとに出てきた状態を調べる必要はない（それは前に出てきた場所
からの解を調べれば十分である）．したがって，一度出現した状態を記憶
しておいてもう一度その状態が出てきたらそこから下は調べないという最
適化を行う．そのため tabu_list という変数に結ばれた配列に新たに出
現した状態を付け加えていく．以下はそのためのプログラムである．

```
1  var tabu_list = []
2  function eq_state(st1, st2) {
3    for (var i = 0; i < 5; i++)
4      if (st1[i] !== st2[i]) return false
5    return true
6  }
7
8  function put_tabu_list(st) {
9    for (var i = 0; i < tabu_list.length; i++){
10     if (eq_state(tabu_list[i], st)) return false
11   }
12   tabu_list.push(st)
13   return true
14 }
```

このプログラムでは，まず eq_state によって状態が同じものかどうか
を調べる．さらに put_tabu_list(st) によって tabu_list 内の要素と
照合して同じものがあれば false を返し，なければ tabu_list に状態を
入れて true を返す．最後に，幅優先探索によって初期状態からスタート
して終了状態が見つかったら停止して結果を表示する．

この場合，単にノードに状態だけを記録しておくと，最終状態にたどり
着いても，どのように初期状態から最終状態に移動したかがわからなく
なる．そこで，各ノードの状態はそのノードの状態 st とそのノードの親
ノード parent を配列で組にした [st, parent] を用いる．最後に最終
状態から初期状態まで逆方向にたどって配列 answer に結果を蓄えて出力
する．

```
1   function main() {
2     var queue = []
3     var init_state = [3, 3, 0, 0, 0]
4     var final_state = [0, 0, 1, 3, 3]
5     put_tabu_list(init_state)
6     queue.push([init_state, null])
7
8     while(true) {
9       if (queue.length == 0) {
10        puts("no solutions.")
11        return
12      }
13      var ele = queue.shift()
14      var [st, parent] = ele
15      if (eq_state(st, final_state)) break;
16      else if (check_cond(st)){
17        for (var i = 0; i < move_list.length; i++) {
18          var m = move_state(st, move_list[i])
19          if (m == null) continue
20          if (put_tabu_list(m) == false) continue
21          queue.push([m, ele])
22        }
23      }
24    }
25    var answer = []
26    while (ele != null) {
27      var [st, parent] = ele
28      answer.unshift(st)
29      ele = parent
30    }
31    for (var i = 0;  i < answer.length; i++)
32      puts(i + " : [" + answer[i] + "]")
33  }
34  main()
```

このプログラムを実行した結果は以下のようになる.

```
1   // 0 : [3,3,0,0,0]
2   // 1 : [2,2,1,1,1]
3   // 2 : [2,3,0,1,0]
4   // 3 : [0,3,1,3,0]
5   // 4 : [1,3,0,2,0]
6   // 5 : [1,1,1,2,2]
7   // 6 : [2,2,0,1,1]
```

92

```
 8  // 7  : [2,0,1,1,3]
 9  // 8  : [3,0,0,0,3]
10  // 9  : [1,0,1,2,3]
11  // 10 : [2,0,0,1,3]
12  // 11 : [0,0,1,3,3]
```

初期状態から 11 回移動することで最終状態にたどり着くことができる．これが最も少ない回数の解（の 1 つ）となる．この結果を図示すると図 4.12 のようになる．

●人食い人種　○宣教師

左岸		右岸
●●●○○○	ボ	
●●○○	ボ	●○
●●○○○	ボ	●
○○○	ボ	●●●
●○○○	ボ	●●
●○	ボ	●●●○○
●●○○	ボ	●○
●●	ボ	●○○○
●●●	ボ	○○○
●	ボ	●●○○○
●●	ボ	●○○○
	ボ	●●●○○○

図 4.12 宣教師と人食い人種の問題の最適解．

　本節では幅優先探索について説明した．この探索アルゴリズムはキューを用いることにより，反復によって木探索を行うアルゴリズムである．木構造が無限に深くても根からの深さの順にノードを見ていくので，深さ優先探索のようにあるノードから下でどこまでも深く下がっていって止まらなくなるといったことはない．しかし，キューに多くのノードを蓄えてしまうことが考えられる．その場合，多量のメモリを消費することになってしまうので注意を要する．

4.3 深さ優先探索を用いた順列と組み合わせ の列挙

　本節では，本章の最初の節で説明した深さ優先探索を用いて順列を生成する方法について考えてみる．順列や組み合わせを生成することで，最適な並べ方や組み合わせを見つけ出す問題などを解くことができる．順列も組み合わせも，生成する過程において中間的な状態を木構造のノードに対応させ，葉に最終的な順列や組み合わせを対応させることで列挙することができる．

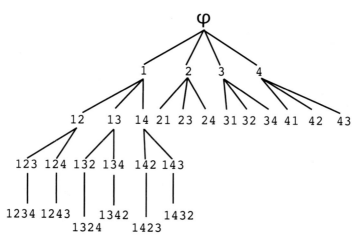

図 4.13　集合 $\{1, 2, 3, 4\}$ の 4 つの要素の順列を計算する様子（図は計算の途中）．葉ノードが順列を表し葉が出現したら結果を蓄える．

　まず，集合 $\{1, 2, 3, \ldots, n\}$ の順列の生成について考える．図 4.13 に示すように根を φ として，順次付加可能な要素を選択して子ノードとする．一度使ってしまった要素は付加できない．ノードに付加された要素は付加された順序で区別する．すべての要素が付加されたノードは葉となる．図 4.13 の場合，$\{1, 2, 3, 4\}$ の順列を考えている．プログラムと実行結果は以下のようになる．

```
1  function perm(lst) {
2    var res = [], used = []
3    var n = lst.length
4    for (var i = 0; i < n; i++) used.push(false)
5    function perm_body(node, depth) {
6      if (depth == 0) res.push(node)
7      else {
8        for (var i = 0; i < n; i++)
9        if (! used[i]) {
10         used[i] = true
11         perm_body(node.concat([lst[i]]), depth - 1)
12         used[i] = false
13       }
14     }
15   }
16   perm_body([], n)
17   return res
18 }
19
20 var m = perm([1, 2, 3, 4])
21 var res = []
22 puts(m.length)
23 for (var i = 0; i < m.length; i++)
24   res.push(m[i].join("-"))
25 puts(res)
26
27 // 24
28 // [ "1-2-3-4","1-2-4-3","1-3-2-4","1-3-4-2","1-4-2-3",
29 //   "1-4-3-2","2-1-3-4","2-1-4-3","2-3-1-4","2-3-4-1",
30 //   "2-4-1-3","2-4-3-1","3-1-2-4","3-1-4-2","3-2-1-4",
31 //   "3-2-4-1","3-4-1-2","3-4-2-1","4-1-2-3","4-1-3-2",
32 //   "4-2-1-3","4-2-3-1","4-3-1-2","4-3-2-1"]
```

このプログラムでは lst.join("-") を利用している．これは配列の中身をそれぞれ文字列化して間を文字列"-"で挟んで長い文字列を作るための関数である．また，このプログラムでは used という配列を利用している．この配列は論理値を要素とする配列で，lst の i 番目の要素がすでに使われている場合には used の i 番目の要素 used[i] が true となり，使われていない場合には false となる．関数 perm の内部で定義されている関数 perm_body(node, depth) では depth が再帰呼び出しされるたびに 1 減り，葉のノードでは depth = 0 となる．この場合，順列が完成し

ているので，配列 res に要素を追加する．そうでなければつぎの使われ
ていない要素 lst[i] を配列に追加して再帰的に perm_body を呼び出す．
　順列が生成できると，色々な問題に応用することが可能になる．その例
として魔方陣パズルをとり上げる．n **次魔方陣**は 1 から n^2 までの整数を
$n \times n$ の方形状に配置した並びで，縦横の行と列および 2 つの対角線上の
数の和がすべて等しいもののことである．3 次の魔方陣の例を図 4.14 に
示す．この場合，どの行，列，対角線上の数の和を計算しても 15 になっ
ている．

2	7	6
9	5	1
4	3	8

図 4.14　3 次の魔方陣．

　このような並びをすべて探し出すには，まず 1 から 9 までの順列を生成
して，それぞれを 3×3 の方形の並びに対応させる（数は上の段から下
へ，左から右へ詰めて並べる）．このように対応させたとき，魔方陣の条
件に合う順列だけを取り出せばよい．3 次の魔方陣の場合には

$$\frac{1 + 2 + \cdots + 9}{3} = 15$$

なので，それぞれの行，列，対角線上の数の和がすべて 15 に等しい並び
だけ出力すればよい[4]．3 次の魔方陣をすべて列挙するには以下のような
プログラムを書けばよい．実行結果とともに示す．

```
1  var p = perm([1, 2, 3, 4, 5, 6, 7, 8, 9])
2  var res = []
3  for (var i = 0; i < p.length; i++) {
4    var ele = p[i]
```

4　この数をそれぞれの次数の魔方陣の**魔法和 (magic sum)** と呼ぶことがある．

```
5    if (
6      ele[0] + ele[1] + ele[2] == 15 &&
7      ele[3] + ele[4] + ele[5] == 15 &&
8      ele[6] + ele[7] + ele[8] == 15 &&
9      ele[0] + ele[3] + ele[6] == 15 &&
10     ele[1] + ele[4] + ele[7] == 15 &&
11     ele[2] + ele[5] + ele[8] == 15 &&
12     ele[0] + ele[4] + ele[8] == 15 &&
13     ele[2] + ele[4] + ele[6] == 15
14   ) res.push(ele)
15 }
16 puts(res)
17
18 // [ [2,7,6,9,5,1,4,3,8],[2,9,4,7,5,3,6,1,8],
19 //   [4,3,8,9,5,1,2,7,6],[4,9,2,3,5,7,8,1,6],
20 //   [6,1,8,7,5,3,2,9,4],[6,7,2,1,5,9,8,3,4],
21 //   [8,1,6,3,5,7,4,9,2],[8,3,4,1,5,9,6,7,2] ]
```

　このプログラムは問題なくすべての魔方陣を列挙している．この結果を
よく観察すると，すべての出力は図4.14に示した並びを回転，裏返しに
よって変換したものに対応することが分かる．すなわち，3次の魔方陣は
本質的に1通りの並びしかない．

　実行結果も正しく，このプログラムは問題なく動作しているが，計算量
という観点から見ると問題がある．9個の要素の順列は $9! = 362,880$ 個
存在する．JavaScript の処理系はある程度高速に順列を列挙するので気
がつかないが，36万個以上の順列を一度メモリ上に生成して実際に条件
に合うものとして得られるのは8個の順列のみである．ほとんどの順列は
捨てられてしまう．その理由は魔方陣になるためにはいくつもの条件をク
リアしなければならず，それを満たすものはほとんどないからである．

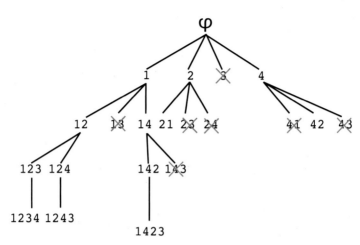

図 4.15　枝刈りの様子．探索しても意味のないノードは探索しない．

　この事実から，最初のいくつかの条件を満たさなければ，その順列が魔方陣になり得ないことは明らかである．したがって，魔方陣を見つけ出すという目的のためには，前述のように一度にすべての順列を生成してしまうのではなくて，順列を生成する途中の段階で中間のノードにおいて魔方陣となり得ないものが見つかれば，そのノードから下のノードを生成することをやめてしまう方が効率的である．このような手法を**枝刈り (branch pruning)** と呼ぶ．図 4.15 では順列生成のための木構造の枝刈りの様子を模式的に示している．なるべく早い段階で枝刈りができれば，無駄なノードを探索する必要がないので探索の計算量を減らすことが可能である．

　以上のような考え方に基づいて順列をすべて列挙するのではなく，必要な順列だけを効率良く出力するためのプログラムを書いてみる．まず，並べる数については 1 から 9 の数を使っていたが，それぞれを 1 小さくすることによって，0 から 8 にすることができる．このようにするとそれぞれの行，列，対角線上の数の和が一律 3 小さくなり，それぞれの数を 1 増やすことで元の魔方陣に直すことができる．このようにすることで，使われているそれぞれの数をチェックする配列 used のインデックスをそのまま並べる数にすることができる．改良したプログラムを以下に示す．

```
1  function magic_square() {
2    var used = []
3    var res = []
4    var pat = []
5    for (var i = 0; i < 9; i++) used[i] = false
6    function check_sum(i, j, k) {
7      return pat[i] + pat[j] + pat[k] != 12
8    }
9    function perm_magic(pos) {
10     if (pos >= 9 && !check_sum(0, 4, 8))
11       res.push(pat.slice(0))
12     else {
13       if (pos == 3 && check_sum(0, 1, 2)) return
14       if (pos == 6 && check_sum(3, 4, 5)) return
15       if (pos == 7 && check_sum(0, 3, 6)) return
16       if (pos == 7 && check_sum(2, 4, 6)) return
17       if (pos == 8 && check_sum(1, 4, 7)) return
18
19       for (var i = 0; i < 9; i++) {
20         if (! used[i]) {
21           pat[pos] = i
22           used[i] = true
23           perm_magic(pos + 1)
24           used[i] = false
25         }
26       }
27     }
28   }
29   perm_magic(0)
30   return res
31 }
32 puts(magic_square())
33 // [[1,6,5,8,4,0,3,2,7],[1,8,3,6,4,2,5,0,7],
34 //  [3,2,7,8,4,0,1,6,5],[3,8,1,2,4,6,7,0,5],
35 //  [5,0,7,6,4,2,1,8,3],[5,6,1,0,4,8,7,2,3],
36 //  [7,0,5,2,4,6,3,8,1],[7,2,3,0,4,8,5,6,1]]
```

このプログラムは前述のプログラムと同様にすべての3次魔方陣を列挙するが，関数 perm_magic が呼ばれる回数は 9506 となり，順列の総数に比べて圧倒的に少ない．

3次魔方陣についてはどのように列挙しても問題がないが，4次魔方陣の場合には，計算のスケールが相当に大きくなる．そのためこのような工

99

夫をしないと計算ができない．また，5 次魔方陣になるとさらにスケール
が大きくなり膨大な計算となるため色々な工夫が必要になる．

　つぎに数の組み合わせを見つける**ナップザック問題 (knapsack
problem)** と呼ばれる問題について考える．ナップザック問題はいくつか
の正整数が与えられたとき，そのうちの一部をピックアップしてその和が
指定された数 limit を越えないで最も limit に近いものを見つけ出す問
題である．例えば，ランダムに生成した 20 個の数

　　342，526，773，756，994，875，674，287，832，674，
　　940，493，10，717，165，26，523，611，760，546

の一部をピックアップして limit = 1000 を越えない limit に最も近い
ものを求めると，

　　$342 + 493 + 165 = 1000$

となる．

　この問題を解くためには図 4.16 に示すような木構造を用いる．一般に，
組み合わせを見つける問題は同様の木構造を用いることによって解くこと
ができる．この問題の場合には limit に最も近い組み合わせを求めるこ
とが目的であるので，それぞれのノードで子ノードのうち limit から近

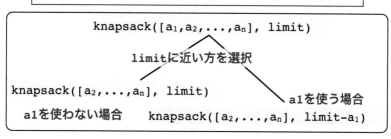

図 4.16　ナップザック問題の部分問題への分解することによってできる木
　　　　構造．

い方を選択する.

まず, このナップザック問題のプログラムを作るために以下の 2 つの関数を道具として準備する. 関数 filter は与えられた配列 lst の要素で与えられた限界 limit 以下のものだけ集めて作った配列を返す関数であり, sum は与えられたリストの要素の和を返す関数である.

```
1  function filter(lst, limit) {
2    var lst1 = []
3    for (var i = 0; i < lst.length; i++)
4      if (lst[i] <= limit) lst1.push(lst[i])
5    return lst1
6  }
7
8  function sum(lst) {
9    var s = 0
10   for (var i = 0; i < lst.length; i++)
11     s = s + lst[i]
12   return s
13 }
```

これらの関数を用いてナップザック問題のための関数は以下のように書ける. このプログラムではランダムに 20 個の整数を生成して, limit = 1000 としてナップザック問題を解いている.

```
1  function knapsack(lst, limit) {
2    var llst = filter(lst, limit)
3    if (llst.length == 0) return []
4    else if (sum(llst) < limit) return llst
5    else {
6      var a = llst.shift()
7      var m1 = knapsack(llst, limit)
8      var m2 = knapsack(llst, limit - a)
9      m2.unshift(a)
10     if (sum(m1) < sum(m2)) return m2
11     else return m1
12   }
13 }
14
15 var a = []
16 for (var i = 0; i < 20; i++)
17   a.push(Math.floor(Math.random() * 1000))
18 puts(a)
```

```
19  var ans = knapsack(a, 1000)
20  puts(ans.join(" + ") + " = " + sum(ans))
21
22  // [716,10,824,378,801,661,133,344,168,226,196,
23  //   669,960,998,499,861,157,197,701,685]
24  // 344 + 499 + 157 = 1000
```

　本節で見たように，深さ優先探索は順列や組み合わせを求めるためのアルゴリズムとしてはとても手軽で強力な方法である．ここで述べたテクニックは色々な場面に応用することが可能である．

4.4　幅優先探索を用いた 8 パズルの解法

　本節では幅優先探索の応用例として 8 パズルを解くプログラムについて解説する．8 パズルは同様のスライディングブロックパズルの中では最も単純なパズルであるが，任意の状態からゴール状態までの最適な手順を見つけ出すことはそれほど簡単ではない．

　図 4.17 に示すように 8 パズルは 1 から 8 までの 8 枚のパネル（これらをコマと呼ぶ）が 3 × 3 の枠の中に置かれている．任意の状態から図右側に示すゴール状態までコマをスライドさせながらパターンを遷移させるのがこのパズルの目的である．人間が普通に遊ぶ場合には下側からまたは右側から順にコマを詰めていく．

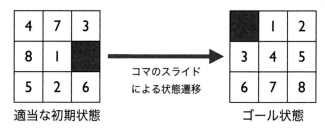

図 4.17　8 パズルのゴール状態とパズルの目的.

　このようなパズルを計算機で解く場合には，まず，パズルの状態を表現

する方法を考える．8 パズルの状態はコマの入っていない場所（空所）も
含めて 9 か所の状態を記述すればよい．ここでは配列を用いて，例えば，
図 4.17 の左の状態であれば [4，7，3，8，1，0，5，2，6] のように
表現する．ここで 0 は空所を表す．これによりゴール状態は [0，1，2，
3，4，5，6，7，8] となる．

　また，空所の周りのコマのいずれかを移動させる動きは，コマを移動す
る方向によって，u，d，r，l と表現する（図 4.18 参照）．空所の位置に
よってはコマが存在せず移動させることができないケースがある．

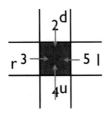

図 4.18　コマを移動させて盤面の状態を変化させるときの移動方向．

　これらの定数と変数を以下に定義する．

```
1  var state
2  var UP = 0, DOWN = 1, RIGHT = 2, LEFT = 3
3  var dir = "udrl"
```

　さらに 8 パズルの状態を変化させたり状態を解析するための関数をいく
つか定義する．まず，盤面上の空所の位置を調べる関数 find_zero とコ
マを 1 つ移動させる関数 move を以下のように定義する（3 × 3 の枠の中
ではインデックスから 3 を足すと下，引くと上の位置を計算できることに
注意すること）：

```
1  function find_zero(state) {
2    for (var i =0; i < 9; i++) {
3      if (state[i] == 0) return i
4    }
5    return null
6  }
7
```

```
8  function move(state, i) {
9    state = state.slice(0)
10   var z = find_zero(state)
11   var ix = z % 3
12   var iy = Math.floor(z / 3)
13   if (i == DOWN && iy > 0) {
14     state[z] = state[z - 3]
15     state[z - 3] = 0
16   } else if (i == UP && iy < 2) {
17     state[z] = state[z + 3]
18     state[z + 3] = 0
19   } else if (i == RIGHT && ix > 0) {
20     state[z] = state[z - 1]
21     state[z - 1] = 0
22   } else if (i == 3 && ix < 2) {
23     state[z] = state[z + 1]
24     state[z + 1] = 0
25   }
26   return state
27 }
```

また，以下に示す関数 next_move_list は与えられた状態でつぎにコマを移動させられる方向を求める関数である．ただし，1 つ前の状態に戻らないように最後に移動させた状態 last_move を入力として与える．もし 1 つ前へ戻る移動も含めたい場合には，last_move = null とすればよい．next_move_list を用いてランダムに盤面をかき回す関数make_random_state を定義する．

```
1  function next_move_list(state, last_move) {
2    var moves = []
3    var z = find_zero(state)
4    var ix = z % 3
5    var iy = Math.floor(z / 3)
6    if (ix > 0 && last_move != LEFT)
7      moves.push(RIGHT)
8    if (ix < 2 && last_move != RIGHT)
9      moves.push(LEFT)
10   if (iy > 0 && last_move != UP)
11     moves.push(DOWN)
12   if (iy < 2 && last_move != DOWN)
13     moves.push(UP)
14   return moves
```

```
15 }
16
17 function make_random_state(N, state) {
18   var last_move = null
19   for (var n = 0; n < N; n++) {
20     var moves = next_move_list(state, last_move)
21     var m = Math.floor(Math.random() * moves.length)
22     state = move(state, moves[m])
23     last_move = moves[m]
24   }
25   return state
26 }
```

　ここで利用している JavaScript の実行環境では 8 パズルの遷移をア
ニメーションで表示する機能が備わっている. この機能を利用するに
は start_board8() を最初に 1 回だけ呼び出す. そのあと, 以下の関数
を利用することができるようになる. まず, set_board_state(state)
によって盤面の状態を state に設定することができる. さらに,
play_moves("lluurrdd") と呼び出すことによって, 文字列で指定され
た動きを実際に WEB ブラウザ上で見ることができる (図 4.19).

　ここで, さらに幅優先探索による木探索を行うために, ノードに盤面
の状態以外に親ノードと最後にどの方向に動かしてそのノードにたどり

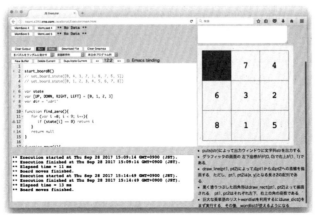

図 4.19　JavaScript 開発環境 (Executor) で 8 パズルを動かしている様子.

105

着いたかを示す方向の情報を乗せる．そのような情報を乗せたノードを
作成するための関数 make_node, 盤面が同じであるか否かを調べる関数
eq_pat, 盤面の状態からユニークな数を生成するための関数 encode, お
よび与えられたリストの中に指定した要素が入っているか否かを調べる関
数 in_list を作る．それぞれプログラムは以下のとおり：

```
1  function make_node(dir, pat, parent) {
2    return [dir, pat, parent]
3  }
4
5  function eq_pat(pat1, pat2) {
6    for (var i = 0; i < 9; i++) {
7      if (pat1[i] != pat2[i]) return 1
8    }
9    return 0
10 }
11
12 function encode(pat) {
13   var s = 0
14   for (var i = 0; i < 9; i++)
15   s = s * 9 + pat[i]
16   return s
17 }
18
19 function in_list(a, lst) {
20   for(var i = 0; i < lst.length; i++)
21     if (a == lst[i]) return true
22   return false
23 }
```

ここまでで作成したプログラムを用いて，幅優先探索であるパターンか
らゴール状態に至る最も短いコマの動かし方を求める．

```
1  function work() {
2    var state1 = [0, 1, 2, 3, 4, 5, 6, 7, 8]
3    var state = make_random_state(40, state1)
4    puts(state)
5    start_board8()
6    set_board_state(state)
7    var mm = []
8    var queue = [make_node(null, state, null)]
9    while (queue.length > 0) {
```

```
10    var node = queue.shift()
11    if (eq_pat(node[1], state1) == 0) break
12    var mlist = next_move_list(node[1], node[0])
13    for (var i = 0; i < mlist.length; i++) {
14      var st = move(node[1], mlist[i])
15      if (in_list(encode(st), mm)) continue
16      var node1 = make_node(mlist[i], st, node)
17      mm.push(encode(st))
18      queue.push(node1)
19    }
20  }
21  action = ""
22  while (true) {
23    if (node[0] == null) break
24    action = dir[node[0]] + action
25    node = node[2]
26  }
27  puts(action)
28  play_moves(action)
29 }
```

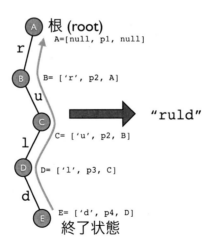

根 (root)

A=[null, p1, null]

r

B= ['r', p2, A]

u

"ruld"

C= ['u', p2, B]

l

D= ['l', p3, C]

d

E= ['d', p4, D]

終了状態

図 4.20　見つかったゴール状態からルートへ遡る．ノードの情報を頼りに移動手順を抽出する．

このプログラムでは関数 work の while 文で幅優先探索を行っており，変数 queue に探索ノードの列が入っている．また，初期状態ではルートのノードが入っている．初期状態は make_random_state によって生成されたものである．幅優先探索では探索によって出現したパターンをすべて mm という配列に数をエンコードして保存している．一度出現した状態は二度キューに入れることはない．探索中にゴール状態が見つかったときは，即座に while ループを抜けてその状態から親ノードをたどって最初の状態まで戻る．その際，それぞれのノードへの移動方向を文字列に記録して出力する（図 4.20 参照）．

例 え ば，[5,8,7,6,0,2,3,4,1] と い う パ タ ー ン に 対 し て は，ruldldrruulddruulddrurd と い う 動 き に よ っ て ゴ ー ル 状 態 に 到達することができる．幅優先探索を素直に実行しているので，この動きは最小手順数となっている．

4.5　練習問題

1. n が m の約数であり，$m > n$ のとき．

   $$m \ — \ n$$

   と書くことにする．このとき，与えられた数 a から

   $$a \ — \ a_1 \ — \ \cdots \ — \ a_k = 1$$

   となるすべての系列について考える．例えば，

   $$20 \ — \ 10 \ — \ 5 \ — \ 1, \quad 20 \ — \ 1$$

   などは 20 から始まる系列の例となる．ある正の数 a が与えらえれたとき，a から始まる系列の場合の数を求める関数 div(a) について答えよ．

   (a)　この仕組みは木構造として書くことができる．$a = 30$ について木構造を描け．

(b) dvi(a) を書け.

2. 0 から $n^2 - 1$ までの整数のうち, n 個の整数を 1 つずつ使って合計が d になるような順列の総数を求める関数 kadai(n, d) を定義せよ.

   このような問題は深さ優先探索で求めることができる. ヒントとして, 以下に 0 から $n^2 - 1$ までの整数を最大 1 回使って n 個の整数によって構成される順列を列挙するプログラムを示す. ただし, このプログラムで単純に出力された結果から条件に合うものを数えるのではなく工夫すること.

```
1  function magic(n){
2    var n2 = n * n
3    var a = []
4    var used = []
5    var i
6    function init(){
7      for (i = 0; i < n2; i++)
8      used[i] = false
9    }
10   function determine(i){
11     var k
12     if (i >= n) puts(a)
13     else{
14       for (k = 0; k < n2; k++){
15         if (! used[k]){
16           used[k] = true
17           a[i] = k
18           determine(i + 1)
19           used[k] = false
20         }
21       }
22     }
23   }
24   init()
25   determine(0)
26 }
```

3. 第 4.1 節で述べたように 深さ優先探索を用いて ハノイの塔のパズ

ルを解くことができる．この場合，ペグ（柱）の数は 3 つであった
が，ここでは 4 つのペグによるハノイの塔のパズルを解くことを考
える．4 ペグのハノイの塔のパズルに最適な解を与えるアルゴリズ
ムとして，フレーム-スチュワートのアルゴリズム[5] が知られてい
る．このアルゴリズムは以下の手順でパズルを解く：

> 4 つのペグをそれぞれ W, X, Y, Z と置く．W から Z へ n 枚
> の円盤を移動させるには，以下の手順を順に実行する：
> - 上の k 枚の円盤を再帰的に W から Y へ移動させる．
> - 下の $n-k$ 枚の円盤を 3 ペグのハノイの塔の問題（使う柱は
>   W, X, Z) だと考えて W から Z へ移動させる．
> - Y の k 枚の円盤を再帰的に Y から Z へ移動させる．
>   ただし，$r(x)$ は実数 x に最も近い整数として
> $k = n - r(\sqrt{2n+1}) + 1$ とする．

このプログラムを実現して 15 枚の円盤を W から Z へ移動させる
129 ステップの手順を求めよ．

4. 3.4 節で説明した格子状の道の移動方法の数の数え上げを木の深さ
   優先探索と考えて，4.5 節で説明した方法を用いて，再帰呼び出し
   なしで計算せよ．

5　このアルゴリズムは，Stewart, B. M.: Frame, J. S. (1941): Solution to advanced
problem 3819. *American Mathematical Monthly.* 48 (3): 216–9. による．このア
ルゴリズムが 4 ペグのハノイの塔のパズルに対して最適解を与えることは長らく未解
決問題であったが，2014 年に以下の論文によって示された：Bousch, T. (2014): La
quatrieme tour de Hanoi. *Bull. Belg. Math. Soc. Simon Stevin.* 21: 895–912.

第5章

ハッシングの手法

本章ではハッシング（ハッシュ表による方法；ハッシュ）の手法について解説する．大量のデータを集合として管理するための手軽な手法としてハッシングがある．ハッシングは多くのデータを含む集合の中から目的のデータを探し出したり，その集合にさらにデータを付け加えたりするための高速で手軽な方法である．種々のプログラムが色々な場面でハッシングを利用しており，現代では基本中の基本と言っても過言ではない．この手法をうまく利用することでコンパクトで高性能なソフトウェアを実現することができる．

5.1　ハッシュ関数とエンコーディング

　前章で解説した木構造はデータに構造を与えて，その構造によってデータを探し出したり構成したりするものであった．本章で説明するハッシュは逆に構造のあるデータを普通の数（順番）に変えて管理しようとするものである．

　まず，ハッシュ関数を定義する．データ d が与えられたとき，d から適当な数への写像を考える．すなわち，

$$h : S \ni d \mapsto i \in \{0, 1, \ldots, n-1\}$$

という写像 h を考える．この関数のことを**ハッシュ関数 (hash function)**と呼ぶ．ハッシュ関数には後述のようにハッシュ関数として好ましい性質があり，そのような性質のあるものを選択することで効率的な計算が期待されるが，効率を度外視すれば上記のような関数であれば，どのようなものでもよい．

　このようなハッシュ関数を定義する場合，一般に n はデータの定義されている空間 S の大きさ $|S|$ よりもはるかに小さいことが多い．この関数は膨大な空間に存在するデータを狭い空間に封じ込める作用がある．

　ハッシュ関数の例を見てみよう．アルファベットで表された地名などの文字列の配列があるとする．この配列の要素それぞれに数を割り当てる．文字列を構成する文字はそれぞれ ASCII[1] によって番号付けをすることができるので，以下のようなハッシュ関数を作ることができる．JavaScript では str を文字列としたとき，str.charCodeAt(i) で str の i 番目の文字のコードを取得することができる[2]．

---

[1]　ASCII(American Standard Code for Information Interchange) はアルファベット，数字およびいくつかの記号に番号を割り当てた体系で，7 ビットでそれらの文字を表現することができる．したがって 0 から 127 までの数によって文字を表現することができる．

[2]　文字列の i 番目の要素を取り出すには配列のように str[i] と書くことができるが，結局これも文字列なので，文字コードを得るには str[i].charCodeAt(0) とする必要があり，あまり効率的には書けない．

```
1  function h(s){
2    var n = 0
3    for (var i = 0; i < s.length; i++){
4      n = (n * 234 + s.charCodeAt(i)) % 103
5    }
6    return n
7  }
8
9  function test(){
10   var strs = ["meijo", "university", "abc",
11     "shiogama","yagoto", "ueda", "hara",
12     "irinaka", "yagoto-nisseki", "kanayama"]
13   for (var i = 0; i < strs.length; i++){
14     puts(strs[i] + " : " + h(strs[i]))
15   }
16 }
17
18 test()
```

このプログラムを実行することによって，表 5.1 に示すようなハッシュ
値が出力される．プログラムから分かるように，出力する値は $[0, 102]$ の
範囲にある整数値である．この場合，出力される値に偶然重複がないの
で，ここにある文字列に限れば，数をみることでどの文字列が入力された
か判断することができる．また，配列のハッシュ値に対応する位置にデー

表 5.1 文字列とハッシュ関数 h によるハッシュ値.

str	$h(\text{str})$
meijo	7
university	12
abc	96
shiogama	2
yagoto	44
ueda	69
hara	40
irinaka	6
yagoto-nisseki	83
kanayama	57

113

タを格納することでデータを管理するとき，この配列のことを**ハッシュ表 (hash table)** と呼ぶ．

ハッシュ関数を用いて以下のように配列 a にデータを保存すれば，配列 a の最初の部分は図5.1 に示すようになる．このように重複が生じなければデータの管理は配列上で問題なく行える[3]．

```
1  function h(s){
2    var n = 0
3    for (var i = 0; i < s.length; i++){
4      n = (n * 234 + s.charCodeAt(i)) % 13
5    }
6    return n
7  }
8  var strs = ["meijo", "university", "abc",
9    "shiogama","yagoto", "ueda", "hara",
10   "irinaka", "yagoto-nisseki", "kanayama"]
11 for (var i = 0; i < strs.length; i++){
12   puts(strs[i] + " : " + h(strs[i]))
13 }
```

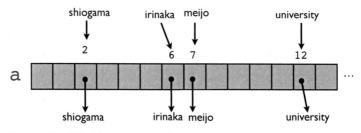

図 5.1　値の重複が起こっていない状況でハッシュ関数値の示す場所にデータを保存した場合．

このようにハッシュ関数から出力されるハッシュ値に重複がないというのは良い性質であるが，写像の値域の空間が狭ければどうしても重複が生

---

[3]　扱うデータが限定されている場合，そのデータの情報を利用して決して重複が生じないようなハッシュ関数を作成し，それを用いることがある．このようなハッシュ関数を**完全ハッシュ関数 (perfect hash function)** と呼ぶ．完全ハッシュ関数を作るための種々の方法が提案されているが，本書では言及しない．

じてうまくデータを探し出したり，データを登録することができない．

　入力されるデータに対して出力がなるべく一様になるようにすることはできるが，限界はある．完全なランダム性を仮定すると，n 個のデータを $[0, 102]$ から選んだとき，重複が起こらない確率は，

$$p_n = 1 - \frac{103 \cdot 102 \cdots (103 - n + 1)}{103^n} \tag{5.1}$$

となる．n を変化させたときの確率の変化の様子を図 5.2 に示す．このグラフを見ると $n = 8$ くらいで $1/4$ 程度まで大きくなり，$n = 30$ ではほぼ 1 近くまで上昇し，ほぼ確実に重複が起こることを表している．これでは重複することを仮定しないで，このような関数を利用することは実用的ではない．実際，前述の表 5.1 に示した例の場合，10 個のデータを扱っているので，この場合には運良く重複が起こっていないが，同様のことを数回繰り返せば重複が発生すると考えられる．

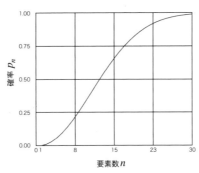

図 5.2　103 個の要素から n 個をランダムに選択したとき重複して選択してしまう確率．

　さらに表のハッシュ値の値域を小さくすると，もっと重複が起こりやすくなる．以下のようプログラムのように値域の幅を 13 にしてみる．

```
1  function h(s){
2    var n = 0
3    for (var i = 0; i < s.length; i++){
4      n = (n * 234 + s.charCodeAt(i)) % 13
5    }
```

115

```
6    return n
7  }
8  var strs = ["meijo", "university", "abc",
9    "shiogama","yagoto", "ueda", "hara",
10   "irinaka", "yagoto-nisseki", "kanayama"]
11 for (var i = 0; i < strs.length; i++){
12   puts(strs[i] + " : " + h(strs[i]))
13 }
```

このプログラムを実行すると表 5.2 のようになる．この場合，ハッシュ値が 6 の文字列が 5 個もある．このようになるとテーブルの同じ場所に異なる文字列を割り当てることになり，処理の方法を工夫する必要がある．このようなハッシュ値の重複のことを**衝突 (collision)** と呼ぶ．ハッシュについて考えるとき，まず最初に解決しなければならない問題が衝突である．衝突について，本章では 5.2 節と 5.3 節で全く異なる 2 つの方法についてそれぞれ説明する．

表 5.2　文字列とハッシュ関数 h によるハッシュ値（値域の幅が 13 の場合）．

str	$h(\text{str})$
meijo	7
university	4
abc	8
shiogama	6
yagoto	7
ueda	6
hara	6
irinaka	6
yagoto-nisseki	1
kanayama	6

5.2　チェイン法によるハッシング

チェイン法 (separate chaining method) はハッシュ表を工夫して，複数のデータを同じ位置に格納できるようにする方法である．ハッシュ表に

このような機能を付加するには，不定個数のデータを管理できるデータ構造が必要となる．この教科書で採用している JavaScript では前述のように配列がデータの個数に応じて伸縮するので配列を用いる．C のように素朴な配列構造しかない場合には，線形リストを構成してそれを用いる．

まずは例を見てみよう．

```
1  var strs = ["meijo", "university", "abc",
2     "shiogama","yagoto", "ueda", "hara",
3     "irinaka", "yagoto-nisseki", "kanayama"]
4
5  function make_table2(){
6     var a = []
7     for (var i = 0; i < strs.length; i++){
8       var v = h(strs[i])
9       if (a[v] === undefined) a[v] = [strs[i]]
10      else a[v].push(strs[i])
11    }
12    return a
13 }
14 puts(make_table2().join("|"))
```

このプログラムを実行すると以下のように表示される．

|yagoto-nisseki|||university||shiogama,ueda,hara,irinaka,
kanayama|meijo,yagoto|abc

同じハッシュ値をもつデータはまとめて|によって挟まれている．ハッシュ表の状態を図5.3に示す．ハッシュ関数値が同じであるデータは同じ箱に割り当てられるが，それらはある1つの配列のデータとして管理される．すなわち，ハッシュ表にデータが直接書かれるのではなくてもう1段

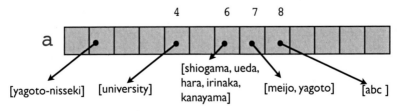

図5.3　チェイング法によって配列にデータを格納したときの様子．

117

別の配列を介して管理される. ただし, 個々のデータがどのような順番で
この配列に格納されるかは決まっていないので, この配列内部でデータを
探したり配列にデータを追加する場合には, 端から端まで 1 つずつデータ
を調べる必要がある.

　このようなハッシュ表からデータを見つけ出すには以下のプログラムで
示される操作を行う必要がある.

```
1  function search(s){
2     var v = h(s)
3     if (a[v] === undefined)
4       puts(s + " is not in the table.")
5     else {
6       var lst = a[v]
7       for (var i = 0; i < lst.length; i++){
8         if (lst[i] == s){
9             puts(s + " is in the table")
10            return;
11         }
12      }
13      puts(s + " is not in the table.")
14    }
15 }
16
17 var a = make_table2()
18
19 search("shiogama")
20 search("irinaka")
21 search("motoyama")
22 // shiogama is in the table
23 // irinaka is in the table
24 // motoyama is not in the table.
```

　このプログラムの中の search(s) は配列 a の中から文字列 s を見つけ
出す（サーチ）関数である. この関数ではまず, s のハッシュ関数値に
よって場所を特定する. その場所にもともと配列が結びつけられていなけ
れば, データは存在しない. 配列が結びつけられている場合には, その配
列の中にデータがあるかどうかを調べる必要がある. そのため, 配列の長
さ分繰り返し文字列の照合作業を行う. このプログラムを実行するとプロ
グラムの最後のように出力される. ハッシュ表にデータを追加したり削除

したりする場合にも，最初にデータをサーチしてその結果に応じて対象となるハッシュ表の要素または要素につながれている配列を操作する．

　一般にハッシュ表の大きさを m, 扱うデータ量を n としたとき，$\alpha = n/m$ のことを**占有率（ロードファクタ：load factor）**と呼ぶ．また，通常用いるハッシュ関数についてハッシュ値はどの値も同程度の確からしさで出現すると仮定する．これを**単純一様ハッシュの仮定 (simple uniform hashing assumption: SUHA)** と呼ぶ．この仮定の下で以下の3つの性質が成り立つ．ただし，α を占有率とする．また，$O()$ の記号については第7章を参照すること．

性質1 SUHA の下でハッシュ表の i 番目の要素につながっているデータの個数を x_i としたとき，その期待値は $\mathrm{E}[x_i] = \alpha$ となる．

証明 x_i の和の期待値を考えると以下のようになる：

$$\mathrm{E}[x_1 + x_2 + \cdots + x_m] = \mathrm{E}[x_1] + \mathrm{E}[x_2] + \cdots + \mathrm{E}[x_m] = \mathrm{E}[n] = n \quad (5.2)$$

したがって，SUHA より $\mathrm{E}[n] = m\mathrm{E}[x_i]$ なので，$\mathrm{E}[x_i] = \alpha$ が得られる．（証明終わり）

性質2 衝突がチェイン法によって解決されるようなハッシュテーブルで，SUHA の下では失敗する探索にかかる時間は平均 $O(1 + \alpha)$ である．

証明 失敗する場合，ハッシュ値を計算して，その値に対応するハッシュ表上の場所を調べ，そこにつながれているリストの要素をすべて調べる．リストの要素数は平均 α である．したがって，ハッシュ関数値を計算するための時間も含めて探索にかかる時間は，$O(1 + \alpha)$ である．（証明終わり）

性質3 衝突がチェイン法で解決されるハッシュ表で，SUHA の下で成功する探索にかかる時間の平均は $O(1 + \alpha)$ である．

証明 ある値がハッシュテーブルに存在するとき，その値を見つけるにはハッシュ関数値を計算して，それに対応するリストを先頭から見て，対応するものを探せばよい．その要素をサーチするには，はじめ，その要素が

119

付け加えられたときのリストの長さの期待値 +1 となる．n 個の要素が
ハッシュテーブルに入るとすれば平均のアクセス回数は，

$$N_c = \frac{1}{n}\sum_{i=1}^{n}\left(1+\frac{i-1}{m}\right) = 1 + \frac{1}{nm}\sum_{i=1}^{n}(i-1) = 1 + \frac{\alpha}{2} - \frac{1}{2m} \quad (5.3)$$

となる．したがって，ハッシュ関数の計算時間も含めて総計算時間は
$O(2+\alpha/2-1/(2m)) = O(1+\alpha)$ となる．　　　　　　（証明終わり）

　以上 3 つの性質から，扱うデータの数 n がハッシュ表の大きさ m に比
例する程度の個数であれば，占有率 $\alpha = n/m$ が定数なので，データの挿
入，探索，削除のすべての操作が $O(1)$ で実行可能であることが分かる．

5.3　オープンアドレッシング法によるハッシング

　オープンアドレッシング法 (open addressing) は前節で説明したチェ
イン法のような複雑なデータ構造を用いずに単純な配列構造だけでハッ
シュを行う方法である．この方法はハッシュ表に直接データを書き込む方
法であり，線形リストなど特殊なデータ構造を必要としないが，占有率が
1 未満であることが必要である．

　まず，一番単純な**線形探索法 (linear search; linear probing)** について
説明する．用いるハッシュ関数とデータを以下のように定義する．

```
function h(s){
    var n = 0
    for (var i = 0; i < s.length; i++){
        n = (n * 234 + s.charCodeAt(i)) % 31
    }
    return n
}

var strs = ["meijo", "university", "abc",
    "shiogama","yagoto", "ueda", "hara",
    "irinaka", "yagoto-nisseki", "kanayama"]
for (var i = 0; i < strs.length; i++){
    puts(strs[i] + " : " + h(strs[i]))
```

```
14 }
15 // meijo : 2
16 // university : 11
17 // abc : 7
18 // shiogama : 16
19 // yagoto : 7
20 // ueda : 5
21 // hara : 8
22 // irinaka : 23
23 // yagoto-nisseki : 6
24 // kanayama : 11
```

このプログラムを実行すると，上記リスティングの最後の部分のように
ハッシュ関数値の表が出力される．データ abc と yagoto および
university と kanayama のハッシュ関数値が衝突を起こす．線形探索法
では，衝突が起こった場合にあらかじめ決められた移動量分ずらしたハッ
シュ表の位置にデータを格納しようとする．その位置でも衝突が起こる場
合にはさらに同じ移動量ずらした位置に格納しようとする．ハッシュ表の
端まで到達した場合には，ハッシュ表の末端がハッシュ表の先頭と接続さ
れていると考えて位置を移動させる．ハッシュ表の大きさ m と 1 回の移
動量 d が互いに素な場合には順次ハッシュ表のすべての位置を巡ること
になるので，ハッシュ表のすべての位置にデータが詰まっている場合以外
必ず空きの位置が見つかることになる[4]．$d = 1$ とした場合には任意の m
について互いに素になるので，すべて要素を 1 つずつ巡ることになる．実
際 $d = 1$ の場合，大きさ 31 のハッシュ表にデータを入れる関数はつぎの
ように書くことができる．

```
1 function add_data(table, data){
2   var v = h(data)
3   while (table[v] !== undefined){
4     v = (v + 1) % 31
5   }
6   table[v] = data
7 }
```

---

[4] m, d が互いに素であると，適当な整数 k, m を用いて $mk + dl = 1$ とすることができ
る．この式の両辺を i 倍して m で割った余りを考えると，$(il)d = i \pmod{m}$ となる
ので $il \bmod m$ 回目にハッシュ表の i 番目の要素に到達することになる．

　ハッシュ表のすべての位置にデータが置かれている場合（ハッシュ表が満杯のとき）にはこのプログラムは無限ループとなってしまう．すなわち，オープンアドレッシング法では占有率は 1 未満である必要がある．m と d が互いに素でない場合にはこのアルゴリズムによって $m/\gcd(m, d)$ 個の位置しか巡らないので，占有率は $1/\gcd(m, d)$ 未満になっている必要がある．このようにオープンアドレッシング法はチェイン法に比べて使える状況に制約があるが，単純な配列だけで実現できるので手軽に利用可能である．

　また，ハッシュ表からデータを見つけ出すには以下のような関数を用いればよい．データを挿入するのと同じ手順でデータを見ていくので，正しいデータが得られる保証があるが，複数回場所をずらさないとデータにたどり着かない場合がある．

```
1  function search_data(table, data){
2      var v = h(data)
3      while (table[v] !== undefined && table[v] != data){
4          v = (v + 1) % 31
5      }
6      if (table[v] === undefined) return null
7      else return v
8  }
```

　上記の関数 add_data を用いて大きさ 31 のハッシュ表に本節の最初に示したデータを順次入れると，図 5.4 に示すような状態になる．このデータの並びを見ると，5 番目から 9 番目の位置にデータの塊があるのが分かる．これはクラスタ (cluster) と呼ばれるもので，1 度ある程度の大きさのクラスタが生成されると，そのクラスタ上に落ちるデータがクラスタの末端に追加されていくのでクラスタがどんどん成長していくことになる．さらに成長したクラスタどうしがつながると大きなクラスタが構成される．大きなクラスタが構成されるとデータを入れたり探したりする場合に何回も色々な要素にアクセスする可能性があり，効率を低下させる．このようにハッシュ表にクラスタが構成されることを**主クラスタ化 (primary clustering)** と呼ぶ．

```
0-->
1-->
2-->meijo
3-->
4-->
5-->ueda
6-->yagoto-nisseki
7-->abc
8-->yagoto
9-->hara
10-->
11-->university
12-->kanayama
13-->
14-->
15-->
16-->shiogama
17-->
18-->
19-->
20-->
21-->
22-->
23-->irinaka
```

主クラスタ化

図 5.4 線形探索によるオープンアドレッシング法で大きさ 31 のハッシュ表
に 5.3 節のはじめに示したデータを入れた様子. 主クラスタ化が起
こってデータが密に並んでいるのが見てとれる.

クラスタ化は実行効率の障害となるので起こらないようにするのが望ま
しい. このような観点からみると線形探索はあまり効率の良い方法とは言
えない. クラスタ化の問題に対処するために考え出された方法として, 2
次関数探索やダブルハッシングなどがある. 以下にこの 2 つの方法を説明
する.

まず, **2 次関数探索 (quadratic probing)** ではハッシュ関数値 $h(v)$ を
用いて i 回目に調べる配列上の位置を $h(v) + ai^2 + bi$ とする. ただし,
a, b は適当な整数である. このように変更することよって, 一定間隔で
データを配置することをせず i が大きくなるにしたがってずらす量を大
きくすることができる. データをハッシュ表に付け加えるときの関数
add_data を以下に示す. 4 行目の位置の計算以外には線形探索との本質
的な違いはない.

```
1  function add_data(table, data){
2    var i = 0
```

123

```
3    while (true){
4      var v = (h(data) + i + i * i) % 31
5      if (table[v] === undefined){
6          table[v] = data
7          return
8      }
9      i = i + 1
10   }
11 }
```

0-->	hhh::	yama
1-->	sakai::	tanaka
2-->	meijo::	meijo
3-->	fukazawa::	hoshigaoka
4-->	motoyama::	
5-->	ueda::	ueda
6-->yagoto-nisseki::		yagoto-nisseki
7-->	abc::	abc
8-->	yagoto::	hara
9-->	hara::	fukazawa
10-->	eee::	
11-->	university::	university
12-->	kanayama::	yamada
13-->	yamada::	
14-->	yagoto2::	yagoto2
15-->	mmm::	yagoto
16-->	shiogama::	shiogama
17-->	tanaka::	
18-->	yagoto48::	yagoto48
19-->	hoshigaoka::	kanayama
20-->	::	
21-->	::	hhh
22-->	::	mmm
23-->	irinaka::	irinaka
24-->	yama::	yagoto52
25-->	::	
26-->	::	sakai
27-->	::	
28-->	::	motoyama
29-->	yagoto35::	yagoto35
30-->	yagoto52::	eee

図 5.5　大きさ 31 のハッシュ表に同じ 24 個の文字列を線形探索（左）と 2
次関数探索（右）で入れたところ．明らかに 2 次関数探索の方がクラ
スタのサイズが小さくなっている．

このような工夫によってハッシュテーブルに入れられたデータがどのよ
うになるか調べてみる．同じ 24 個の文字列について，同一のハッシュ関

数を用いて線形探索と 2 次関数探索によりそれぞれ大きさ 31 のハッシュ表に入れた様子を示す（図 5.5）．線形探索に比べて 2 次関数探索の方が散らばっていて，クラスタのサイズが小さくなっているのがみてとれる．

　2 次関数探索の場合，もともとハッシュ値が一致している場合には線形探索法と同様に衝突が起きるが，たまたま何回か衝突を起こしたあと別のデータと同じ場所にぶつかった場合には，そのあとの位置のずらし方が変わってくる．線形探索法の場合には，ずらす量が同じなのでそのあとも同様に衝突が起きることになる．したがって前述の主クラスタ化のようなクラスタはできないが，同じハッシュ値の場合には似たようなクラスタ化が生じる．このようなクラスタ化を**副クラスタ化 (secondary clustering)**と呼ぶ．

　さらに，衝突を少なくする工夫として**ダブルハッシング (double hashing)** がある．ダブルハッシングでは 2 つのハッシュ関数 h_1 と h_2 を用いる．これらによって，ハッシュ表の上に乗せる場合に，d をデータとして位置 $h_1(d) + 0 \cdot h_2(d),\ h_1(d) + 1 \cdot h_2(d), \ldots, h_1(d) + i \cdot h_2(d), \ldots$ の要素を順に調べていき，空きが見つかればそこに要素を入れる．要素を追加するプログラムは以下のように書くことができる．

```
1  function add_data(table, data){
2    var i = 0
3    while (true){
4      var v = (h(data) + i * h2(data)) % 31
5      if (table[v] === undefined){
6        table[v] = data
7        return
8      }
9      i = i + 1
10   }
11 }
```

ただし，2 つ目のハッシュ関数 h_2 は 1 よりも大きな値を返すようにしないと，上記プログラムで i を増やしても値が変化せず無限ループに陥る可能性がある．

　本節で紹介したオープンアドレッシングの 3 つの方法によってランダムなデータの衝突がどのように増えていくか，その回数をグラフにしたもの

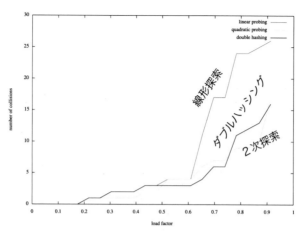

図 5.6　線形探索，2 次関数探索，ダブルハッシングによってハッシュ表にランダムなデータを入れたときの衝突回数の比較.

を図 5.6 に示す．これを見ると線形探索については占有率の増加とともに明らかに急速に衝突回数が増えていくが，2 次関数探索とダブルハッシングについてはその増加の速度に大きな違いは見られない．

　ここでまオープンアドレッシング法の概略について述べたが，この方法で注意すべきこととして，ハッシュ表からのデータの削除の仕方がある．チェイン法と異なりオープンアドレッシング法ではデータを単純に削除すると整合性が保てなくなる場合がある．クラスタが生成されているとき，クラスタの中の要素を単純に削除してしまうと，その要素以降の要素がアクセスできなくなる可能性がある．図 5.7 に示すように削除したデータがあった場所に特殊な記号（この場合は DEL）を置いて，その後ろのデータがアクセスできるようにする．ハッシュ表にデータを挿入する場合にはこの記号の置かれている位置にデータを書き込むことができる．このようにオープンアドレッシングではデータの削除に注意する必要がある．

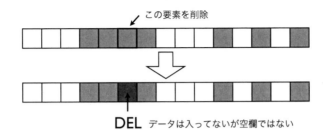

図 5.7　オープンアドレッシングにおける要素の削除．完全に削除してしまうと整合性がなくなるので，削除した場所を特殊な記号で埋めて整合性を保つ．

5.4　ハッシュ関数の構成法について

　ハッシュ関数は，入力に対して極めて相関性の低い出力をもつような関数が好ましい．ハッシュ関数を手軽に作るには

$$h(k) = k \bmod m \tag{5.4}$$

を用いることが多い．このような方法を**除算法 (division method)** と呼ぶ．本章で示した例もそのような形になっている．単純に値 k の m による余りをとるのではなく，もう少し複雑な計算をしてから余りをとるのが普通である．このとき，m が 2 のべき乗や 10 のべき乗になることは避けた方がよい．m が 2 のべき乗のときは m の下位ビットをとることになり，思わぬ相関性が発生する場合がある．

図 5.8　p ビットのデータ a_0, a_1, a_2, a_3 から構成される $4p$ ビットのデータ．

　例えば，2 のべき乗でなくても $m = 2^p - 1$ とすると以下に示すようにランダム性に問題が出てきてしまう．図 5.8 に示すように，$4p$ ビットの

データを除算法によるハッシュ関数を用いてハッシュ表に書き込むことを
考える．このデータは

$$k = a_0 2^{3p} + a_1 2^{2p} + a_2 2^p + a_3 \tag{5.5}$$

と表現することができ，$h(k) = k \bmod (2^p - 1)$ とすれば，

$$
\begin{aligned}
h(k) &= (a_0(2^p)^3 + a_1(2^p)^2 + a_2(2^p) + a_3) \bmod m \\
&= (a_0(2^p \bmod m)^3 + a_1(2^p \bmod m)^2 + a_2(2^p \bmod m) + a_3) \bmod m \\
&= (a_0 + a_1 + a_2 + a_3) \bmod m \tag{5.6}
\end{aligned}
$$

となり，ハッシュ関数値は a_i の順番によらず同じ値になってしまう．
$p = 2^8 - 1 = 255$ として文字列を入力するハッシュ関数で実験してみる．
プログラムは以下のようになる．

```
 1  function h(s){
 2    var sum = 0
 3    var p = 255
 4    for (var i = 0; i < s.length; i++){
 5      var c = s.charCodeAt(i)
 6      sum = (sum * 256 + c) % p
 7    }
 8    return sum
 9  }
10
11  function work(s){
12    puts(s + ": " + h(s))
13  }
14
15  work("abc")
16  work("bca")
17  work("yamamoto")
18  work("motoyama")
```

このプログラムを実行すると以下のようになる．

```
abc: 39
bca: 39
yamamoto: 106
```

motoyama: 106

　除算法と本質的に異なるハッシュ関数の作り方として**乗算法 (multiplication method)** がある．この方法はハッシュ関数の入力が実数値であるとし，その実数値にある定数を掛けて，その小数部分に適当な整数値を掛けてハッシュ関数値にするものである．これは以下のような関数として定義することができる：

$$h(k) = \lfloor m(kA \bmod 1) \rfloor. \tag{5.7}$$

ただし，$x \bmod 1$ は x の小数部分を表し，$\lfloor y \rfloor$ は y の整数部分（y より小さくない最大の整数）を表す．このハッシュ関数の出力は $[0, m-1]$ の範囲の整数である．A は適当な定数であるが，D. E. Knuth によれば，$A = (\sqrt{5} - 1)/2$ とすることによってランダム性が高くなる．

　以下にこの考え方で 1 から 100,000 までの数を 0～49 の整数に対応させる関数を作ってみる．

```
1   function work(){
2     var A = (Math.sqrt(5) - 1) / 2
3     var m = 50
4     function h(k){
5       var b = A * k
6       var n = Math.floor((b - Math.floor(b)) * m)
7       return n
8     }
9     var freq = []
10    for (var i = 0; i < m; i++) freq[i] = 0
11    for (var i = 0; i < 100000; i++){
12      var j = h(i)
13      freq[j] += 1
14    }
15    puts(freq)
16  }
17
18  work()
```

このプログラムを実行させると以下のように出力される．

$$[2000, 2000, 2000, 2000, 2000, 2000, 2001, 1998, 2002, 1999,$$
$$2001, 2000, 1999, 2000, 2000, 2000, 2001, 1999, 2001, 1998,$$
$$2000, 2000, 2001, 2000, 1999, 2001, 2000, 1999, 2000, 2000,$$
$$2001, 1999, 2002, 1998, 2001, 1999, 2001, 1999, 2000, 2001,$$
$$2000, 2000, 2001, 1998, 2001, 2000, 2000, 2000, 2000, 2000]$$

　この結果では極めて均等にデータが落とされている．これはとてもランダムな結果のように見えるが，2 項分布を仮定して分散の大きさを考えると揃いすぎているということが分かる[5]．確率的な意味ではランダムな値を出力関数とは言えないが，ハッシュ関数としては都合の良い結果となっている．

　実際，乱数を発生させる関数をそのまま利用して 50 個の箱に値を落とすと以下のようになる．

```
1  function work(){
2    a = []
3    for (var i = 0; i < 50; i++)
4      a[i] = 0
5    for (var i = 0; i < 100000; i++){
6      m = Math.floor(Math.random() * 50)
7      a[m] += 1
8    }
9    puts(a)
10 }
11
12 work()
```

これを実行すると以下のようになる．

$$[2042, 1991, 1988, 2048, 2017, 1970, 2107, 2087, 1967, 2050,$$
$$1996, 1989, 2027, 1926, 1958, 1984, 2052, 2118, 1968, 2017,$$
$$1936, 2009, 2054, 2067, 1959, 2037, 2037, 1984, 1935, 1962,$$
$$1967, 2002, 2053, 2018, 2026, 2070, 1986, 2030, 1912, 1896,$$

---

[5]　実際，本当にランダムであるとすると標準偏差は $\sigma = \sqrt{npq} = \sqrt{100000 \cdot 0.02 \cdot 0.98} \fallingdotseq$ 44.27 となり，この程度はゆらぐはずである．

1888,2003,1956,1984,1959,1999,1961,2036,1966,2006]

この例で分かるように**良いハッシュ関数はランダム性が高い関数ではなく，衝突が起こる期待値が低い関数である**．ハッシュ関数の良し悪しを考える場合にはこの点が重要である．

そこで，衝突が起こるか起こらないかという観点でハッシュ関数を見直してみる．n をハッシュ関数 h の引数として与えられる要素を集めた集合（これをユニバースと呼ぶ）の個数として，n 個のデータ x_i $(i = 1, \ldots, n)$ を用意する．これらのデータが与えられたときハッシュ値 $1, \ldots, m$ のいずれかを出力するハッシュ関数 h を考える．$h(x_i)$ の値のうち最も多く出現する値を s と置き，

$$S = \{x_i \mid 1 \leq i \leq n, \ h(x_i) = s\}$$

と置けば，S のサイズ $|S|$ は n/m 以上となる．h によって同じ値に写像される要素の集合の割合をこれよりも下げることはできない．h がどのように利用されるかはわからないが，たまたま S から常にデータが選択されることがあれば，ハッシュ関数値はいつも同じ値になり衝突が起き続けることになる．この考察からどのような値で h が計算されるかわからないので，どのようなハッシュ関数を作っても結局意味がないということになってしまう．

それではハッシュ関数は結局何でもよいのだろうか．その疑問を解決するために問題の枠組みを拡張する必要がある．1 つの固定されたハッシュ関数を用いる限り，上記の議論から最適なハッシュ関数を定義するのは難しい．そこでいくつかのハッシュ関数に確率を付与して，その確率に従ってハッシュ関数が出現するようなモデルを考える．すなわち，ハッシュ関数の集合 $H = \{h_i \mid i = 1, \ldots, k\}$ があり，その中のハッシュ関数 h_i にはそれぞれ出現確率 p_i が付与されているとする．このとき，ユニバースの異なる要素 x, y について

$$p_{x,y} = \sum_{i=1}^{k} p_i \delta(h_i(x) = h_i(y)) \tag{5.8}$$

と定義すれば，これは要素 x, y が H から取り出されたハッシュ関数に
よって衝突を起こす確率になる．ただし，$\delta(P)$ は条件 P が成り立つとき
1, 成り立たないとき 0 を出力する関数であるとする．ユニバースの任意
の要素 x, y について，ハッシュ値のとり得る値の個数 m を用いて

$$p_{x,y} \leq \frac{1}{m} \tag{5.9}$$

となるとき，ハッシュ関数の集合 H のことを**ユニバーサルハッシュ関数
族 (universal hash function family)** と呼ぶ．

ここで，等しくないすべての x, y の組み合わせについて $p_{x,y}$ を足し合
わせると，

$$\begin{aligned}
\sum_{x \neq y} p_{x,y} &= \sum_{x \neq y} \sum_{i=1}^{k} p_i \delta(h_i(x) = h_i(y)) \\
&= \sum_{i=1}^{k} p_i \sum_{x \neq y} \delta(h_i(x) = h_i(y))
\end{aligned} \tag{5.10}$$

となる．ここで $\sum_{x \neq y} \delta(h_i(x) = h_i(y))$ は衝突の総数で，これはハッシュ
関数値が均等に $1, \ldots, m$ にばら撒かれると最小になる．したがって，

$$\sum_{x \neq y} p_{x,y} \geq \frac{n/m(n/m - 1)}{2} \cdot m \tag{5.11}$$

となり，任意に x, y を選択したときの $p_{x,y}$ の最大値は平均値以上なので，

$$\max_{x \neq y} p_{x,y} > \frac{n/m(n/m - 1)}{2} \cdot m \left/ \frac{n(n-1)}{2} \right. = \frac{1}{m} \cdot \frac{n-m}{n-1} \tag{5.12}$$

となる．$n \gg m$ と考えれば，この式の右辺はほぼ $1/m$ であり，H がユ
ニバーサルハッシュ関数族であるということは，$p_{x,y}$ が全体を通して最小
限に抑えられているような関数族であるということである．

それでは，そのような関数族は実際に存在するのかという疑問が生じ
る．ユニバーサルハッシュ関数族としてよく知られているのは，以下の関
数の集合（族）である：

> **ユニバーサルハッシュ関数族の例**： s ビットの 01 ベクトルを入力 x として t ビットの 01 ベクトル y を返す関数 h を考える．01 ベクトルは 2 進数と考えてもよい．$y = h(x)$ の u ビット目の値はランダムに決めた s ビットの 01 ベクトル c_u との内積を計算して偶数ならば 0,奇数ならば 1 とする．y のそれぞれのビットについてランダムな 01ベクトルを選択することによって（すなわち，t 本のランダムな 01 ベクトルを選ぶことによって）h が定義される．それぞれの 01 ベクトルの要素は確率 $1/2$ で 0 と 1 を選択する．よって 2st 種類のハッシュ関数を作ることができ，それぞれの関数の出現確率は等しいものとする．これらの関数を集めたものを H とする．

この関数族の 1 つをランダムに選んで，実際に 0 から $N = 100,000 - 1 = 99,999$ までの数のハッシュ関数値の統計をとってみる．プログラムは以下のとおりである：

```
1  function inner_prod(x, y, s) {
2    var m = 0
3    for (var j = 0; j < s; j++)
4      m += y[j] * x[j]
5    return m % 2
6  }
7
8  function work(s, t) {
9    const N = 100000
10   var hist = []
11   var vv = []
12   var rand2 = () => Math.floor(Math.random() * 2)
13   for (var i = 0; i < 2 ** t; i++) hist[i] = 0
14   for (var i = 0; i < t; i++) {
15     var v = []
16     for (var j = 0; j < s; j++)
17       v.push(rand2())
18     vv.push(v)
19   }
20   puts(vv)
21   for (var k = 0; k < N; k++) {
22     var dat = k
23     var sprod = []
```

```
24      for (var j = 0; j < s; j++) {
25        sprod.unshift(dat % 2)
26        dat = Math.floor(dat / 2)
27      }
28      var res = 0
29      for (var i = 0; i < t; i++)
30        res = res * 2 + inner_prod(sprod, vv[i], s)
31      hist[res] += 1
32    }
33    puts(hist)
34  }
35
36  work(20, 5)
```

このプログラムは動かすたびに結果が変わる．適当な条件下で実行したときの結果は以下のようになった．

[3132,3120,3132,3120,3128,3120,3128,3120,3128,3120,
3128,3120,3132,3120,3132,3120,3132,3120,3132,3120,
3128,3120,3128,3120,3128,3120,3128,3120,3132,3120,
3132,3120]

　関数値がランダムな分布であるとすると，期待される標準偏差は 2 項分布の結果より，

$$\sigma = \sqrt{npq} = \sqrt{100000 \times \frac{1}{32}\left(1 - \frac{1}{32}\right)} \fallingdotseq 55.02 \tag{5.13}$$

となるが，実際にはこれほどのゆらぎはなく，それぞれの値は驚くほど一定になっている．このことから，ユニバーサルハッシュ関数族からとってきた関数はハッシュ関数としては性能の高い関数となっていることが分かる．この結果からもハッシュ関数として注目すべき点は決してランダム性ではなく，一様性であることが分かる．

5.5 ハッシュ関数の応用

　本節ではハッシュ表を用いた計算の例を示す．ハッシュ表の利点は単純なデータ構造で大量のデータを管理し，要素を検索することが比較的簡単にできることである．

　まず，第4章で説明した8パズルでハッシュ関数を利用してみる．8パズルのパターンは空白および1から8までのコマの並びであるので，その種類は高々 $9! = 362,880$ である．実際にはゴール状態を1つ決めたとき，そのゴール状態にコマをずらすことで遷移させることのできるパターンはこの場合の数の半分の $9!/2 = 181,440$ 通りであることが知られている．このすべてのパターンをハッシュ表で管理してみる．

　8パズルのゴール状態を根にして，そこから幅優先探索で徐々に状態を作っていくと，遷移の回数に関してゴール状態に近い状態から順に出現してくる．すでに出現した状態については，それ以降のノードは生成せず捨てることで，すべてのノードとそのノードからゴール状態への最短の遷移の回数を得ることができる（図5.9参照）．

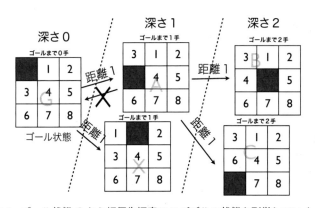

図 5.9　ゴール状態 G から幅優先探索で 8 パズルの状態を列挙していく．このとき，ハッシュ表を用いてすでに出現した状態は除外する．これによってそれぞれの状態からゴールへの一番短い経路の長さを記録することができる．この図の場合，G からスタートしてその子供として A と X ができる．A からさらにその子供として B, C, および G が生成されるが，G はすでに出現しているので除外される．

　　まず，8 パズルのハッシュ関数を以下のように定義する．このハッシュ
関数は 0 から 20010 までの値が出てくる．

```
1  function h(pat){
2    var s = 0
3    for (var i = 0; i < 9; i++)
4      s = (s  * 3444 + pat[i]) % 20011
5    return s
6  }
```

　　さらに 8 パズルのパターンをハッシュ表へ追加するための関数 add_pat
およびハッシュ表からパターンを探し出す関数 find_pat を以下のように
定義する．

```
1  function eq_pat(pat1, pat2){
2    for (var i = 0; i < 9; i++){
3      if (pat1[i] != pat2[i])
4        return false
5    }
6    return true
7  }
8
9  var pat_table = []
10
11 function add_pat(pat, dist){
12   var v = h(pat)
13   if (pat_table[v] === undefined){
14     pat_table[v] = [[pat, dist]]
15     return 1
16   } else{
17     lst = pat_table[v]
18     for (var i = 0; i < lst.length; i++)
19       if (eq_pat(lst[i][0], pat)) return 0
20     pat_table[v].push([pat, dist])
21     return 1
22   }
23 }
24
25 function find_pat(pat){
26   var v = h(pat)
27   if (pat_table[v] === undefined) return -1
28   else {
29     var lst = pat_table[v]
```

```
30      for (var i = 0; i < lst.length; i++)
31        if (eq_pat(lst[i][0], pat)) return lst[i][1]
32      return -1
33    }
34 }
```

関数 add_pat は与えられたパターンがすでにハッシュ表にある場合には
新たにパターンを追加せずに 0 を返す．そうでなければハッシュ表に追加
して 1 を返す．また，関数 find_pat は与えられたパターンをハッシュ表
から探し出してその距離を返す．見つからない場合には -1 を返す．幅優
先探索を用いてすべてのパターンをハッシュテーブルに入れるプログラム
は以下のとおり：

```
1  function find_zero(pat){
2    for (var i = 0; i < 9; i++){
3      if (pat[i] == 0) return i
4    }
5    return -1
6  }
7
8  function work(){
9    var init_pat = [0, 1, 2, 3, 4, 5, 6, 7, 8]
10   var queue = [[init_pat, 0]]
11   var counter = 0
12   while (queue.length > 0){
13     var [pat, dist] = queue.shift()
14     var ddist = find_pat(pat)
15     if (ddist < 0){
16       add_pat(pat, dist)
17       counter += 1
18       var p = find_zero(pat)
19       var px = p % 3
20       var py = Math.floor(p / 3)
21       if (px > 0){
22         ppat = pat.slice(0)
23         ppat[p] = ppat[p - 1]
24         ppat[p - 1] = 0
25         queue.push([ppat, dist + 1])
26       }
27       if (px < 2){
28         ppat = pat.slice(0)
29         ppat[p] = ppat[p + 1]
```

```
30        ppat[p + 1] = 0
31        queue.push([ppat, dist + 1])
32      }
33      if (py > 0){
34        ppat = pat.slice(0)
35        ppat[p] = ppat[p - 3]
36        ppat[p - 3] = 0
37        queue.push([ppat, dist + 1])
38      }
39      if (py < 2){
40        ppat = pat.slice(0)
41        ppat[p] = ppat[p + 3]
42        ppat[p + 3] = 0
43        queue.push([ppat, dist + 1])
44      }
45    }
46  }
47  puts(counter)
48 }
```

このプログラムを実行すると $181,440$ が出力される．また，プログラム
で最後に追加されたパターンを記録することによって，ゴール状態から最
も遠いパターンの 1 つが $[8,7,6,0,4,1,2,5,3]$ であってこのパターンから
ゴール状態へ 31 手で遷移させることができる，ということが分かる（試
してみよ）．

　このハッシュ表があると，任意のパターンからゴール状態への最適な
（最少手の）移動方法を簡単に見つけることができる．図 5.10 に示すよう
に，与えられたパターンからゴール状態までの最適手のステップ数（距
離）が n であれば，そのパターンから 1 ステップで動かせるパターンで距
離 $n-1$ のパターンを見つけてそのパターンへ遷移する．さらにそこから
距離 $n-2$ のパターンを見つけてそのパターンへ遷移する．この動作を繰
り返せばゴール状態へ n ステップで移動することができる．

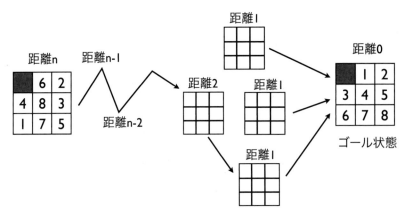

図 5.10 任意のパターンからゴール状態への距離（最適手によるステップ数）を調べることで最適手を求めることができる．与えられたパターンが距離 n であれば，そのパターンから 1 回動かして距離 $n-1$ になるようなパターンへまず遷移させればよい．そのあと，同様の探索を繰り返せばよい．

プログラムは以下のようになる．このプログラムは，すでに前述のハッシュ表が生成されているとしてランダムなパターンを関数 make_random_state によって生成し，ハッシュ表を引きながら 1 ステップずつゴール状態へ近づけていく．見つけた動きは第 4 章で用いた関数で実際の動きとして表示させる．

```
1  function work(){
2    var state =
3      make_random_state(1000, [0, 1, 2, 3, 4, 5, 6, 7, 8])
4    puts(state)
5    start_board8()
6    set_board_state(state)
7    var last_move = -1
8    var d = find_pat(state)
9    while (d > 0){
10     var mdirs = next_move_list(state, last_move)
11     var dirx
12     for (var i = 0; i < mdirs.length; i++){
13       dirx = mdirs[i]
14       var state1 = move(state, dirx)
15       var d1 = find_pat(state1)
```

```
16        if (d1 == d - 1) break
17     }
18     state = state1
19     d = d - 1
20     play_moves(dir[dirx])
21   }
22 }
```

以上のように 8 パズルの場合，ハッシュテーブルを用いてすべてのパター
ンを蓄えて検索することができるので最適な動きを見つけ出すこともでき
た．ある程度規模の小さなパズルなどではハッシュ表を用いるこのような
手法は効率的であり，プログラムもそれほど複雑にならず便利な方法で
ある．

5.6　練習問題

1. 5.4 節で説明した乗算法によって作られる単純なハッシュ関数につ
   いて，$A = (\sqrt{5} - 1)/2$ としたときと $A = (\sqrt{2} - 1)/2$ としたとき
   でハッシュ値の分布が異なるかどうか試せ．

2. 単語の列が配列として与えられているとする．例え
   ば，lst = ["I", "would" , "like", "to", "see", "you",
   "again", "next", "month"] としたとき，この配列の長さ
   2 の並んだ単語の列のうち最も頻度の高い並びの列を
   返す関数 kadai(lst) をハッシュテーブルを用いて作れ．
   ただし，最大頻度が同じものが複数存在する場合には，
   適当な要素を返すことにしてよい．上記の例では，す
   べての並び ["I", "would"], ["would", "like"], ["like",
   "to"], ... が同じ頻度なので kadai(lst) はいずれかの 1 つの組
   を返せばよい．lst = ["I", "never", "saw", "a", "saw",
   "saw", "a", "saw"] の場合は ["a", "saw"] と ["saw", "a"]
   が 2 回出現するので kadai(lst) = ["a", "saw"] または

```
kadai(lst) = ["saw", "a"] となる.
```

3. 以下の関数 mk_rand(n) は要素 n 個の乱数と思われる配列を返す.
この関数の返す配列 x の隣り合う数の組 (x[0], x[1]), (x[1], x[2]),...,(x[n - 2], x[n - 1]) のうち, 重複を取り除いた
ときの個数を返す関数 kadai(n) をハッシュ法を用いて実現せよ.

```
1  function mk_rand(n){
2    var A = (Math.sqrt(5) - 1) / 2
3    var result = []
4    function main(){
5      for (var i = 0; i < n; i++){
6        var v = A * i
7        var val = Math.floor((v - Math.floor(v)) * 100000)
8        result.push(val);
9      }
10   }
11   main();
12   return result;
13 }
```

4. ランダムな 0 から n - 1 までの整数を 1 つ発生させるには,

Math.floor(Math.random() * n)

を計算すればよい. 0 から n − 1 までの整数を m 個ランダムに発生
させたとき, その中に同じ数字が含まれるかどうかをハッシュ (セ
パレートチェイニング法) を用いて調べ, 含まれるときは true,
そうでないときは false を返す関数 kadai(n, m) を作れ. ハッ
シュテーブルの大きさは 1000 など適当に定めてよい.
この関数を用いれば, 地下鉄のある 1 つの車両に 50 人の乗客が
乗っているとき, この車両に同じ誕生日の人がいる確率を以下のよ
うにしてモンテカルロ法で求めることができる (1 年は 365 日であ
ると考えている).

```
1  function work() {
2    var NN = 100000
```

141

```
3    var count = 0
4    for (var i = 0; i < NN; i++) {
5      if (kadai(365, 50)) count += 1
6    } /* for */
7    puts(count /   NN);
8  }
9  work()
```

このプログラムを動かすと 0.9707 が出力される.

5. 下図に示すような柱が 4 本あるハノイの塔のパズルを考える. 柱
   が 4 本ある以外は普通のハノイの塔と同じルールで円盤を動かす.
   5.5 節で示した 8 パズルの全状態をハッシュ表で管理する例と同様
   にして, このハノイの塔のパズルの全状態をハッシュ表で管理して
   $n = 7, 8, 9$ について最適解を計算してみよ.

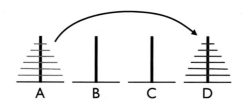

6. 5.4 節でユニバーサルハッシュ関数族の例として示した集合 H が
   ユニバーサルハッシュ関数族になっていることを示せ.

第6章

ソーティングアルゴリズム

ソーティングは数々のアルゴリズムの中でも最も基本的なもので，色々なアルゴリズムの部品として用いられるものである．また，計算量などの解析が比較的よく研究されており，初等的な方法による見積もりが多く知られていることから，計算量の解析を学ぶ上でも適当な題材となっている．

6.1　ソーティングの定義

任意の 2 つの要素間の順序が決められる集合を**全順序集合 (totally ordered set)** と呼ぶ．すなわち，この集合の任意の 2 つの要素 x, y について，

$$x \leq y \text{ または } y \leq x \tag{6.1}$$

のどちらかが成り立つ．これより，常に $x \leq x$ が成り立つ（反射律）．また，両方の条件が同時に成り立つとき，x と y は同じ要素となる（反対称律）．さらに要素 x, y, z について $x \leq y$ かつ $y \leq z$ の場合には，$x \leq z$ が成り立つ（推移律）．全順序集合のすべての要素は小さいものから大きいものまで 1 列に並べることができる．そのためこのような順序は**線形順序 (linear order)** と呼ばれることがある．

全順序集合の要素がいくつか与えられているとき，これらの要素を 1 列に並べる操作を**整列（ソーティング）**と呼ぶ．すなわち，$x_1, x_2, \ldots, x_n$ が与えられたとき，適当な並べ替え関数 ϕ を用いて

$$x_{\phi(1)} \leq x_{\phi(2)} \leq \cdots \leq x_{\phi(n)} \tag{6.2}$$

とすることである．ただし，$\phi(1), \phi(2), \ldots, \phi(n)$ は $1, 2, \ldots, n$ の並べ替えになっているとする．このとき，2 つのインデックス i, j $(i < j)$ について $x_i = x_j$ のとき必ず $\phi^{-1}(i) < \phi^{-1}(j)$ となっている場合，このソーティングは**安定的 (stable)** であるという．常に安定したソーティングをするアルゴリズムを**安定ソーター (stable sorter)** と呼ぶ．本章で説明するアルゴリズムのほとんどは安定ソーターではない．

6.2　選択ソートアルゴリズム

最も単純なソートアルゴリズムの 1 つとして**選択ソートアルゴリズム (selection sort algorithm)** がある．このアルゴリズムはソーターとしての性能は低いが実現するのが比較的簡単であるという特徴をもつ．

ソート未完了なデータの集合 R の中から最小の要素 m を見つけてその要素を除外する操作を繰り返す. R の要素数が 0 になるまで繰り返す. 以下にアルゴリズムの概略を示す（図 6.1 参照）:

selection_sort(S): S の要素を昇順にソートする
入力：全順序集合の要素の集合 S
出力：S の要素が昇順にソートされた配列 R

1. $R = [\ ]$（空の配列）
2. **while** (集合 S が空集合ではない){
3. 　　$m = S$ の中の最小の要素
4. 　　R の末尾に m を付加する
5. 　　S から m を削除する
6. }
7. R を出力する

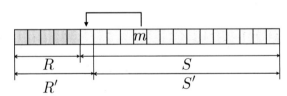

図 6.1　選択ソートの概略. 集合 S の中の最小の要素 m を見つけてそれを配列 R の末尾に添加する.

実際には 1 つの配列の上で実行することができる. JavaScript のプログラムを以下に示す:

```
1  function selection_sort(lst){
2    var n = lst.length
3    for (var i = 0; i< n; i++){
4      var m = lst[i]
5      var mj = i
```

145

```
 6      for (var j = i + 1; j < n; j++){
 7        if (m > lst[j]){
 8          m = lst[j]
 9          mj = j
10        }
11      }
12      [lst[mj], lst[i]] = [lst[i], lst[mj]]
13    }
14  }
15
16  var lst = [7, 3, 5, 4, 1, 2, 4]
17  puts(lst)
18  selection_sort(lst)
19  puts(lst)
```

　このプログラムでは，集合 S の中の最小の値 m を，S の要素を順に調べることによって見つけている．これに対して，S を表す配列の部分の要素を順に入れ替えることで結果的に R に最小値を「追い出す」アルゴリズムを考えることもできる．このアルゴリズムは**バブルソート (bubble sort algorithm)** として知られている．以下にプログラムを示す．

```
 1  function bubble_sort(lst){
 2      var n = lst.length
 3      for (var i = 0; i < n - 1; i++){
 4        for (var j = n - 1; j > i; j--){
 5          if (lst[j] < lst[j - 1])
 6            [lst[j], lst[j - 1]] = [lst[j - 1], lst[j]]
 7        }
 8      }
 9  }
10
11  var lst = [7, 3, 5, 4, 1, 2, 4]
12  puts(lst)
13  bubble_sort(lst)
14  puts(lst)
```

　この場合，選択ソートのプログラムで最小値を蓄える変数 m を使わないので簡潔にプログラムが書ける．
　このようなプログラムの計算量について考えてみる．計算量のより一般的な扱い方については第 7 章で述べる．ここでは特定の計算の回数に

よって計算量を測ることにする．ソーティングでは計算量として入力サイズ n に対してアルゴリズム中で実行されるデータどうしの大小比較演算の回数を用いることが多い．ここでも比較演算の回数を数えてみる．関数 selection_sort のプログラムをみると内側の for の中の if 文は $n-i-1$ 回実行されることから，全体の比較回数は

$$T_{\mathrm{s}}(n) = \sum_{i=0}^{n-1}(n-i-1) = \frac{n(n-1)}{2} \tag{6.3}$$

となる．一方，バブルソートの比較回数は

$$T_{\mathrm{b}}(n) = \sum_{i=0}^{n-2}(n-i-1) = \frac{n(n-1)}{2} \tag{6.4}$$

となり，全く同じになる．いちいち要素を比較していくことからバブルソートの方が比較回数も多いように思えるが，実際には比較回数に変わりはない[1].

実際にセレクションソートアルゴリズムで 10,000 個の要素をソートしてみる．以下のようなプログラムを動かす．

```
1  var lst = []
2  for (var i = 0; i < 10000; i++)
3    lst.push(Math.random())
4  var t1 = new Date()
5  selection_sort(lst)
6  var t2 = new Date()
7  puts((t2 - t1) + " ms")
8  puts(lst[0] + ":" + lst[5000] + ":" + lst[9999])
```

このプログラムを実行すると以下のようになり，この実行環境では約 7 秒ほど計算に要している．

```
6929ms
0.0000012498670098892717:0.494088572414469:0.9999612972741673
```

---

[1] 要素の入れ替え回数の期待値はバブルソートの方が多いと思われる．入れ替えの回数は入力されるデータの並びに依存する．したがって，プログラムの行数が若干多い選択ソートの方がわずかに実行性能が良いと考えられる．

6.3 クイックソートアルゴリズム

前節で述べた選択ソートアルゴリズムは，ソーティングの原理が簡単であり理解しやすいが，アルゴリズムとしてはあまり性能の高いものではない．それに対して 4.1 節で木探索に関連して紹介したクイックソートは実用的な高速アルゴリズムである．このアルゴリズムは Sir C. A. R. Hoare によって 1959 年ごろ発見された．

第 4 章で見たように，このアルゴリズムは要素を細かく分割する木を深さ優先探索で走査するアルゴリズムとみることができる．またこれは以下のように分割統治アルゴリズムと考えてもよい．アルゴリズムの全体を以下に示す：

qsort(A)：A の要素を昇順にソートする

入力：配列 A

出力：A のソート列

1. A のある 1 つの要素を key として選び出す
2. A の要素を以下の以下の 2 つの集合（配列）に分ける：
   $$lt = \{x \in A \mid x \le key\}$$
   $$gt = \{x \in A \mid x > key\}$$
3. qsort(lt) と [key] と qsort(gt) をつなげたものを結果として返す

このアルゴリズムを JavaScript のプログラムとして書けば以下のようになる：

```
1  function qsort(lst){
2    if (lst.length <= 1) return lst
3    var key = lst[0]
4    var lt = [], gt = []
5    for (var i = 1; i < lst.length; i++){
6      var ele = lst[i]
7      if (ele <= key) lt.push(ele)
8      else gt.push(ele)
```

```
 9    }
10    return qsort(lt).concat([key]).concat(qsort(gt))
11  }
12
13  m = [7,3,5,4,1,2,4]
14  puts(m)
15  puts(qsort(m))
```

このプログラムの動きを図 6.2 に示す. このようなプログラムが一番原始的なクイックソートのプログラムである. ここでは key を配列の先頭の値にしているが, 乱数を用いてランダムに選択する, 3 つほど値を見てからその中で一番良さそうなものを選択する, など色々な方法が提案されている.

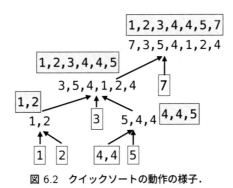

図 6.2 クイックソートの動作の様子.

このアルゴリズムは最悪の場合, 入力の配列のサイズ n の 2 乗 n^2 に比例する程度の比較演算が必要である. なぜならば, 入力された配列の各要素が異なり, さらに要素はすでに昇順にソートされているとする. このとき, 常に key は配列の中の最小値となり, 集合 lt が空集合となり, key 以外の残りの $n-1$ 個の要素は gt に入る. 再帰的に qsort が gt を引数として呼び出されるが, そのときのサイズは $n-1$ である. key を基準に要素を振り分けるには凡そ λn 回の比較が必要となる. ただし λ は適当な

定数とする. n を配列の大きさとすれば比較回数の総和 $L(n)$ は,

$$L(n) = \sum_{i=0}^{n-1} \lambda(n-i) = \lambda \frac{n(n+1)}{2} \tag{6.5}$$

となり, n の 2 次関数となる. これはバブルソートなどと同等の比較回数であり, ソートアルゴリズム全体からみると遅いアルゴリズムということになる. 最悪のケースということで比較回数を見積もるとクイックソートは非常に遅いということになるが, 以下に示すように平均的な比較回数を調べるとクイックソートは極めて高速であることが分かる.

　クイックソートの平均比較回数 $E(n)$ は, 入力列の要素がすべて異なると仮定して適当な定数 c を用いて

$$E(n) = cn + \frac{1}{n} \sum_{j=1}^{n} (E(j-1) + E(n-j)) \tag{6.6}$$

と書ける. なぜならば, key と等しい要素が必ず 1 つ存在するので, 集合 lt と gt は上記のようなサイズになるからである. どのように分かれるかは等確率であると考えて, 平均の比較回数はすべてのケースの比較回数を足して n で割ると求められる. さらに, 両辺に n を掛けると

$$nE(n) = cn^2 + \sum_{j=1}^{n} (E(j-1) + E(n-j)) \tag{6.7}$$

となり, この式の n をすべて $n-1$ に置き換えても正しいので,

$$(n-1)E(n-1) = c(n-1)^2 + \sum_{j=1}^{n-1} (E(j-1) + E(n-j)) \tag{6.8}$$

が得られる. この 2 つの式の引き算を作ると以下の式が得られる:

$$nE(n) - (n-1)E(n-1) = c(2n-1) + 2E(n-1) \tag{6.9}$$

さらに変形すれば,

$$nE(n) - (n+1)E(n-1) = c(2n-1) \tag{6.10}$$

となり，これより，

$$\frac{E(n)}{n+1} - \frac{E(n-1)}{n} = c\frac{2n-1}{n(n+1)} \tag{6.11}$$

が得られる．ここで $E(0) = 0$ なので，これを用いれば，

$$\frac{E(n)}{n+1} - \frac{E(0)}{1} = \frac{E(n)}{n+1} = c\sum_{i=1}^{n}\frac{2i-1}{i(i+1)} \tag{6.12}$$

であり，これより，部分分数分解を用いて

$$E(n) = c(n+1)\sum_{i=1}^{n}\frac{2i-1}{i(i+1)} = c(n+1)\sum_{i=1}^{n}\left(\frac{3}{i+1} - \frac{1}{i}\right) \tag{6.13}$$

が得られる．ここで Σ 記号の部分は，

$$\sum_{i=1}^{n}\left(\frac{3}{i+1} - \frac{1}{i}\right) = \sum_{i=2}^{n+1}\frac{3}{i} - \sum_{i=1}^{n}\frac{1}{i} = \frac{3}{n+1} - 3 + \sum_{i=1}^{n}\frac{2}{i} \tag{6.14}$$

となる．ここで n が十分に大きい場合には，

$$1 + \frac{1}{2} + \frac{1}{3} + \cdots + \frac{1}{n} \approx \log_e n \tag{6.15}$$

が成り立つ．これより

$$E(n) = c(n+1)\left(2\log_e n - 3\frac{n}{n+1}\right) = 2c(n+1)\log_e n - 3cn \tag{6.16}$$

となる．ここで重要なのはここで出現する対数の底が e であるということである（あとで説明するマージソートの比較回数と比べてみる）．最悪のケースでは 2 次関数で表される比較回数であったが，それが，$\log_e n$ を定数と考えればほとんど入力サイズに比例する時間（線形時間という）でソートができることになる．実際以下のようにして 1000 個のランダムな数についてクイックソートの実行時間を調べてみる．

```
1  lst = []
2  for (var i = 0; i < 10000; i++)
3    lst.push(Math.random())
4  t1 = new Date()
```

```
5  res = qsort(lst)
6  t2 = new Date()
7  puts((t2 - t1) + "ms")
8  puts(res[0] + ":" + res[5000] + ":" + res[9999])
```

　このプログラムの実行結果は以下のようになる.

　14ms
　0.00007199321912798595:0.5064526987194872:0.9998958819354733

　この結果はセレクションソートの約 500 倍ほど速いものとなっている.
クイックソートはランダムなデータに対しては高性能なアルゴリズムと
なっているが，前述のようにキーの選択方法がまずいと非常に遅くなる可
能性がある. 入力がどのような順に入ってくるかは不明であるので，この
問題はクイックソートの根本的な問題であると考えられる.
　本節ではクイックソートを JavaScript の配列（つなぎ合わせることが
簡単にできる）を用いて実現したが，C などでは高性能な配列を利用する
ことができない. そのため単純な配列の上でクイックソートを実現する方
法について考える必要がある[2].
　配列に比較可能なデータが置かれているとする. この配列上のデータの
入れ替えでクイックソートを行う. そのため，前半で説明したようにキー
以下の部分とキーより大きな部分にはっきりと分離するのは難しく，キー
に等しい要素がどちらにも入り得るように分割することにする. キーを v
として v よりも小さいものと v よりも大きい部分が続くところまで左と
右からポインタをずらしていく（図 6.3 参照）. それぞれのポインタが動
かせなくなっているということは，それぞれが v 以上の要素と v 以下の要
素をポイントしているということに他ならない. したがって，この状態で
ポイントされている 2 つの要素を入れ替える. そのあと，同様にしてポイ
ンタをずらしていく. ポインタが交差してしまったら分類が終了する.
　この動作によって v 以下の領域（左側）と v 以上の領域（右側）に分類
することができる. v に等しい要素は左側にも右側にも存在し得るが，そ

2　通常のアルゴリズムの教科書ではこちらの方法をクイックソート呼ぶことが多い.

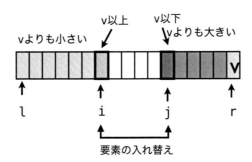

図 6.3 インライン版のクイックソートの動作の様子.

れはクイックソートとしては本質的に問題にならない. この場合, 問題に
なるのはどちらか片方の部分の大きさが 0 になってしまう場合で, そのよ
うな場合には無限ループが発生する可能性がある. そのようなケースが起
こらないようにプログラミングすれば, 配列上の入れ替えでクイックソー
トを実現することができる. 以下に JavaScript のプログラムを示す.

```
1  function quicksort(a, l, r){
2    var v, i, j
3    if (r > l){
4      v = a[r]
5      [i, j] = [l - 1, r]
6      while (true){
7        i += 1; while (a[i] < v) i += 1
8        j -= 1; while (a[j] > v) j -= 1
9        if (j <= i) break;
10       [a[i], a[j]] = [a[j], a[i]]
11     }
12     [a[i], a[r]] = [a[r], a[i]]
13     quicksort(a, l, i - 1)
14     quicksort(a, i + 1, r)
15   }
16 }
```

6.4　マージソートアルゴリズム

マージソート (merge sort algorithm) はクイックソートと同様に木探索アルゴリズムとして見ると深さ優先探索で定式化することができる. また分割統治アルゴリズムと解釈することもできる.

マージソートでは与えられた配列をクイックソートのようにキーで分類するのではなく, 単純に 2 つの部分に分け, 再帰的にマージソートを呼び出す. 再帰呼び出しから返ってきた配列（それぞれはソートされている）の中身を比較しながら 1 つのソート列になるようにくっつける（この動作を**併合**または**マージ (merge)** と呼ぶ.

アルゴリズムの概略をクイックソートと同様に書き下せば以下のようになる.

> msort(A)：A の要素を昇順にソートする
> 入力：配列 A
> 出力：A のソート列
>
> 1.　A をちょうど個数が半分ずつになる 2 つの配列 X, Y に分ける
> 2.　再帰呼び出しによって X, Y をそれぞれソートする：
> 3.　　X' = msort(X)
> 4.　　Y' = msort(Y)
> 5.　　B = {}
> 6.　**while** (X', Y' が空でない間)｛
> 7.　　**if** (X'[0] < Y'[0]) X'[0] を X' から取り出して B の最後に添加する.
> 8.　　**else** Y'[0] を Y' から取り出して B の最後に添加する.
> 9.　｝
> 10.　B を返す

クイックソートの説明と同様に小さなデータについてソートの様子を木として書けば, 図 6.4 のようになる.

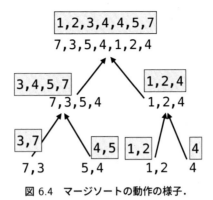

図 6.4 マージソートの動作の様子.

マージソートのプログラムを以下に示す. このプログラムの merge 関数は, 与えられた 2 つのソート列を合わせて 1 つのソート列にするための関数である.

```
1  function merge(lst1, lst2){
2    var lst = []
3    while (true){
4      if (lst1.length == 0) return lst.concat(lst2)
5      else if (lst2.length == 0) return lst.concat(lst1)
6      if (lst1[0] < lst2[0]) lst.push(lst1.shift())
7      else lst.push(lst2.shift())
8    }
9  }
10
11 function msort(lst){
12   var n = lst.length
13   if (n < 2) return lst
14   else {
15     var n2 = Math.floor(n / 2)
16     return merge(
17     msort(lst.slice(0, n2)), msort(lst.slice(n2, n)))
18   }
19 }
```

関数 merge は与えられたどちらかの配列が空になった時点の残りのものを結果に付けて返す. 両方の配列が空でなければ, 先頭の要素どうしを比べて小さい方を結果に付け加える.

155

このプログラムを実際に動かしてみる．そのために以下のようなプログラムを書いてみる．やはり 10000 個のデータのソートを実行してみる．

```
1  lst = []
2  for (var i = 0; i < 10000; i++)
3  lst.push(Math.random())
4  t1 = new Date()
5  res = msort(lst)
6  t2 = new Date()
7  puts((t2 - t1) + "ms")
8  puts(res[0] + ":" + res[5000] + ":" + res[9999])
```

このプログラムの出力は以下のようになる．

```
59ms
0.000001941695703333579:0.49702765282789085:0.9999521926597846
```

この結果はクイックソートよりかなり遅い．マージソートの比較回数を調べてみる．マージソートが n 個の要素をマージするために要する要素どうしの比較回数を $T(n)$ と置く．アルゴリズムの構造から以下の式が得られる：

$$T(n) = 2T\left(\frac{n}{2}\right) + cn \tag{6.17}$$

ここで $n = 2^m$ と仮定して $S(m) = T(2^m)/2^m$ と置く．このとき

$$\begin{aligned}
S(m) &= \frac{1}{2^m}\left(2T\left(\frac{2^m}{2}\right) + c2^m\right) = \frac{T(2^{m-1})}{2^{m-1}} + c \\
&= S(m-1) + c \tag{6.18}
\end{aligned}$$

が得られる．ここで $S(0) = T(1) = d$ と置けば，$S(m) = cm + d$ となる．以上より，

$$T(n) = 2^m S(2^m) = n(cm + d) = cn\log_2 n + nd \tag{6.19}$$

となる．この比較回数の見積もりはクイックソートの場合のように平均を考えているわけではなく，常に成り立つ見積もりである．したがって，マージソートはあらゆるデータに対してこの比較回数でソートを完

了することができる．比較回数が入力されるデータに依存しないことから，クイックソートよりも高性能なソートアルゴリズムであると言える．しかし比較回数はクイックソートの場合，対数の底が自然対数の底 $e = 2.7172\cdots$ であったのに対してこちらは 2 となっており，その分若干遅くなっている．この結果からマージソートはあらゆる場合に高速であるが，クイックソートの平均の性能に比べると遅いということが言える．

さらにマージソートの弱点として，データをマージするときにCの配列のようにあらかじめ領域を確保しなければならない状況では入力されたデータの 2 倍の大きさの場所が必要となる，ということが挙げられる．

Cのような単純な配列の上でマージソートを行う場合について考えてみる．この場合，データとして与えられた配列と同じ大きさの配列を用意する．マージする場合には一度その配列上にデータをコピーしてから，元の配列に書き戻す作業を行う．この場合，片側を左右逆転させてコピーする．左右から変数 i，j の指している要素の大小関係を調べて小さい方から順にコピーしていく．その際，片側の部分の要素はなくなる，i または j は，もう 1 つの部分の端を指すようになるので，末尾の部分がうまく元の配列 lst へ書き戻される（図 6.5 参照）．プログラムは以下に示すようになる．

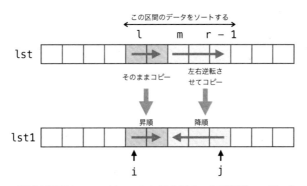

図 6.5　単純な配列上でマージソートを行う場合，作業領域へコピーしてからマージする．その際，片側を左右逆転することによって末端の処理を単純化することができる．

157

```
1  function msort_array(lst) {
2    var lst1 = []
3    function mergesort(l, r){
4      if (r - l > 1) {
5        var m = Math.floor((r + l) / 2)
6        var i, j, k
7        mergesort(l, m); mergesort(m, r)
8        for (i = m - 1; i >= l; i--) lst1[i] = lst[i]
9        for (j = m; j < r; j++) lst1[r + m - 1 - j] = lst[j]
10       for (k = l, i = l, j = r - 1; k < r; k++) {
11         if (lst1[i] < lst1[j]){lst[k] = lst1[i]; i++}
12         else {lst[k] = lst1[j]; j--}
13       }
14     }
15   }
16   mergesort(0, lst.length)
17   return lst
18 }
19
20 var l1 = [5, 3, 4, 2, 2, 1]
21 puts(l1)
22 puts(msort_array(l1))
23
24 // [ 5, 3, 4, 2, 2, 1 ]
25 // [ 1, 2, 2, 3, 4, 5 ]
```

このプログラムは配列を連結する必要がないので，大きな配列に対して高速にソートすることができる．

また，マージソートの考え方の基本は，小さなソートされたデータを2つマージしてより大きなソートデータにしていき，最終的に1つのデータになれば，それが全体のソートの結果であるというものである．一番小さなデータを長さ1のデータと考えて，これをマージ操作によって$2, 4, 8, \ldots$のように大きくしていくと考えれば再帰を利用する必要がない（図 6.6 参照）．このような考え方によるアルゴリズムを**ボトムアップマージソート (bottom-up merge sort algorithm)** と呼ぶ．このソーティングアルゴリズムは再帰を用いないで単純な繰り返しのみでプログラミングでき，非常に高速である．

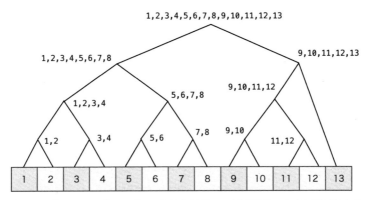

図 6.6 ボトムアップマージソートにおけるマージの順番. 小さい塊どうしを
マージして大きな塊を作っていく.

```
1   function bottomup_msort(lst) {
2     var n = lst.length
3     var d = 2
4     var lst1 = []
5     while (d < 2 * n) {
6       for (var i = 0; i < n; i += d){
7         var j = Math.min(i + d, n)
8         if (j - i > d / 2) {
9           var m = i + d / 2
10          var k, el, h
11          for (k = m - 1; k >= i; k--) lst1[k] = lst[k]
12          for (el = m; el < j; el++)
13            lst1[j + m - 1 - el] = lst[el]
14          for (h = i, k = i, el = j - 1; h < j; h++) {
15            if (lst1[k] < lst1[el]) {lst[h] = lst1[k]; k++}
16            else {lst[h] = lst1[el]; el--}
17          }
18        }
19      }
20      d *= 2
21    }
22    return lst
23  }
```

マージソートは与えられた配列を確実に半分にしていくアルゴリズムで

あり，同じ 2 分木で構成されているクイックソートに比べると動作が安定
的である．また，小さなソート列をマージして大きなソート列に変えると
いう考え方は，有名な並列ソーティングアルゴリズムであるバイトニック
ソートアルゴリズムなどにも応用されている．マージソートの問題点は入
力されたデータと同じ大きさの作業領域が必要なるということである．

6.5　優先順位付きキューとヒープソートアルゴリズム

　本節では優先順位付きキューというデータ構造について説明し，それを
用いたソートアルゴリズムであるヒープソートを説明する．

　優先順位付きキュー（プライオリティキュー：priority queue）は，図
6.7 に示すような特殊な機能が付いたキューである．キューは幅優先探索
法で利用されるデータ構造である．通常のキューは入ってきたデータを
入ってきた順番に出すが，このキューはそれぞれの要素に優先順位が定義
されていて，キューから出ていくデータは常にその時点で優先順位が最も
高いデータである．

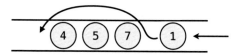

図 6.7　優先順位付きキューの機能（図では数が小さいほど優先順位が高い）．

　このような機能を実現するデータ構造はフィボナッチヒープなどいく
つか知られている．本書ではその中で一番単純な構造をもつ**2 分ヒープ
(binary heap)** について説明する．

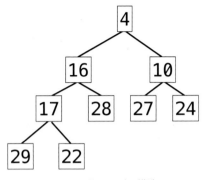

図 6.8　2 分ヒープの構造.

　2 分ヒープの基本的な構造を図 6.8 に示す.2 分ヒープはヒープに含ま
れるデータをノードの値とする 2 分木によって構成されている.ただし,
この 2 分木には常に成り立たなければならない以下に示す 2 つの条件が
ある:

1.　親のノードの値は子のノードの値(最大 2 個ある)よりも小さい.
2.　ノードはルート(根)から順にデータが詰まっていて,根から葉に
　　向けて見ていったとき,データが付加されていないノードは存在し
　　ない.

この条件が満たされているとすると,根に置かれているデータはその時点
で 2 分ヒープに入っているデータの中で最小のデータとなる.したがっ
て,それぞれの時点でデータを 2 分ヒープから取り出す際には,ルートか
らデータを取り出せばよい.
　まず,2 分ヒープにデータを入れる操作について考えてみよう.ここで
は,ヒープにデータ 15 を入れる作業を見てみる.図 6.9 に挿入の過程
を示す.最初に,データを 2 分ヒープの末端に入れる.この状態では 2
分ヒープの条件を満たさないので,このデータとその親のデータを比較
する.この場合,28 > 15 なので 2 つのデータを交換する(図 6.9(1) →
(2)).そのあと,15 の親である 16 と比較して,16 > 15 なのでノードを
交換する(図 6.9(2)→(3)).さらに 15 の親である 4 と比較して,4 < 15

なので交換の作業を終わる（図 6.9(3)）．この状態で 2 分ヒープの条件を満たしている．

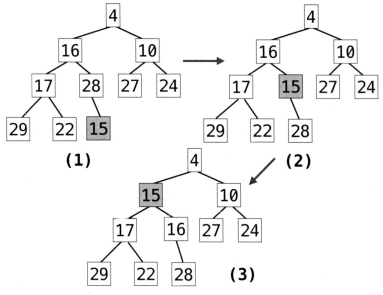

(1)

(2)

(3)

図 6.9　2 分ヒープにデータ 15 を入れる操作．

つぎに，2 分ヒープからデータを取り出すときの操作について見てみる．操作の様子を図 6.10 に示す．前述のように取り出すべきデータはルートに存在するので，まずルートのデータを取り出す．これによってルートに空席が生じてしまう（図 6.10(1)）．2 分ヒープの条件 2 から，途中に空席があるものは 2 分ヒープの条件を満たしていない．そこで 2 分ヒープの一番下の層の一番最後の要素をルートに移動させる（図 6.10(2)）．この時点では 2 分ヒープの最初の条件が満たされていない．そこでそれぞれの時点で注目しているノードの子供のノードと位置の交換を行う．親が子と交換される場合，2 つある子のうちどちらを選択するかという問題が生じる．この場合には値の小さい方の子（優先順位の高い方の子）のノードと交換する．ここでは，まずルートの 2 人の子 10 と 15

を比較して 10 と 28 を交換する（図 6.10(2)→(3)）．さらに 3 層目の 2 人の子供 27, 24 よりも 28 は大きいので，小さい方の子 24 と交換する（図 6.10(3)→(4)）．

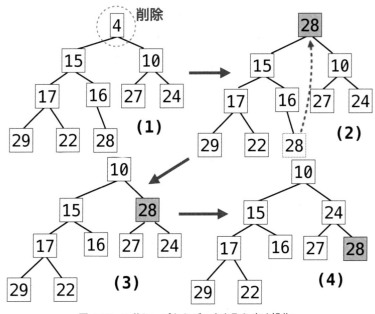

図 6.10　2 分ヒープからデータを取り出す操作．

　以上の操作をまとめると，2 分ヒープにデータを入れる場合には，最後の位置にデータを入れてからルートに向けて大小関係に矛盾がなくなるまでノードの交換を行う．逆にデータを取り出す場合には，ルートからデータを削除して，最後の位置のデータをルートにもってきて，ルートから末端に向けて，2 人の子のいずれかよりも値が大きければ，2 人の子の小さい方と交換していく．

　2 分ヒープを実現する場合，実際に木構造を実現する必要はない．それはデータが空席なく密に置かれていて，全体の構造が 2 分木になっているからである．データを配列上に置いて，インデックスの計算によって親や

子をたどることができる. 木構造と配列構造の対応を図 6.11 に示す.

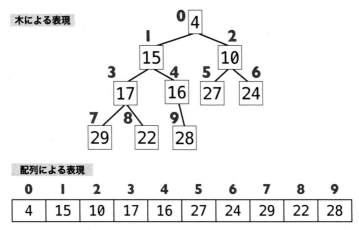

図 6.11　2 分ヒープの 2 分木構造とそれに対応する配列.

親のインデックス i から子のインデックスを計算するには $2i + 1$ と $2i + 2$ とすればよい. 逆に子のインデックス j から親のインデックスを計算するには,$\lfloor (j - 1)/2 \rfloor$ とすればよい.

この表現方法を用いてヒープソートのプログラムを書いてみる. まず, データを 2 分ヒープに入れるための関数 add_element(ele) は以下のように定義される.

```
1  heap = []
2  function parent(i){return Math.floor((i - 1) / 2)}
3  function child1(i){return 2 * i + 1}
4  function child2(i){return 2 * i + 2}
5  function exchange(i, j){
6      var temp = heap[i]
7      heap[i] = heap[j]
8      heap[j] = temp
9  }
10
11 function add_element(ele){
12   heap.push(ele)
```

164

```
13    n = heap.length - 1
14    while (n > 0) {
15      if (heap[parent(n)] > heap[n]){
16        exchange(parent(n), n)
17        n = parent(n)
18      } else {
19        break
20      }
21    }
22  }
```

また，2分ヒープからデータを取り出すための関数 delete_element()
は以下のように定義できる．

```
1   function delete_element(){
2     var ret = heap[0]
3     var n = heap.length - 1
4     exchange(0, n)
5     heap.length = n
6     n = 0
7     while (child1(n) < heap.length){
8       if (child2(n) >= heap.length){
9         if (heap[child1(n)] < heap[n])
10          exchange(n, child1(n))
11        break
12      } else if (heap[child1(n)] > heap[n] &&
13          heap[child2(n)] > heap[n]) break
14      if (heap[child1(n)] < heap[child2(n)]){
15        exchange(n, child1(n))
16        n = child1(n)
17      } else {
18        exchange(n, child2(n))
19        n = child2(n)
20      }
21    }
22    return ret
23  }
```

2分ヒープは色々な問題で利用されるが，一番簡単な利用方法はソー
ティングである．使い方は簡単で，空の2分ヒープから出発して与えられ
たデータを順次2分ヒープに入れていく．すべてのデータが入ったあと順
次データを取り出していけば小さいデータから順に取り出される．2分

165

ヒープを利用したソーティングアルゴリズムを**ヒープソート (heap sort)**
と呼ぶ．2 分ヒープが実現されていれば，ヒープソートのプログラムは非
常に単純である．実際以下のように書くことができる．

```
1  function heap_sort(lst){
2    heap = []
3    for (var i = 0; i < lst.length; i++)
4      add_element(lst[i])
5    var ans = []
6    while (heap.length > 0){
7      ans.push(delete_element())
8    }
9    return ans
10 }
```

このプログラムを使って 10,000 個のデータをソートしてみる．プログラ
ムは以下のとおり：

```
1  lst = []
2  for (var i = 0; i < 10000; i++)
3    lst.push(Math.random())
4  t1 = new Date()
5  ans = heap_sort(lst)
6  t2 = new Date()
7  puts(ans[0] + ":" + ans[lst.length - 1])
8  puts("time = " + (t2 -t1) + " ms")
```

これを実行すると

```
0.00004212881691789683:0.9999583648667706
time = 26 ms
```

と表示される．これはクイックソートには及ばないが，かなり高速で
ある．

このアルゴリズムにおける要素どうしの比較回数は，2 分ヒープへの要
素の追加と削除が木の深さの定数倍で実行可能である．n 個の要素を 2 分
ヒープに入れる場合，木の深さの最大値は $d = \lfloor \log_2 n \rfloor$ であることから，

比較回数は適当な定数 c を用いて

$$L(n) = c \cdot n \cdot d = cn\lfloor \log_2 n \rfloor \tag{6.20}$$

と書くことができる.

6.6 インサーションソートとソートアルゴリズムの高速化

本章の最初に説明した選択ソートアルゴリズムに似たアルゴリズムとして,**インサーションソートアルゴリズム (insertion sort algorithm)** がある. このソートアルゴリズムでは選択ソートのように最小値(または最大値)を選び出すのではなくて,逆にすでにソートされた部分に順次要素を追加していくことを考える. 図 6.12 にアルゴリズムの概略を示す. このアルゴリズムではデータを挿入するのに良い位置を探し出して,要素をずらすことによって場所を作り出し,データを挿入する.

以下に JavaScript によるプログラムを示す.

```
1  function insertion_sort(lst){
2    var n = lst.length
3    for (var i = 1; i < n; i++){
4      var tmp = lst[i]
5      if (lst[i - 1] > tmp){
6        j = i;
7        while (true){
8          lst[j] = lst[j - 1]
```

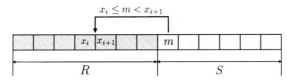

図 6.12 インサーションソートアルゴリズムの概略. R, S はそれぞれソート済みの部分と未ソートの部分を表す. 未ソート部分の要素 m をうまくフィットする位置 i に入れる. この際,要素をずらしながら入れる必要がある.

167

```
 9            j -= 1
10            if (j == 0 || lst[j - 1] <= tmp ) break
11          }
12          lst[j] = tmp
13        }
14      }
15    return lst
16  }
17
18  a = [7, 3, 4, 6, 5, 2]
19  puts(a)
20  puts(insertion_sort(a))
```

　プログラムの構造上，最悪の場合，このプログラムでの要素の比較回数は選択ソートアルゴリズムと同等となる．したがって，このアルゴリズムはそれほど速いアルゴリズムではない．しかし，選択ソートアルゴリズムと異なり，必ず遅いというわけではない（選択ソートアルゴリズムの場合比較回数はいつも同じであったことを思い出すこと）．この場合，上記アルゴリズムの while (true) の内部が常に定数回程度しか回らなければ，線形時間でプログラムは終了する．すなわち，選択ソートアルゴリズムと違ってこのアルゴリズムは入力によって必ずしも遅いとは限らない．特にほとんどソートされているような入力データ (almost sorted data) については高速に動作することが知られている．

　トップダウンの構造をもつクイックソートについて考える．クイックソートを最後の段まで（部分リストの大きさが 1 になるまで）計算するのは，実は無駄なことである．部分列の大きさが小さくなるとクイックソートは効率的にソートできず，選択ソートなどソートアルゴリズムの方が効果的にソートできることが知られている．そこで，クイックソートでの細分化をある大きさまでに留めて最後にインサーションソートをかけてソートを行う．これにより高速化する可能性がある．

```
1  function qsorti(lst){
2    var msize = 15
3    var n = lst.length
4    if (n <= msize) return lst
5    else{
6      var key = lst[0]
```

```
7     var lt = [], gt = []
8     for (i = 1; i < n; i++){
9       var ele = lst[i]
10      if (ele <= key) lt.push(ele)
11      else gt.push(ele)
12    }
13    return qsorti(lt).concat([key]).concat(qsorti(gt))
14  }
15  }
16
17  function qsort(lst){return insertion_sort(qsorti(lst))}
18
19  function work(N){
20   var dat = []
21   for (var i = 0; i < N; i++)
22     dat.push(Math.random())
23   var t1 = new Date()
24   dat = qsort(dat)
25   var t2 = new Date()
26   puts(dat[0] + ":" + dat[Math.floor(N / 2)] + ":" + dat[N - 1])
27   puts("Time = " + (t2 - t1) + " ms")
28  }
29
30  work(100000)
```

このプログラムの 2 行目を msize = 1 としてインサーションソートを行わないようにすると，10 万個の要素をソートするのに 262 ms かかった（これは通常のクイックソートとなっている）．一方，msize = 10 とすると 228 ms であった．このように，インサーションソートを行うことで 13% ほど高速化している．

　このようなアルゴリズムの実行時間については物理的なメモリーの読み書きの位置や CPU のキャッシュの構造などに依存するので一概に言えないが[3]，上に示した程度の効率化は可能であると考えられる．

---

[3]　実際，本書で用いている JavaScript の環境の場合，使用メモリの状況によってガーベージコレクタが起動する可能性があり，時間がどの程度かかるかは極めて複雑な状況となり予想がつかない．

169

6.7　要素間の比較を利用しないソートアルゴリズム

　ここまで説明してきたソートアルゴリズムは，すべて与えられたデータ集合の要素間の大小関係に基づいてソートするものであった．本節では要素間の大小関係ではなくて，データそのものの部分を利用してソートするアルゴリズムを紹介する．このようなソートアルゴリズムを利用するためには，扱うデータの種類が一定数に限定されている必要がある．

　例えば，学生の学籍番号をソートする場合に学籍番号は整数であって 3 桁以内であるとすれば，値としては 1 番から 999 番までの高々 999 種類しかない．この場合，999 個の箱を用意しておいて，やってきた番号をそれぞれ対応する箱に入れてから，箱を小さい方から大きい方へスキャンして番号の入っている箱から順にデータを取り出していく．このようにして取り出された数は小さい方からソートされていることになる（図 6.13 参照）．このようなソートアルゴリズムを**バケットソート (bucket sort algorithm)** と呼ぶ．用意すべき箱の個数が多くなると，このアルゴリズムは実行不能となってしまうが，箱の個数が少なければ十分に機能する．

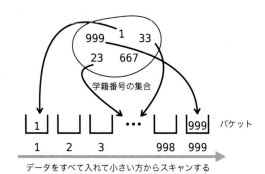

図 6.13　バケットソートアルゴリズムのイメージ.

　箱の個数が多くなってしまうと，そのために多くのメモリーを消費することになる．さらに最後に箱をスキャンする手間も多くなってしまう．そ

のためバケットソートが利用できる状況は限られてくる．そこで多段階で
バケットソートを行うようなアルゴリズムとして**基数ソート（ラディック
スソート：radix sort algorithm）**がある．

　基数ソートではそれぞれのデータをいくつかの部分に分けて，各部分に
ついてバケットソートを実行していく．あとに実行されるバケットソート
の方が最終的な結果により強く影響する．前に実行されたバケットソート
の結果を崩さないようにして順次バケットソートを実行することによっ
て，データ全体を少ないバケット数でソートすることができる．

　前出の学籍番号の例で見てみる．3桁の数のデータを3つの要素からな
るベクトルと考える．例えば，123は$(1, 2, 3)$というベクトルと考える．
より左の要素の方が優先的にソートすべき要素となる．最初は一番左の要
素についてバケットソートを行う．図6.14の上部は最初のバケットソー
トの様子を表している．これによって，一番左の要素についてソートされ
ていることが分かる．この結果を崩さないようにして，真ん中の要素につ
いて2回目のバケットソートを実行したのが図6.14の下部である．さら

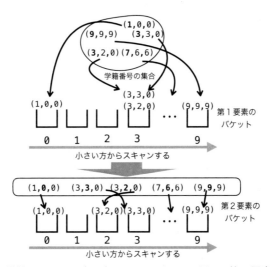

図 6.14　基数ソートアルゴリズムのイメージ．この図では第2要素まで分類
　　　　ができている．さらに第3要素まで分類すると基数ソートが完了
　　　　する．

171

に第 3 要素について同様の作業をするとソートが完了する.

この場合,3 回バケットソートを実行し,それぞれのバケットソートは要素数（これを N とする）だけ要素をバケットへ入れる操作を行うので,全体の計算量は $3N$ ということになる.

このように,基数ソートでは比較的重要でない指標から順にバケットソートによって並べ替えていく.このとき,同じバケットに入った要素の間の順序関係は変えないようにする.一番重要な仕様までバケットソートするとソートが完了する.

整数は 0 と 1 のビットの並びであると考えることができる.これを辞書式順序に並べ替えるには,それぞれの位について 0 と 1 のバケットを用意してバケットソートを行っていけばよい.24 ビットの符号なし整数の集合を基数ソートしてみる.以下にプログラムを示す.

```
1  function radix_sort(lst) {
2    var b = 1
3    for (var i = 0; i < 24; i++, b<<=1){
4      var lst0 = [], lst1 = []
5      for (var k = 0; k < lst.length; k++) {
6        var data = lst[k]
7        if ((data & b) > 0) lst1.push(data)
8        else lst0.push(data)
9      }
10     lst = lst0.concat(lst1)
11   }
12   return lst
13 }
```

このプログラムでは,整数を 2 進表現したとき,ある位のビットが 0 なのか 1 なのかを判定するために (data & b) の値が 0 か否かを調べている.ここで&はビットごとの AND 演算のことである.また,b は注目しているビットの位置だけ 1 になっている数である.たとえば,左から 3 ビット目に注目するのであれば,b は 2 進表現で 00100000... となる.注目している位のビットが 0 である場合には lst0 へ連結し,1 である場合には lst1 へ連結する.最終的に lst0 と lst1 を連結して lst を更新する.これを 24 ビット分行えばソートが完了する.以下のようにテストプログラムを動かすとソートが問題なく実行できていることが確認できる.

```
1  const N = 100000
2  var lst = []
3  for (var i = 0; i < N; i++)
4    lst.push(Math.floor(Math.random() * (2 ** 24)))
5  var res_radix = radix_sort(lst)
6  puts(res_radix[0] + "--" + res_radix[N / 2] +
7        "--" + res_radix[N - 1])
8
9  // 54--8400525--16776948
```

要素数を n としたとき，基数ソートの計算量はデータのコピー操作の回数について kn となる．ただし，k はバケットソートを実行する項目の種類の数である．また，数え方に依存するが，コピーするメモリーが必要なので必要な記憶領域も kn に比例する．

基数ソートについてもバケットソートについても，最初に入力された値の等しいデータは全く同様に処理される．それぞれの段階で同じ値のデータどうしの順序関係が変わらないように処理していれば，最終的なソート結果でも同一の値のデータどうしの順序は保存される．すなわち，基数ソートとバケットソートは安定ソーターになっている．

6.8 練習問題

1. 6.2 節で示した選択ソートアルゴリズムの JavaScript によるプログラムが安定ソーターになるように書き換えよ．

2. 6.2 節で示した selection_sort と bubble_sort の実行性能を十分に長いランダムな入力データについて比較せよ．

3. コムソートアルゴリズムとシェルソートアルゴリズムのプログラムを作り，実際のデータについてその実行時間を比較してみよ．

4. 2 つの降順にソートされた列が与えられたとき，それを以下のアル

ゴリズムに従ってマージした列を返す関数 rmerge(lst1, lst2) を作れ.

(a) lst1 をなるべく長さが等しい 2 つの部分 lst11 >= lst12 に分解する.

(b) lst11 と lst12 の 間 の 値 を d と し,lst2 を lst21 >= d >= lst22 となる 2 つの部分に分解する.

(c) 再帰的に kadai(lst11, lst21) と kadai(lst12, lst22) を計算して連結する.

(d) ただし,分解した部分が空集合である場合にはそのままもう一方の列を使うことにする.

5. 挿入ソートは与えられた配列の要素を順に別の配列に挿入してソートするアルゴリズムである.関数 find_ins_point で出力する配列の挿入点を探して,その場所にデータを挿入すると考えることができ,以下のようなプログラムを作ることができる.

```
1  function ins_sort(lst){
2    function find_ins_point(a, ele){
3      var i, len = a.length
4      if (len == 0) return 0
5      while (len > 0){
6        if (a[len - 1] < ele) return len
7        len = len - 1
8      }
9      return 0
10   }
11   var a = [], i
12   a.push(lst.shift())
13   for (i = 0; i < lst.length; i++){
14     var ele = lst[i]
15     var j = find_ins_point(a, ele)
16     a.splice(j, 0, ele)
17   }
18   return a
19 }
```

上記のプログラムでは,後ろからスキャンして挿入点を探し

ているが，2 分法で挿入点を見つける挿入法のプログラムを
ins_sort2(lst) という関数名で作れ．このようなアルゴリズム
を **2 分挿入法 (binary insertion sort)** と呼ぶ．

第 **7** 章

計算と計算量の理論

アルゴリズムによっては入力によって計算時間が大きく変化するものもあり，どのくらいの時間で問題が解けるのかを見積もるのは非常に難しい．また，個々の計算機の仕様により計算時間は変わってくる．本章ではそのような違いを超えてアルゴリズムの性能を知るための指標として，オーダーの考え方を導入する．さらにアルゴリズムとして表現できない（プログラムが書けない）問題が存在することを示し，P, NP などいくつかの問題のクラスについて説明する．

7.1　オーダーによる計算量の見積もり

適当なパラメータ n を入力とする関数 $f(n)$ を上から抑えて評価することを考える. すなわち, 適当な関数 g と整数 n_0 を使って,

$$n \geq n_0 \Rightarrow f(n) \leq g(n) \tag{7.1}$$

と書くことができて g が比較的単純な形であれば, 上から抑えるという意味で f を g と同一視する. 本節では複雑な関数を単純な関数で理解するこのような手法について学ぶ.

本書の最初の部分で, 計算機プログラムは入力と出力をもつものであると述べた. 入力には色々なものがあるが, その入力を特徴づける正数を**入力サイズ**と呼ぶことにしよう. 入力サイズは実際の入力の情報量を特徴づけるものであるが, 情報量そのものである必要はない. このような入力サイズに対してアルゴリズムがどれくらいの時間で計算を完了するのかは, 入力サイズの非常に複雑な関数になる可能性がある. 特に入力サイズが決まっても入力自体が決まっているわけではないので, 場合によっては非常に大きな計算量となる場合もある. サイズが固定された入力について, それぞれのプログラムの動きにかかる時間の総和の最大値を**最悪計算量 (worst-case complexity)** と呼ぶ. また, 入力がある確率分布に従うとき, その確率分布に基づく計算時間の総和の期待値を**平均計算量 (average-case complexity)** と呼ぶ. もちろん計算時間は用いる計算機によって変化する. 遅い計算機上で実行すれば時間がかかるし, スーパーコンピュータを使えば短い時間で解がえられるかもしれない. このような事情を考慮して通常計算量を論じる場合には, 以下で定義する**オーダー (order)** により評価するのが一般的である.

定義 1　整数 n の関数 $f(n)$ がオーダー $g(n)$ であるとは, ある定数 n_0 と c が存在して任意の $n > n_0$ について

$$f(n) \leq c \cdot g(n) \tag{7.2}$$

が成り立つことである．このとき，

$$f(n) = O(g(n)) \tag{7.3}$$

と書く．また，ある定数 c' と n_1 が存在して，$n > n_1$ について

$$f(n) \geq c' \cdot g(n) \tag{7.4}$$

が成り立つとき，

$$f(n) = \Omega(g(n)) \tag{7.5}$$

と書く．

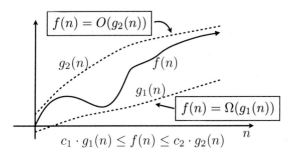

図 7.1　関数 $f(n)$ のオーダーによる見積もりのイメージ．

上記の定義を図に示すと図 7.1 のようになる．ここで定義した Ω は不等号の方向が逆にした場合に同様の性質をもつものであるが，ここでは細かい説明は省略する．以下にオーダーの例を示す．

例 オーダーに関して以下のような式が成り立つ：

1. $x^2 + 10x - 7 = O(x^2)$.
2. $10000x = O(x)$.
3. $x^n + x^{n-1} + \cdots + x + 1 = O(x^n)$.
4. $1 + 2 + 4 + \cdots + 2^n = O(2^n)$.

179

オーダーの表記はイコール「＝」を用いて書かれるが，意味的には等式ではなくて不等式である．注意すること．上記の 4 つの例についてなぜ成り立つのか定義に基づいて検証してみる．まず，例 1 については，

$$x^2 + 10x - 7 \leq x^2 + 10x^2 = 12x^2 = O(x^2) \tag{7.6}$$

となる．また例 2 は定義そのままである．さらに，例 3 については，$x > 1$ とすれば，

$$x^n + x^{n-1} + \cdots + x + 1 = \frac{x^{n+1} - 1}{x - 1} \leq \frac{x^{n+1}}{x/2} = 2x^n = O(x^n) \tag{7.7}$$

のようにして得られる．例 4 については，例 3 と同様に

$$1 + 2 + 4 + \cdots + 2^n = 2^{n+1} - 1 \leq 2 \cdot 2^n = O(2^n) \tag{7.8}$$

となる．

a, b を定数として関数 an^3 と bn^2 の大きさを比較してみる．b が a に比べて破格に大きいとしても，以下のように n が十分に大きくなると an^3 の方が大きくなる：

$$\lim_{n \to \infty} \frac{bn^2}{an^3} = \frac{b}{a} \lim_{n \to \infty} \frac{1}{n} = 0. \tag{7.9}$$

したがって，定数を用いなくても十分に大きな n については

$$bn^2 \leq 1 \cdot an^3 \tag{7.10}$$

となる．よって $bn^2 = O(an^3)$ である．このように，比を用いるとオーダーは考えやすい．

指数関数 e^n について考えてみる．テーラー展開を用いて

$$e^n = 1 + n + \frac{1}{2!}n^2 + \frac{1}{3!}n^3 + \cdots \tag{7.11}$$

と書くことができる．この関数を k 次関数 an^k と比較してみる．

$$\frac{e^n}{an^k} = \frac{1}{an^k} + \frac{1}{an^{k-1}} + \frac{1}{2!an^{k-2}} + \cdots + \frac{1}{k!a} + \frac{n}{(k+1)!a} + \cdots \tag{7.12}$$

なので,

$$\lim_{n \to \infty} \frac{e^n}{an^k} = \infty \tag{7.13}$$

となる. これより $n^k = O(e^n)$ と書くことができ, 関数 e^n は任意の k 次関数よりも大きいということが分かる.

ここで $m = e^n$ と置けば, $n = \log m$ と書ける. $\log$ は単調に増加する関数であるので, 上記の極限の式を書き換えれば

$$\lim_{m \to \infty} \frac{m}{a(\log m)^k} = \infty \tag{7.14}$$

と書くことができる. これにより, $(\log m)^k = O(m)$ となることが分かる. 以上の結果をまとめれば, 十分に大きな n について

$$\log n \leq (\log n)^k \leq n \leq n^k \leq e^n \tag{7.15}$$

が成り立つことが分かる. オーダーの記号を用いれば, それぞれ

$$\log n = O((\log n)^k),\ (\log n)^k = O(n),\ n = O(n^k),\ n^k = O(e^n) \tag{7.16}$$

と書くことができる.

今, $f(n) = O(n^3 + n^2)$ と $f(n) = O(n^3)$ が同値であることを示す. $f(n) = O(n^3 + n^2)$ を仮定すると, $f(n) \leq c(n^3 + n^2) \leq c(n^3 + n^3) = 2cn^3$ となり $2c$ は定数なので $f(n) = O(n^3)$ が得られる. また, $f(n) = O(n^3)$ を仮定すれば, $f(n) \leq cn^3 \leq c(n^3 + n^2)$ なので $f(n) = O(n^3 + n^2)$ となる. したがって, 2つの式は同値である. このことから, なるべく単純な表現を用いるという方針であれば, $f(n) = O(n^3 + n^2)$ という式は意味がないことになる. 一般に大きなオーダーのものと小さなオーダーのものを足したような式は大きいもののみで抑えることができるので, そのように表記すれば十分である.

第6章で説明したソーティングアルゴリズムは, 入力された要素の個数を n とすれば, 表 7.1 に示すようなオーダーで上から抑えることができる. このようにオーダーによって計算量を記述すると細かな計算回数では

なく，入力データのサイズが大きくなったときの大まかな計算量の変化の
仕方をみることができる．注意しなければならないのは，オーダーが式と
して小さいように見えても実際に必要な計算量が小さいとは限らない，と
いうことである．オーダーには「定数倍」の係数が現れないので，実際に
はとても大きな定数がかかっている可能性がある．

表 7.1　色々なソーティングアルゴリズムの最悪時間計算量，平均時間計算
量，空間計算量のオーダーによる見積もり．ただし，空間計算量はそ
れぞれのアルゴリズムが動作するために必要なメモリー量のことであ
る．最後の基数ソートの計算量における d はバケットソートを行う回
数である．

アルゴリズム	最悪時間計算量	平均時間計算量	空間計算量
セレクションソート	$O(n^2)$	$O(n^2)$	$O(1)$
バブルソート	$O(n^2)$	$O(n^2)$	$O(1)$
クイックソート	$O(n^2)$	$O(n \log n)$	$O(n)$
マージソート	$O(n \log n)$	$O(n \log n)$	$O(n)$
ヒープソート	$O(n \log n)$	$O(n \log n)$	$O(\log n)$
基数ソート	$O(dn)$	$O(dn)$	$O(dn)$

7.2　オートマトンとチューリングマシン

これまで，この教科書では JavaScript によって表現可能なプログラム
による計算を扱ってきた．ここでは，より単純な仕組みをもつ機械による
計算について考えてみる．理論計算機の世界では，計算する機械への入力
は文字列であり，出力は**受理 (accept)** と**拒否 (reject)** の 2 つの値である
と考えることが多い．また文字列はある文字の集合 Σ の文字を有限個並
べたものであると定義する（無限に長い文字列は通常は考えない）．文字
の集合 Σ のことをアルファベットと呼ぶ．ある機械に入力したとき受理
される文字列の集合を，この機械によって決まる**言語 (language)** である
という．すなわち，機械 M によって決まる言語 $L(M)$ は

$$L(M) = \{ s \in \Sigma^* \mid M(s) \text{ が受理される} \} \tag{7.17}$$

と定義される．ただし，$\Sigma^* = \{w_1 w_2 \cdots w_l \mid l \geq 0,\ w_i \in \Sigma\ (1 \leq i \leq l)\}$ とする．

ここでは，まず有限個の状態からなる単純な機械である**（決定性）オートマトン ((deterninistic) automaton)** について説明する．オートマトンは有限個の状態からなり，ある1つの初期状態といくつかの受理状態が定義されているものである．入力された文字列を先頭から見ていって，現在の状態 S とその時点で見ている文字 w に応じてつぎの状態 S' を決める**（状態）遷移関数 ((state) transition function)** $\delta(S, w)$ が定義されているとする．すなわち，関数

$$\delta(S, w) = S' \tag{7.18}$$

が定義されているとする．この関数はすべての可能な S と w の組について定義されているのではなく，一部の組については定義されていない．定義されていない場合には，オートマトンは即座に停止して拒否を出力する．この機械は文字列を最後まで1語ずつ見ながら状態遷移することができ，最後の状態が受理状態の1つになっていれば受理，そうでなければ拒否を出力する．

オートマトンの例をみてみよう．例えば，a からスタートして2個以上の b が続いてから c で終わるような文字列のみを受理するオートマトンを考える．このようなオートマトンとして図 7.2 に示すようなものを作ることができる．このオートマトンの遷移関数は表 7.2 に示すようなものとなる．

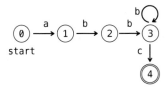

図 7.2　a からスタートして2個以上の b が続いてから c で終わるような文字列を受理するオートマトン．

表 7.2　図 7.2 に示すオートマトンの遷移関数．表にない入力に対しては値が定義されていない．

現在の状態	入力文字	つぎの状態
0	a	1
1	b	2
2	b	3
3	c	4
3	b	3

　このようなオートマトンは以下のような JavaScript プログラムで簡単に実現することができる．

```
 1  function automaton1(str) {
 2    function check(s, w, lst) {
 3      [s1, w1] = lst
 4      return (s == s1 && w == w1)
 5    }
 6    function delta(s, w) {
 7      if (check(s, w, [0, 'a'])) return 1
 8      else if (check(s, w, [1, 'b'])) return 2
 9      else if (check(s, w, [2, 'b'])) return 3
10      else if (check(s, w, [3, 'c'])) return 4
11      else if (check(s, w, [3, 'b'])) return 3
12      else return -1
13    }
14    var s = 0
15    for (var i = 0; i < str.length; i++) {
16      var w = str[i]
17      s = delta(s, w)
18      if (s < 0) break
19    }
20    return (s == 4)
21  }
22
23  puts(automaton1("abbbbc"))
24  puts(automaton1("abc"))
25  puts(automaton1("abbcc"))
26  // true
27  // false
28  // false
```

184

　ここで，このオートマトンとは異なる別のオートマトンのようなもの
を考える（図7.3）．これはよく似ているが前述の条件を満たしておらず，
オートマトンと言えない．状態1においてつぎに文字bがやってきたと
き，状態1へ遷移するのか状態2へ遷移するのか決めることができないか
らである．ここでは少し考え方を変えて，どちらかのへの遷移を「うま
く」決めることができれば，オートマトンは受理したと考えることにす
る．bの続く回数は2以上であれば受理される必要がある．bがn（≥ 2）
回以上続いた場合，$n-2$回状態1に留まり，そのあと，状態2，3と
遷移すれば受理することができる．しかし，何個bが連続してやってく
るかはあらかじめわからない．このようなものは**非決定性オートマトン**
(nondeterministic automaton) と呼ばれるもので，それぞれの状態遷移
において決められている遷移が複数存在する場合には，そのうちの1つを
うまく選び取る必要がある．これは，そのまま前述の決定性オートマトン
のようにプログラムにすることはできない．しかし，このようなオートマ
トンは決定性のオートマトンよりも条件がゆるくなっているので，より広
範囲の言語を受理することができると考えられる．

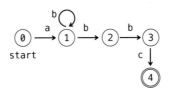

図 7.3　図 7.2 と同様に a からスタートして 2 個以上の b が続いてから c で
終わるような文字列を受理する非決定性オートマトン.

　一見，非決定性オートマトンは決定性オートマトンよりも表現の自由度
が高いので，より複雑な言語を受理できると思えるが，実は決定性オート
マトンと非決定性オートマトンが受理できる言語は同じであることが知ら
れている．それは，あらゆる非決定性オートマトンは同じ言語を受理する
決定性オートマトンに変換することが可能であるからである．図7.4に図
7.3の非決定性オートマトンと同じ文字列を受理する決定性オートマトン

を示す．このようなオートマトンは簡単に作ることができる．非決定性オートマトンでは，ある状態と入力文字の組み合わせに対して複数の状態遷移の可能性がある．その場合，元のオートマトンでの状態の組み合わせを改めて 1 つの状態と考えて，状態の組み合わせと入力文字から状態の組み合わせへの遷移によって新たなオートマトンを構成する．このオートマトンは決定性オートマトンとなる．

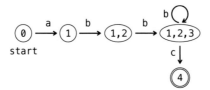

図 7.4　図 7.3 の非決定性オートマトンと等価な決定性オートマトン.

　以上の議論より，決定性と非決定性のオートマトンには受理する言語に差がないことがわかった．このようなオートマトンによって受理されるような言語のことを**正規言語 (regular language)** と呼ぶ[1]．

　オートマトンは非常に単純な構造をもった機械であり，我々が利用しているコンピュータのような計算を実行することはできない．オートマトンをベースに強力な構造を追加したものが**チューリングマシン (Turing machine：TM)** である．チューリングマシンはオートマトンのような状態の集合をもち，さらに片方向に無限に長いテープとそのテープ上の位置を保持しているヘッドをもっている．このようなテープは 1 本とは限らず 2 本以上のテープをもつこともある．ここでは N (≥ 1) 本のテープが用意されているとする．そのうちの 1 つは入力テープと呼ばれるもので，入力された文字列が左詰めに書き込まれる．また，ブランク文字 (b) が定義されていて，初期状態では入力テープの入力文字列の右側およびその他のテープのすべての文字はブランク文字が書き込まれている（図 7.5 参照）．

1　正規言語は正規表現 (regular expression) という方法で表現された言語のことである．この方法で表現された言語を受理するオートマトンが存在し，同時にオートマトンで受理される言語は正規表現で表現可能であることが知られている．

この状態からスタートして，遷移関数 δ に従って，現在の状態，それぞれのテープ上のヘッドの位置の文字によってつぎの状態，それぞれのテープ上のヘッド位置へ書き込む文字，そのあとのそれぞれのテープ上のヘッドの移動方向（1つ右へ移動 (R)，1つ左へ移動 (L)，同じ位置に留まる (S) の3つの動きがある）が決まる．すなわち，遷移関数は

$$\delta(S, w_0, w_1, \ldots, w_{N-1}) = (S',(w_0', d_0), (w_1', d_1), \ldots,$$
$$(w_{N-1}', d_{N-1})) \tag{7.19}$$

と表現できる．ただし，S' はつぎの文字であり，$w_0', w_1', \ldots, w_{N-1}'$ はそれぞれのテープのヘッドの位置へ書き込む文字である．また，$d_0, d_1, \ldots, d_{N-1}$ はそのあとのそれぞれのテープ上のヘッドの移動方向であり，それぞれ R, L, S のいずれかの値をとる．遷移関数に従って初期状態から受理状態まで遷移すると，入力された文字は受理されたと定義する．

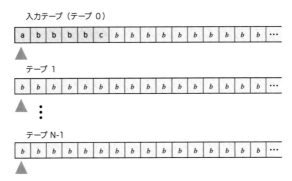

図 7.5　N 本のテープをもつチューリングマシンの初期状態．それぞれのテープのヘッドは左端に置かれ，入力文字列以外の部分はブランク文字が書かれている．

　ここで，2つのテープをもつアルファベットが $\Sigma = \{0, 1, b\}$ のチューリングマシンを考える．このチューリングマシンは回文（右から見ても左からみても同じに読める文字列）を受理するように設計する．2つのテープの状態，それぞれのヘッドが指している文字，それぞれのテープへ書き込

む文字，ヘッドの移動方向およびつぎの状態を表 7.3 に示す．また，それぞれのテープとそのヘッドの状態を図 7.6 に示す．テープ 0 に 0, 1 が書き込まれているとする．この状態でまず，テープ 1 へテープ 0 の内容をコピーする．ただし，テープ 1 の先頭にあらかじめ b を書き込んでおく．この動作が完了した時点で状態 2 になる．そのあと，テープ 1 のヘッドを先頭位置（b を指している）に戻してから，テープ 0 のヘッドを 1 つ左，テープ 1 のヘッドを 1 つ右へ移動させる．この動作が完了して状態 3 になる．この状態からテープ 0 のヘッドは 1 つずつ左へ，テープ 1 のヘッドは 1 つずつ右へずらしならが照合作業を行う．この動作を同時に行うと，最後にテープ 0 のヘッドがテープの先頭位置よりも左になってしまうので，テープ 1 のヘッドがブランクを指す状態になったら，照合作業終了ということで状態 5 へ移動する．それ以外は状態 3 でテープ 1 のヘッドを 1 つ右へ，状態 4 でテープ 0 のヘッドを 1 つ左へ移動させていく．途中で文字が一致しないとその場でチューリングマシンは拒否を出力する．状態 5 で

表 7.3　回文を受理するチューリングマシンの状態遷移関数．

状態	テープ上の文字	書き込む文字	ヘッドの移動方向	つぎの状態
0	$(0, b)$	$(0, b)$	(S, R)	1
	$(1, b)$	$(1, b)$	(S, R)	1
	(b, b)	(b, b)	(S, S)	4
1	$(0, b)$	$(0, 0)$	(R, R)	1
	$(1, b)$	$(1, 1)$	(R, R)	1
	(b, b)	(b, b)	(S, L)	2
2	$(b, 0)$	$(b, 0)$	(S, L)	2
	$(b, 1)$	$(b, 1)$	(S, L)	2
	(b, b)	(b, b)	(L, R)	3
3	$(0, 0)$	$(0, 0)$	(S, R)	4
	$(1, 1)$	$(1, 1)$	(S, R)	4
4	$(0, 0)$	$(0, 0)$	(L, S)	3
4	$(0, 1)$	$(0, 1)$	(L, S)	3
4	$(1, 0)$	$(1, 0)$	(L, S)	3
4	$(1, 1)$	$(1, 1)$	(L, S)	3
4	$(0, b)$	$(0, b)$	(S, S)	5
4	$(1, b)$	$(1, b)$	(S, S)	5

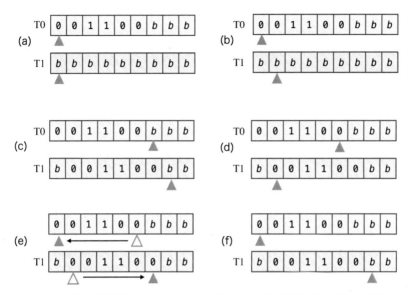

図 7.6 回文を受理するオートマトンの動き. (a) は初期状態（状態 0 の開始），(b) はテープ 2 の先頭にブランクを入れた状態（状態 1 の開始）. (c) はテープ 1 の内容のテープ 2 へのコピーが完了した状態（状態 2 の開始）. (d) はテープ 2 のヘッドを左端まで戻す. (e) は状態 3 と状態 4 を行き来しながらテープ 1 とテープ 2 を逆方向にスキャンしながら同じ文字であるかどうかを調べる. (f) は最後に状態 4 でテープ 2 がブランクにぶつかった状態で状態 5 へ遷移し受理する.

受理状態になる.

　以上のチューリングマシンの動きを JavaScript のプログラムでシミュレートすると，以下のようなプログラムとなる. 本来テープは無限に長く，あらかじめブランク文字 b が書き込まれているが，ここでは適当な長さの配列によってテープを表現している. 状態遷移関数を最初の 3 つのデータが一致したらその後ろのデータを返すような，8 つのデータの配列の配列として表現している. 状態 0 からスタートさせて，状態 5 になれば受理されたことになる. 途中で状態遷移関数が定義されなくなった場合には拒否が返される.

```
1  function Turing(str) {
```

```
2    const b = 'b', S = 0, L = -1, R = 1
3    var tab = [[0, 0, b, 0, b, S, R, 1], [0, 1, b, 1, b, S, R, 1],
4               [0, b, b, b, b, S, S, 4], [1, 0, b, 0, 0, R, R, 1],
5               [1, 1, b, 1, 1, R, R, 1], [1, b, b, b, b, S, L, 2],
6               [2, b, 0, b, 0, S, L, 2], [2, b, 1, b, 1, S, L, 2],
7               [2, b, b, b, b, L, R, 3], [3, 0, 0, 0, 0, S, R, 4],
8               [3, 1, 1, 1, 1, S, R, 4], [4, 0, 0, 0, 0, L, S, 3],
9               [4, 0, 1, 0, 1, L, S, 3], [4, 1, 0, 1, 0, L, S, 3],
10              [4, 1, 1, 1, 1, L, S, 3], [4, 0, b, 0, b, S, S, 5]],
11              [4, 1, b, 1, b, S, S, 5]]
12
13   var tape0 = [b, b, b, b, b, b, b, b, b, b, b, b, b, b, b, b]
14   var tape1 = [b, b, b, b, b, b, b, b, b, b, b, b, b, b, b, b]
15   var st = 0, p0 = 0, p1 = 0
16   function delta(s, w0, w1) {
17     for (var i = 0; i < tab.length; i++) {
18       var [ss, ww0, ww1, wx0, wx1, d0, d1, sx] = tab[i]
19       if (s == ss && w0 == ww0 && w1 == ww1)
20         return [wx0, wx1, d0, d1, sx]
21     }
22     return null
23   }
24   for (var i = 0; i < str.length; i++) tape0[i] = str[i]
25   while (st != 5) {
26     var tr = delta(st, tape0[p0], tape1[p1])
27     if (tr == null) {
28       return "Rejected."
29     }
30     var [wx0, wx1, d0, d1, sx] = tr
31     tape0[p0] = wx0
32     tape1[p1] = wx1
33     p0 += d0
34     p1 += d1
35     st = sx
36   }
37   return "Accepted."
38 }
39
40 var str1 = "001100"
41 puts(str1 + ": " + Turing(str1))
42 var str2 = "00110011"
43 puts(str2 + ": " + Turing(str2))
44 // 001100: Accepted.
45 // 00110011: Rejected.
```

190

　以上のようにチューリングマシンは適当なプログラミング言語で実現することができる．ここで，チューリングマシンにおけるプログラムは状態遷移関数のことであり，入力は最初にテープに書き込まれるデータ，出力は受理また拒否の情報である．また，チューリングマシンの時間計算量は状態遷移した回数ということになり，空間計算量はそれぞれのテープの書き換えられた部分の長さということになる．チューリングマシンは構造が非常に単純であることから，時間計算量も空間計算量も非常に大きなものとなる．

　計算できるか否かということで言えば，多くのプログラミング言語については，その言語によるプログラムで計算できるのであれば，チューリングマシンでも計算可能であり，その逆も成り立つということが知られている．このようなプログラミング言語は**チューリング完全 (Turing complete)** であるという[2]．すなわち，プログラムが書けるか否かという問題に関して，色々な問題をチューリング完全なプログラミング言語で考えてもチューリングマシン上で考えても同じであることになる．理論計算機の世界では，チューリングマシンの単純さから色々な問題をチューリングマシンを用いて考えることがある．

　オートマトンと同様に，チューリングマシンの状態遷移関数の値が複数あることを許すような特殊なチューリングマシンを考えることができる．このようなチューリングマシンのことを**非決定性チューリングマシン (nondeterministic Turing machine)** と呼ぶ．この場合，オートマトンと同様に状態遷移関数から返される値のうちいずれかをうまく選択することにより受理できるのであれば，このチューリングマシンは入力データを受理したと考える．このような特殊なチューリングマシンは，通常のチューリングマシンと比較すると相当に高性能であると考えられる．このような計算機を用いた計算については7.4節で議論する．

　チューリングマシンを用いることで，色々な解析が可能となる．ここ

2　C, Python, JavaScript などのプログラミング言語は皆チューリング完全である．さらに，このような言語と比べてはるかに単純な Brainfuck などもチューリング完全であることが知られている．

では**線形加速定理 (linear speedup theorem)** として知られる性質について見てみる. あるチューリングマシン M が存在するとき, 任意の整数 $m \geq 3$ について, その計算時間を $1/m$ にするようなチューリングマシン N を作ることができる. m はいくらでも大きくとることができるので, チューリングマシンは定数倍であれば, いくらでも速くできるという定理である.

定理 1 n をチューリングマシンへの入力長とする. $k(\geq 2)$ 本のテープをもつチューリングマシン M が時間 $p(n)$ 以内で入力を計算するとすれば, 任意の整数 $m \geq 3$ について同じ入力を時間 $6p(n)/m + 2n + 3$ で計算するチューリングマシンが存在する.

この定理の証明の概略について説明する. まず, 元のチューリングマシン M は 2 本以上のテープをもっている. そのうち 1 つのテープに入力が与えられるとする. ブランクを含めて M のテープに書かれるアルファベットの集合を Σ とする. このとき, m 個のアルファベットの組を $(c_0, c_1, \ldots, c_{m-1})$ と書くことにする. 新たに構成するチューリングマシンを N とする. N は Σ と m 個のアルファベットの組の集合 Σ^m の和集合 $\Sigma \cup \Sigma^m$ をアルファベットとする. これは, 入力が M と同様にテープに与えられることから元のアルファベットも利用する必要があるからである.

ここでは説明の都合上 $m = 3$ とする. 最初に実行するのは, 入力テープに与えられた入力列を m 個ずつの組にしてもう 1 つのテープ上に書き込むことである. 例えば, 最初の 2 本のテープの状態はつぎのように変化させる. 入力列は最初にブランク文字が入っているとする.

```
T1: [b, 0, 1, 1, 0, 1, 0, 1, b, b, ... ]
T2: [b, b, b, b, b, b, b, b, b, b, ... ]
```

このような状態から以下のように書き換えて一番左にヘッドを移動させる.

```
T1: [b,          b,          b,          b, ... ]
T2: [(b, 0, 1), (1, 0, 1), (0, 1, b), b, ... ]
```

この処理を行うのに，入力列の長さを n として $2n+3$ 回の状態遷移が必要になる．チューリングマシン N の状態は

$$S' = (S, (l_1, c_1, r_1), (l_2, c_2, r_2), \ldots, (l_k, c_k, r_k), (p_1, p_2, \ldots, p_k)) \quad (7.20)$$

で表現される．ただし，S はチューリングマシン M の状態であり，c_i, l_i, r_i はそれぞれ i 番目のヘッドの置かれている組，そのすぐ左の組，およびそのすぐ右の組である．また，p_i は i 番目のテープのヘッドが M で考えたとき m 個にまとめた組の中のどの位置に置かれているかを示す数であり，$0 \le p_i \le m-1$ となる．例を見てみよう．M のテープが以下のような状態になっているとする（＊はヘッドの位置）．

```
                   *
T1: [1, 1, 0, 0, 1, 1, 0, 1, 0, 1, b, b, ... ]
T2: [b, 0, 1, 1, 0, 1, 0, 1, b, b, 1, 1, ... ]
                         *
```

このテープの状態に対応する N のテープの状態は以下のようなものになる：

```
              *
T1: [(1, 1, 0), (0, 1, 1), (0, 1, 0), (1, b, b), ... ]
T2: [(b, 0, 1), (1, 0, 1), (0, 1, b), (b, 1, 1), ... ]
                         *
```

これを状態として表現すれば，

$$S = (S', ((1,1,0), (0,1,1), (0,1,0)),$$
$$((1,0,1), (0,1,b), (b,1,1)), (1,2)) \quad (7.21)$$

となる．この形で状態を常に表現できればよいのであるが，N では M と同じようにヘッドを動かしながら，近くとはいえ多少ずれたテープ上の場所の文字を同時に反映させることはできない．そこで，N のヘッドを左右 1 ずつずらしながら，その場所での m 個の組を見て状態に反映させる．N では，このようなテープの状態の読み取りの動作を 1 回ずつ実行する．このためにヘッドを右，左，左，右と 4 回動かすことになる．また，左右が読み込めていない状態

$$S = (S', (?, (0, 1, 1), ?), \ (?, (0, 1, \mathsf{b}), ?), (1, 2)) \tag{7.22}$$

と，右だけ読めて左が読めていない状態

$$S = (S', (?, (0, 1, 1), (0, 1, 0)), \ (?, (0, 1, \mathsf{b}), (\mathsf{b}, 1, 1)), (1, 2)) \tag{7.23}$$

を N の状態として追加する必要がある．

さて，M の上で状態遷移が m 回起こったあとについて考えると，それぞれのテープ上のヘッドは高々 m 個分移動し，テープ上の文字が書き換えられる可能性がある．その書き換えは c_i と r_i 上か c_i と l_i 上でのみ起こるので，その書き換えのために状態遷移を 2 回行う必要がある[3]．もちろんヘッド位置がずれる可能性もある．以上より，N 上の状態遷移 6 回によって M 上の状態遷移 m 回をシミュレートすることができた．

ここでは $m = 3$ で説明したが，m は一般にいくらでも大きくすることが可能なので，大きくすればするほどチューリングマシンは速くなることになる．7.1 節でオーダーを導入して計算量について説明したが，この定理からも時間計算量を考える場合の定数倍が意味をもたないことが分かる．

3　l_i, c_i, r_i のすべてを m 回の状態遷移で移動することは不可能である．

7.3 計算不能な問題について

入力されるものもそれに対して出力すべきもの（多くの場合は受理する
かしないかという情報）もはっきりしているのに，プログラムとして記述
することが不可能な関数が存在することが知られている．このような問題
は**決定不能問題 (undecidable problem)** と呼ばれる．ある問題が決定不
能であることがわかれば，その問題を解くためのプログラムを開発しよう
とすることは無駄な努力であると言える（ただし，完全に解けなくても一
部の入力についてはうまく解けるようなものが存在する可能性はあり，実
用的には，それは無駄とは言えない）．

本節ではそのような問題について解説する．まず最初の問題は**停止性問
題 (halting problem)** と呼ばれるもので，アラン・チューリングによっ
て 1937 年に見つけられた．この問題における入力はプログラムとその
プログラムへの入力であり，出力は真偽の 2 値である．実現すべき関数
$H(A, x)$ は，与えられたプログラムを与えられた入力で動かしたとき最終
的にプログラムが停止すれば 1，停止しなければ 0 を返すものである（図
7.7 参照）．チューリングの結果から，このような関数を表現するプログ
ラムは存在しない．

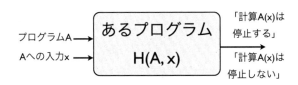

図 7.7 与えられた関数が停止する否かを判定する関数 $H(A, x)$.

定理 2（Turing, 1937） 任意の関数（プログラム）A と A への入力 x
から計算 $A(x)$ の停止性を判定する関数 $H(A, x)$ は，プログラムとして表
現することができない．すなわち，停止性を判定する問題は決定不能で
ある．

195

証明 上記のような任意の関数 A の停止性を判定できるプログラム $H(A, x)$ が存在すると仮定して矛盾を導く．このような関数が存在すると，それを用いて，$H(A, A) = 1$ のとき停止せず，$H(A, A) = 0$ のとき停止するプログラム $M(A)$ を作ることができる．実際，

```
1    function M(A) {
2      if (H(A, A) == 1)
3        while (true){}
4      else
5      return 1
6    }
```

とすればよい．このような $M(A)$ が存在するのであれば，それを用いて $M(M)$ を計算してみる．$M(M)$ が停止すると仮定すると $H(M, M) = 0$ のはずで，これは $M(M)$ が停止しないことを意味するので矛盾する．また $M(M)$ が停止しないとすると，$H(A, A) = 1$ のはずなのでこれは $M(M)$ が停止することを意味する．いずれにしても矛盾となり，このような H は存在しない．（証明終わり）

この結果から任意のプログラム A が与えられたとき，A がある入力について停止するか否かを判定するプログラムは存在しないが，A の動きをシミュレートすることは可能である．しかし，A が停止しないとすれば結局それをシミュレートするプログラムが止まらなくなってしまう．

停止性問題は，入力と受理の条件がはっきりとしているとはいえ，多少抽象的である．つぎに，より具体的で決定不能な問題である**ポストの対応問題 (Post correspondence problem: PCP)** について説明する．この問題はエミル・ポストによって 1946 年に定義された．

この問題の入力はアルファベットの集合 Σ 上の $2N$ 個の文字列 $\alpha_1, \alpha_2, \ldots, \alpha_N, \beta_1, \beta_2, \ldots, \beta_N$, である．このような入力が与えられたとき，インデックスの系列 $i_1, i_2, \ldots, i_K$ が存在して，

$$\alpha_{i_1}\alpha_{i_2}\cdots\alpha_{i_K} = \beta_{i_1}\beta_{i_2}\cdots\beta_{i_K} \tag{7.24}$$

とすることができるか否かを判定する問題が PCP である．ただし，$K \geq 1$ であり，$1 \leq i_k \leq N$ であるものとする．インデックスの系列の中

に同じ番号が何回出現しても問題ない.

問題の例について見てみよう. この問題は文字列の対 $p_i = [\alpha_i/\beta_i]$ $(i = 1, \ldots, K)$ が与えられていると見ることができる. このような対を

$$\boxed{\begin{array}{c} \alpha_i \\ \hline \beta_i \end{array}}$$

と表現することにする. 今, 以下のような対が与えられていると する:

$$p_1 = \boxed{\begin{array}{c} 0 \\ \hline 100 \end{array}} , p_2 = \boxed{\begin{array}{c} 01 \\ \hline 00 \end{array}} , p_3 = \boxed{\begin{array}{c} 110 \\ \hline 11 \end{array}} .$$

このとき, これらの対をうまく適当に並べて上部の文字列をつなぎ合わせ たものと下部の文字列をつなぎ合わせたものが同じになるようにできる か, という問題である. この場合は,

$$p_3 p_2 p_3 p_1 = \boxed{\begin{array}{c} 110 \\ \hline 11 \end{array}} \boxed{\begin{array}{c} 01 \\ \hline 00 \end{array}} \boxed{\begin{array}{c} 110 \\ \hline 11 \end{array}} \boxed{\begin{array}{c} 0 \\ \hline 100 \end{array}}$$

とすれば上と下は同じになる（上下とも 110011100 になる）ので, うま い対応が存在することが分かる. しかし, 与えられた対によっては, どの ように並べても上下を同じにすることができない場合がある. これをどの ように判定してよいのかはよくわからない.

このような問題を解くことのできるプログラムが存在すると仮定したと き, 矛盾を示せば, この問題が決定不能であることを示すことができる. ここでは PCP を解くことによって, 前述の停止性問題を解くことができ てしまうことを示す. 停止性問題は解くことができないので, これは矛盾 であり, PCP を解くようなプログラムは存在しないことが言える.

それでは, PCP を用いた場合, 停止性問題はどのように解けばよいだ ろうか. 停止性を判定したいプログラムは, どのようなプログラミング言 語で書かれていてもチューリングマシンとして実現することができる. さ らに, 2 本以上のテープをもったチューリングマシンは等価な 1 本のテー プをもつチューリングマシンに書き換えることが可能であることが知られ ている. そこで, ここでは入力文字列も含めて 1 テープのチューリングマ シンが与えられるものとする. このようなチューリングマシンは入力も含

んでいるのでそのままで動作させることができる．この動作がどこかで受理状態に入れば停止する．動作のプロセスを初期状態から順に以下のように記述していく：

$$q_0001\#1q_101\#q_2101\#1q_301\#10q_41\#10q_f1\# \tag{7.25}$$

ここで#は区切りであり，#からつぎの#までが 1 つの状態の記述であり，状態が 1 つずつ遷移していく様子を表している．q_i が状態であり，ヘッドが指しているのは q_i のすぐ右の文字であるとする．上記の例の場合，初期状態ではテープに 00100 というデータが書き込まれていて，ヘッドはこのデータの先頭を指しており，状態が q_0 であることを示している．この状態からスタートして，ヘッドを移動させたり状態を遷移させることで状態が変化していく．最後に受理状態（上の例では q_f）になるとそこで実行終了となる．

　このチューリングマシンの実行の様子を PCP の問題に置き換える．まず，初期状態を記述するために

#
#$q_0$001#

を用意する．上の欄が空の対はこれだけである．また，ヘッドが指している文字が 0 で状態が q_0 のとき，この文字を 1 に書き換えて状態を q_1 にする場合，

q_0 0
1 q_1

という対を用意する．状態遷移関数によって指定されているあらゆる遷移についてそれぞれこのような対を用意する．ヘッドを右に移動させる場合には上記の例で問題ないが，左に移動させる場合には，

という形のものを用意する必要がある．この場合，状態が q_1 でヘッドの

指している文字が 0 であれば，値をそのままにして左にヘッドを移動させて状態を q_2 にすることを表している．さらに，書き換えの起こらない部分は単純にコピーされなければいけないので，

0		1		#
0	,	1	,	#

を用意する（さらに多くのアルファベットを使っているのであれば，それについても同様に用意する）．このようにすれば，初期状態から順にチューリングマシンの動作をシミュレートすることができる．最後に受理状態 q_f に到達した場合には，以下の 4 種類の対を用意する：

q_f 0		q_f 1		0 q_f		1 q_f
q_f	,	q_f	,	q_f	,	q_f

アルファベットが 0，1 以外にもある場合には同様に対を追加する．これを追加することによって，受理状態で上部の#以外の記号を消去していく．最後に q_f と#で消えるように

q_f ##
#

を追加しておく．(7.25) の例の場合には，初期状態の  からスタートすることが強制できれば，

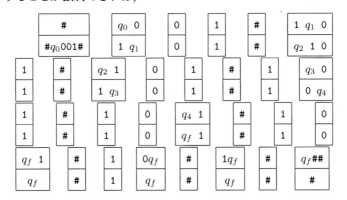

という対の並びを構成することにより PCP が解けることになる．しか

し，実際には $\boxed{\begin{array}{c} 1 \\ \hline 1 \end{array}}$ を 1 つとってきても PCP の解になってしまい，うま

くいかない．そこで，元のアルファベットではない新たな記号*, \$を導
入してすべての対について，上部の文字列は，

$$\alpha_1\alpha_2\cdots\alpha_m \rightarrow *\alpha_1*\alpha_2*\cdots*\alpha_m \tag{7.26}$$

下部は，

$$\beta_1\beta_2\cdots\beta_m \rightarrow \beta_1*\beta_2*\cdots*\beta_m* \tag{7.27}$$

という書き換えを行う．さらに，強制的にスタートさせたい対の下部の先

頭に*を付加した $\boxed{\begin{array}{c} *\alpha_1*\alpha_2*\cdots*\alpha_m \\ \hline *\beta_1*\beta_2*\cdots*\beta_m* \end{array}}$ の形のものを追加する．また，最

後に*を吸収させるために $\boxed{\begin{array}{c} *\$ \\ \hline \$ \end{array}}$ を追加する．このようにすれば，上下

同じ文字から開始する対は唯一なので，その対からスタートすることに
なる．

　以上の修正を加えることによってチューリングマシンが停止する場合
には，その動作に対応する対の並びが存在し PCP は解けることになり，
停止しない場合には，PCP の解は存在しないことになる．したがって，
PCP を解くプログラムを利用してチューリングマシンが停止するか否か
を判定することができるようになるが，これは定理 2 の結果に反する．し
たがって，PCP を解くようなプログラムは存在しない．以下の定理が成
り立つ．

定理 3（Post, 1946）　ポストの対応問題は決定不能である．

このように，チューリングマシンの動作を別のものでシミュレートさ
せて決定不能であることを証明する手法を**チューリング還元 (Turing
reduction)** と呼ぶ．

7.4 非決定性の計算と NP 完全問題

　7.2節では非決定性チューリングマシンを定義した．非決定性チューリングマシンを用いた計算は非決定性の計算ということになる．決定的なチューリングマシンを利用して計算する場合には計算の筋道は唯一となる．これに対して非決定性チューリングマシンではつぎの状態を複数用意することができる．7.2節の定義ではそのうちのどれかを「うまく」選択して受理状態にすることができれば，この計算は受理されたことになる．実際にはどの状態を選択すればよいかはわからないので，決定的な計算で実行するにはバックトラックなどを用いてあらゆる計算パスを探す必要があるが，そのようなことをすれば，多くの計算時間を費やすことになる．

　非決定性のチューリングマシンをもとに色々なアルゴリズムを考えることは可能であるが，現実の問題に対してチューリングマシンでのプログラムは考えづらいので，我々が普段利用しているプログラミング言語に即して非決定的な計算を定義し直してみる．さらにそのような計算に基づく問題のクラスを定義して，普通の計算によるクラスと対比させる．この場合通常の計算機を用いて行う計算は**決定的な計算 (deterministic computation)** と呼ぶ．これは決定性チューリングマシンに対応する計算であり，我々が通常のプログラミング言語で記述しているプログラムによる計算である．

　これに対して，**非決定的な計算 (nondeterministic computation)** では通常の計算の機能に加えて特殊な関数 choice() を利用することができる．これは複数の状態を生成する特殊な関数である．この関数 choice() は整数値を返す．プログラムは choice() の返す結果によって動きが異なるが，そのような異なる動きのうちいずれかの動きで正しい答えが出力されれば正しく計算されたと考えることにする．図7.8に2種類の計算の違いを示す．非決定的な計算では choice() は可能なあらゆる値を出す可能性があり，その中でうまく出てきた値によって正しい答えが出力されればよい．うまくいかなかった計算については failure() によって失敗させる．唯一正しい答えを出す計算パスがあれば計算できたと考える．

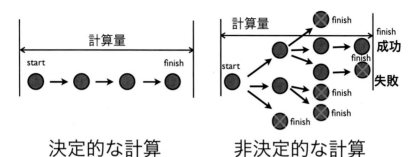

図 7.8　決定的な計算と非決定的な計算．非決定的な計算では動きが分裂して
いずれかのパスで正しく計算されれば，計算できたと考える．

　ソーティングを例にとって考えてみよう．以下のプログラムでは 2 つ
の特殊な関数 choice(i, j) と failure() を利用している．choice(i,
j) は i から j − 1 までの整数のいずれかを返す関数であり，failure()
は現在の実行過程を失敗させる関数である．すなわち，failure() は
choice() によって生成したいくつかの可能性のうち駄目な動きを終了さ
せるための関数である．最後まで failure() が実行されなかった動きは
正しい結果を返す．

```
1  function nondeterminstic_sorter(lst){
2      var lst1 = []
3      var i, j
4      var n = lst.length
5      for (i = 0; i < n; i++){
6          j = choice(0, n)
7          if (lst1[j] == undefined)
8              lst1[j] = lst[i]
9          else failure()
10     }
11     for (i = 0; i < n - 1; i++){
12         if (lst1[i] > lst1[i + 1])
13             failure()
14     }
15     return lst1
16 }
```

このプログラムでは，choice(0, n) によって 0 から n − 1 までの数 j を発生させてその配列の lst1[j] の位置に順々に lst の要素をコピーしていく．その際，コピーしようとする位置にすでに値が入っていたら即 failure() によって失敗させる．配列 lst1 の値が確定したら，大小関係を調べて大小関係が正しくない場合にはやはり失敗させる．正しいソート結果だけが最後まで失敗しないで動作することになる．

この非決定的なアルゴリズムを用いると，長さ n の配列は $O(n)$ でソートすることができる．これは通常の計算ではあり得ないことである[4]．このように choice() と failure() を利用することによって通常の計算に比べて格段に能力が向上しているように思える．非決定的な計算においても決定的な計算で利用可能な機能はすべて利用できるので，非決定的な計算機は確実に決定的な計算機よりも高性能である．

ここで n の多項式 $f(n)$ として（非決定性でない）通常のアルゴリズムを用いて，入力サイズ n に対して $O(f(n))$ の時間計算量で計算できる問題のクラスを P と書く．同じ考え方で非決定性の計算機を用いて多項式時間で解くことのできる問題のクラスを NP と書く．通常の決定性の計算機で解ければ，当然非決定性の計算機で全く同じアルゴリズムを用いて解くことができるので，

$$P \subseteq NP \tag{7.28}$$

である．ここで疑問として生じるのは P が NP の真部分集合になっているか否かである．すなわち P = NP となっていないかということである．P ≠ NP を示すには，ある問題 x で $x \in NP$ であり $x \notin P$ となっているものを見つければよい．これは一見容易なことのように思われるが，現在まで未解決問題となっている[5]．

この問題を解決するための足がかりとして，NP の部分クラスである **NP 完全問題 (NP-complete problem)** のクラスが定義される．NP に属

---

[4] n 個の要素の比較によるソートには必ず $\Omega(n \log n)$ の計算量が必要であることが知られている．

[5] クレイ数学研究所は 2000 年に，この問題を含むいくつかの問題をミレニアム問題と呼び，その解決に 100 万ドルの懸賞金を掛けた．

する任意の問題は，入力長について多項式時間のアルゴリズムを用いて
NP 完全問題に書き換えることができ，その問題を解くことによって元の
問題を解くことができる．すなわち，ある NP 完全問題が，もし多項式時
間で解くことができれば，それを用いて NP に含まれるすべての問題が多
項式時間で解けてしまう．すなわち P = NP となってしまう．このよう
な問題は NP の中で最も難しい問題であると言える．

　カナダのスティーブン・クックによって 1971 年に論理式の充足可能
性問題 (SAT: satifiability problem) が NP 完全問題であることが示され
た．それ以降非常に多くの NP 完全問題が見つかっている．現在のところ
P = NP は示されておらず，多くの人々は P ≠ NP であると信じている．
ある問題が NP 完全であることが示されれば，その問題は容易に効率的な
アルゴリズムを構築することが絶望的であると考えられる．なぜならば，
効率的なアルゴリズムが作れればそれによってあらゆる NP の問題が多項
式時間で解けてしまうからである．そのようなことは起こりそうにない．

　以下に有名な NP 完全問題をいくつか示す．

充足可能性問題 (SAT: satisfiability problem)　この問題は与えられた
　　n 個の変数によって作られる論理式を真にするような変数への $0/1$ の
　　割り当てが存在する否かを判定する問題である．

ナップザック問題 (knapsack problem)　第 4 章で深さ優先探索の例とし
　　て解説した．この問題は限界 ℓ と n 個の整数 $a_1, a_2, \ldots a_n$ が与えら
　　れたとき，n 個の整数のうちのいくつかの組で，その和が ℓ を超えな
　　い最大のものを見つけるというものである．数の選び方は 2^n 種類あ
　　るので，そのすべてを調べると $O(2^n)$ の計算量を必要とする．

頂点被覆問題 (vertex cover problem)　あるグラフの適当な頂点を選択
　　して，どの辺についても端点のどちらかが選択されている場合に，こ
　　のグラフはこれらの頂点によって「被覆されている」と呼ぶ．グラフ
　　G と整数 n が与えられたとき，ちょうど n 個の頂点で G が被覆可能
　　かどうかを判定するのが頂点被覆問題である（図 7.9 参照）．

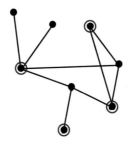

図 7.9　頂点被覆問題．このグラフは 4 つの頂点で被覆することができる．

ハミルトン閉路問題 (Hamilton cycle problem)　これは与えられたグラフすべての頂点を通って 1 周する経路が存在するか否かを判定する問題である．同じ頂点を 2 回以上通過してはいけない（図 7.10 参照）．

図 7.10　ハミルトン閉路問題．グラフ上の閉路で全頂点を 1 回ずつ通過するものがあるか否かを判定する．

　NP 完全問題の定義より，これらの問題のうちのいずれかが多項式時間で解くことができれば，これらの問題を含めてすべての問題が多項式時間で解けることになる．前述のように，そのような方法は見つかっていない．

　P ≠ NP であるとしたとき，SAT などの問題に対して多項式時間アルゴリズムは存在しないことになるが，これはあらゆる SAT の問題を多項式時間で解くアルゴリズムが存在しないと言っているわけで，一部の

SAT の問題がある程度効率的に解けることを否定するものではない．実際，近年 SAT については，深さ優先探索を高度に最適化することによって，相当に多くの変数をもつ問題を専用プログラムで解くことができるようになっている．このようなプログラムは **SAT ソルバー (SAT solver)** と呼ばれている．色々な組み合わせ問題などは SAT に書き換えることが可能なので，SAT ソルバーを用いて様々な問題が解けるようになってきている．

　本節の最後に問題の NP 完全性を示す例を挙げる．まず，前述の SAT については，以下のように一般の問題よりも少々簡単にした問題でも NP 完全であることが知られている[6]．

定理 4　連言標準形で表現された論理式の充足可能性を判定する問題の集合 $(\mathrm{SAT}_{\mathrm{conj}})$ は，その長さ n に関して NP 完全集合となる．

ただし，**連言標準形 (conjunctive normal form)** とは，いくつかの変数または変数の否定が論理和 (OR) で結ばれたものを項と定義すると，いくつかの項の論理積 (AND) の形になっているものである．例えば，

$$e = (x_1 \lor x_2 \lor \neg x_3) \land (\neg x_1 \lor \neg x_4 \lor x_5) \land (x_4 \lor \neg x_2 \lor x_1) \land$$
$$(x_3 \lor \neg x_1 \lor x_4 \lor x_5) \quad (7.29)$$

は連言標準形の論理式になっている．この論理式の充足可能性を示すには，x_1, x_2, x_3, x_4, x_5 の論理値の組で e を真にするものを見つければよい．この場合は変数の個数が 5 であるので，チェックする必要のある組み合わせは $2^5 = 32$ 通りとなる．実際にすべての組み合わせについて深さ優先探索ですべての解を探せば以下のようになる．このようにして解を探索すれば，変数の個数を n として 2^n 通りの探索を行うことになり，多項式時間で計算することはできない．

6　この定理の証明については，以下の文献などを参照すること．Garey, M and Johnson, D: Computers and Intractability: A Guide to the Theory of NP-Complteness. *Series of Books in the Mathmatical Sciences*, W. H. Freeman & Co. (1979), 小林孝次郎：計算の複雑さ．ソフトウェア講座 33, 昭晃堂 (1988).

```
 1  function value(x) {
 2    var [x1, x2, x3, x4, x5] = x
 3    var t1 = (x1 || x2 || (!x3))
 4    var t2 = ((!x1) || (! x4) || x5)
 5    var t3 = (x4 || (!x2) || x1)
 6    var t4 = (x3 || (!x1) || x4 || x5)
 7    return (t1 && t2 && t3 && t4)
 8  }
 9
10  var x = []
11  var ans = []
12
13  function check(i) {
14    if (i >= 5) {
15      if (value(x)) ans.push(x.slice(0))
16    } else {
17      x[i] = true;  check(i + 1)
18      x[i] = false; check(i + 1)
19    }
20  }
21
22  check(0)
23  puts(ans)
24
25  // [
26  //   [ true, true, true, true, true ],
27  //   [ true, true, true, false, true ],
28  //   [ true, true, true, false, false ],
29  //   [ true, true, false, true, true ],
30  //   [ true, true, false, false, true ],
31  //   [ true, false, true, true, true ],
32  //   [ true, false, true, false, true ],
33  //   [ true, false, true, false, false ],
34  //   [ true, false, false, true, true ],
35  //   [ true, false, false, false, true ],
36  //   [ false, true, true, true, true ],
37  //   [ false, true, true, true, false ],
38  //   [ false, true, false, true, true ],
39  //   [ false, true, false, true, false ],
40  //   [ false, false, false, true, true ],
41  //   [ false, false, false, true, false ],
42  //   [ false, false, false, false, true ],
43  //   [ false, false, false, false, false ]
44  // ]
```

　前述の（グラフの）頂点被覆問題が，このような問題と同等に難しいということを示す．まず，この問題が NP に含まれるのはほぼ自明である．与えられたグラフの頂点数を m とする．本節の最初で述べた非決定性の機械によるソーティングのアルゴリズムと同様に，すべての m 個の頂点について被覆頂点にするか否かを choice() によって決定させて，選択された頂点が被覆になっていなければ failure() で失敗させればよい．

　ここで頂点被覆問題が多項式時間で計算できると仮定する．このとき SAT_{conj} が多項式時間で計算できることを以下に示す．これが示されれば SAT_{conj} が NP 完全であることから，あらゆる NP の問題は多項式時間で計算することができてしまう．すなわち頂点被覆問題は NP 完全であることになる．

　ある k 変数の連言標準形の論理式 e が与えられたとする．このとき，

$$e = T_1 \wedge T_2 \wedge \cdots \wedge T_s \tag{7.30}$$

となっているとする．ただし，T_i は k 個の変数とその否定の $2k$ 種類から適当な数を選択したもので作られる論理和のことである．e に対応するグラフ G を構成する．G の頂点は T_i $(1 \leq i \leq s)$ のそれぞれに出現する変数または変数の否定をその出現ごとに頂点としたものである．T_i に出現する変数または変数の否定の個数を $|T_i|$ と書けば，G の頂点数は $\sum_{i=1}^{s} |T_i|$ である．一方，G の辺はそれぞれの T_i について，それぞれの変数または変数の否定に対応する頂点どうしを T_i 内部ですべて結んだものである．さらに，頂点全体についてそれぞれの変数とその変数の否定の間に辺を作る（図 7.11）．

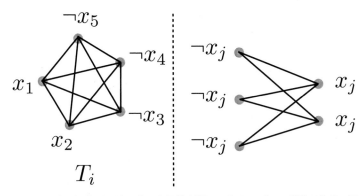

図 7.11 連言標準形の論理式の充足性を調べるためのグラフ構造における辺
の生成方法．それぞれの項について変数や変数の否定に対応する
ノードどうしをすべて辺で結ぶ（左図）．さらに各変数について，そ
の変数と変数の否定をすべて辺で結ぶ（右図）．

　例えば，前述の (7.29) の論理式の場合，生成されるグラフは図 7.12 の
ようになる．このグラフがちょうど $\sum_{i=1}^{s}(|T_i| - 1)$ 個の点によって被覆
されるかどうかを調べる．頂点被覆問題が P に含まれれば，この部分は
多項式時間で計算することができる．もし，このような被覆が存在すれ
ば，それぞれの項について被覆に含まれる頂点はちょうど $|T_i| - 1$ 個にな
る．いずれかの項について $|T_i|$ 個になると別の項で $|T_i| - 2$ 個以下のとこ
ろが発生するが，その項では，被覆に含まれない 2 点による辺が被覆され
なくなってしまう．そこで，それぞれの項について被覆に含まれない点に
対応する変数または変数の否定が真になるように変数値を決定し，かつ被
覆に含まれる点に対応する変数または変数の否定は真偽どちらになっても
よいように変数値を決定する．

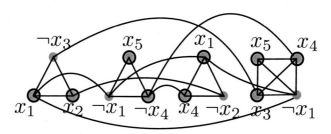

図 7.12　(7.29) の論理式から生成したグラフ．黒い丸で囲われた頂点によって被覆されている．

　図 7.12 の場合，それぞれの項の中で被覆に含まれない $\neg x_3, \neg x_1, \neg x_2, \neg x_1$ が真になるようにすると，x_1, x_2, x_3 を偽にして，x_4, x_5 については真偽どちらでも適当に決めれば (7.29) の論理式は充足されることになる．この値は前述の深さ優先探索のプログラムの実行結果の最後の 4 つの解になっている．

　逆に与えられた論理式を満たすような変数の割り当てが存在すれば，それぞれの項で真となる変数または変数の否定を 1 つ決めて，それぞれの項のそれ以外の頂点を被覆に含めるようにすれば頂点被覆となる．したがって，論理式に対応するグラフを生成して被覆があるかどうかを判定させれば，その結果から論理式を充足する変数の割り当てがあるかどうかが判定できる．このとき，論理式の複雑さを $N = \sum_{i=1}^{s} |T_i|$ とすれば，生成されるグラフの頂点数は $\sum_{i=1}^{k} (|T_i| - 1) < N$ であり，辺の数は $\sum_{i=1}^{k} |T_i|^2 + N^2 < 2N^2$ で抑えられる．これは入力長の多項式になっている．したがって多項式時間で SAT_{conj} が解けることになり，あらゆる NP の問題が多項式時間で解けることになる．以上よりつぎの定理が得られる．

定理 5　与えられたグラフにちょうど n 個の頂点被覆が存在するか否かを判定する問題は NP 完全である．

　このようにある問題 A を解くことを別の問題 B を解くことに置き換えて，かつ B が多項式時間で計算できる場合には A が多項式時間で解くことができることを示すことを**多項式時間還元 (polynomial-time**

reduction) と呼ぶ. 多項式時間還元を用いてすでに NP 完全であると分かっている問題へ還元することで, 別の問題の NP 完全性を証明することができる.

7.5 練習問題

1. $f(n) = n^2 + n + 1$, $g(n) = 10n + 2$ としたとき, $g(n) = O(f(n))$ であることを示せ. また, $f(n) = \Omega(g(n))$ であることを示せ.

2. $f(n) = 2^{(\log n)^2}$ と置く. 任意の k 次多項式 $g(n) = x^k$ について $g(n) = O(f(n))$ であることを示せ.

3. ハミルトン閉路問題が NP に含まれることを説明せよ.

付録 A
JS Executorの使い方

JS Executor はブラウザ上で JavaScript の
プログラムを実行するための環境である．標準
的な Web ブラウザはそれぞれ JavaScript を実
行するためのエンジンを内部にもっており，JS
Executor は打ち込まれたプログラムをそのまま
ブラウザに渡して実行している．それぞれのブラ
ウザによって JavaScript の言語仕様は微妙に異
なる．そのため，プログラムの動作の仕方もブラ
ウザによって若干変わる可能性がある．本書では
基本的に FireFox での利用を想定している．ま
た，JS Executor は Web Workers 環境を用
いて隔離された環境で JavaScript プログラムを
実行するので，実行されたプログラムがブラウザ
やシステムの情報を取り出したり，外部に情報を
送信したりすることは基本的に不可能であると
考えられるが，その動作については保証してい
ない．

A.1　基本的な使い方

JS Executor は，一切のインストール作業を行わずに Web ブラウザ（Firefox ブラウザ）で以下の web ページを参照することで，JavaScript プログラムを実行させることができる．

https://osamiyam.github.io/Executor/

基本的には，ページ中のテキストフィールドにプログラムを入力して実行ボタンを押すことで実行を開始できる．プログラムが無限ループに入ってしまった場合でも停止ボタンによって実行を停止させることができる．

JS Executor の全体の様子を図 A.1 に示す．プログラムを入力する部分が A であり，プログラム中で関数 puts() を実行することにより，C の部分に文字列を出力させることができる．また，グラフィックスの出力はいくつかの描画命令を用いることで B の部分に描画することができる．

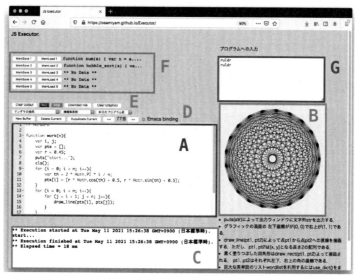

図 A.1　JS Executor の全体の様子．A の部分にプログラムを入力して E の部分の実行ボタンによって実行する．文字出力は C へ出力され，グラフィックスの出力は B の部分に出力される．

まず，プログラムのエディタ部を見てみる．図 A.1 の A の四角で囲わ
れている部分がエディタ部である．JS Executor のエディタ部は ACE
Editor[1]を利用している．ACE Editor は JavaScript の文法の正当性を
JS Hint[2]によってチェックしている．このチェックは動的に行われる．
プログラムを書きながら文法のおかしなところを見つけると行に × を付
けて表示する．エディタ部を拡大すると図 A.2 に示すようになっている．
ここで，左端に×ついている行（3 行目と 19 行目）は JS Hint によって
指摘されたエラーである．それぞれカーソルをこの×の上にもっていくこ
とで詳細を表示させることができる．また，同様にして軽微な警告は i の
マークがついており，それよりは重大な警告は三角のマークが付く．それ
ぞれエラーと同様に詳細を表示させるにはカーソルをもっていってツール
チップを表示させればよい．また行番号の右側にある小さな三角は ACE
Editor の折りたたみ機能であり，クリックすることによって関数の中身
や for 文の中身などを折りたたんで見えなくすることができる．図 A.2
では 9 行目の for の中身が折りたたまれている．折りたたまれているも
のを展開するには折りたたまれたマークをクリックすればよい．

```
 1   // Mandara
 2
 3 ▾ function work(n){
 4       var i, j;
 5       var ptx = [];
 6       var r = 0.45;
 7       puts("start...")
 8       cls();
 9 ▾     for (var i = 0; i < n; i++){▭}
13 ▾     for (i = 0; i < n; i++){
14 ▾         for (j = i + 1; j < n; j++){
15               draw_line(ptx[i], ptx[j]);
16           }
17       }
18       x=
19   }
20   work(21):
```

図 A.2 エディタ部の様子．

1   https://ace.c9.io/

2   https://jshint.com/

215

　入力されたプログラムを実行するには，図 A.1 の E の部分に並んでいるボタンの 1 つである「Run」を押す．実行が開始されると，開始のメッセージがスタート時刻とともに C に出力される．また，実行が終了すると，同様に終了時刻とともに実行終了のメッセージが出力される．これらのメッセージの間に puts() 関数による出力が表示される．

　無限ループなどになってしまったりして実行を停止させたい場合には，「Stop」を押す（図 A.3 参照）．

図 A.3　プログラムを実行するためのボタンなど．

　また，「Clear Output」を押すことによって C 部のテキスト出力の結果を消去することができる．さらに，B 部のグラフィックス出力の結果を消去するには「Clear Graphics」を押す．プログラム中で cls() 関数を呼ぶことによってもグラフィックス出力を消去することができる．

A.2　その他の使い方

　JS Executor のエディタは複数のプログラムを管理することができる．複数のプログラムのうちの 1 つが C の部分に表示されていて，表示するプログラムを切り替えることが可能である．この切替を行うのがエディタ部のすぐ上の D の部分である．この部分を拡大したものを図 A.4 に示す．この図で「84:0」と表示されているのは，現在表示されている（プログラム）バッファの左に 84 個のバッファが並んでいて，右側に 0 個のバッファが並んでいるということを示している．すなわち，現在表示されているのは一番右のバッファであることが分かる．これらのバッファは一直線上に並んでいる．表示するバッファを変更するには「≪」か「≫」のボタンを押す．また，現在のバッファのすぐ右に新たに空バッファを作るには「New Buffer」を押し，現在のバッファを消去するには「Delete

Current」を押せばよい．さらに現在のバッファのコピーを作るには「Duplicate Current」を押す．このボタン群の一番右にある「Emacs binding」は Emacs エディタ風のキー操作を可能とするためのチェックである．

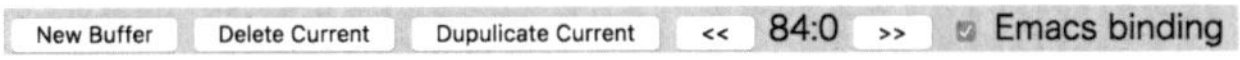

図 A.4　エディタ部をコントロールするためのボタン群．

JS Executor の C の部分が出力であるのに対して，プログラムへの入力は G のフィールドで与えることができる．この入力は input_string という変数に結ばれている文字列として取り出すことができる．

A.3　プログラムの保存などについて

JS Executor は基本的にプログラムをブラウザへ蓄える．ブラウザを落としても再度立ち上げると，プログラムバッファにもともとあったプログラムはすべてプログラムバッファに残っている．ただし，再立ち上げするときに，それらのデータを読み込むかどうかを問い合わせるダイアログが表示される．

これらの機能の他に F の部分にプログラムを保存するためのボタン群が並んでいる（図 A.5 参照）．エディタ部のプログラムを保存するためには「MemSave N」ボタンを押すことで N 番目のメモリーに記録される．メモリーは 5 つ用意されており，プログラムの先頭部分がボタンの右側に表示される．記録されたプログラムをエディタ部にもってくるには「MemLoad N」ボタンを押す．この場合，新しいプログラムバッファが作成され，そのバッファ内容がエディタ部に表示される．メモリー内容を消去するには，空のバッファを作成し，それを「MemSave N」ボタンで記録すればよい．

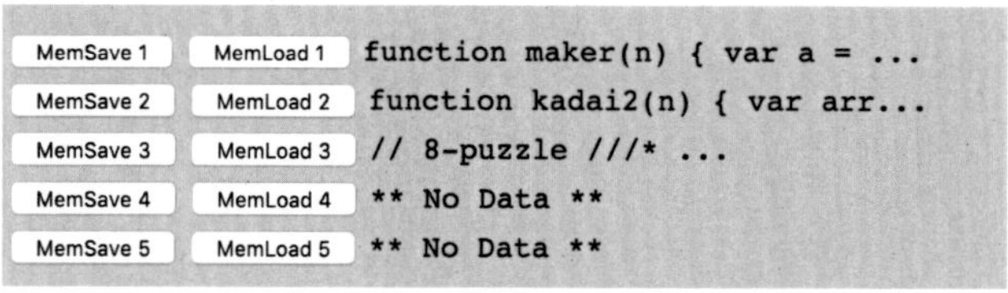

```
MemSave 1   MemLoad 1   function maker(n) { var a = ...
MemSave 2   MemLoad 2   function kadai2(n) { var arr...
MemSave 3   MemLoad 3   // 8-puzzle ///* ...
MemSave 4   MemLoad 4   ** No Data **
MemSave 5   MemLoad 5   ** No Data **
```

図 A.5　プログラムを保存するためのメモリーボタン群.

A.4　デバッグなどについて

　JS Executor には現在のところデバッグ機能などはついていない.実行時にエラーが発生した場合,エラー内容については表示されるが,そのエラーがプログラム中のどの位置で発生したかは表示されない.そのためデバッグする際には, puts() 関数などを利用してプログラムの動きを追いかける必要がある.

　最初の部分の繰り返しになるが,本システムは Web Workers を利用して隔離した状態でプログラムを実行しているので, puts() による出力やグラフィックス領域への描画などいくつかの限定した行為以外は内部から外部へ何かを操作することはできない.したがって,悪意のあるプログラムを走らせたとしても,それによって何か弊害が生じる可能性は低いと考えられるが,基本的には無保証のシステムであり,このシステムによって生じるいかなる損害についても保証しない.このシステムのソースコードは github において公開されている[3].また,このソースコードは https://osamiyam.github.io/Executor にアクセスすることにより直接ブラウザで利用することができる.

A.5　他の JavaScript 環境の利用について

　本書では JS Executor を利用してプログラムを実行させることを仮定

---

[3]　https://github.com/osamiyam/Executor

しているが，文字出力のみを行うプログラムであれば，他の環境であって
もほとんどの場合同様に動作する．特に Node.js[4]は V8 エンジンを利用
したものであるが，プログラムの先頭で

```
1  var puts = console.log
```

として関数 puts を定義すればそのまま計算させて文字列を出力させるよ
うなプログラムについては，ほぼ問題なく動作すると考えられる．以下に
Node.js 上でプログラムを動作させた例を示す：

```
Osami-MacBook-Pro:yama579> cat fib.js
var puts = console.log

function fib(n) {
  if (n <= 1) return 1
  else return fib(n - 1) + fib(n - 2)
}
var n = 38
puts(`fib(${n}) = ${fib(n)}`)
Osami-MacBook-Pro:yama580> time node fib.js
fib(38) = 63245986

real 0m0.844s
user 0m0.499s
sys 0m0.123s
Osami-MacBook-Pro:yama581>
```

さらに，Mozilla によって開発されている Java 上で動作する Rhino など
については同様に

```
1  var puts = print
```

と定義して実行させれば動かすことができる．
　また，Node.js と同様に V8 エンジンを利用している Web ブラウザ
Google Chrome については，ブラウザ上で Executor を動作させること

4　https://nodejs.org/ja/

219

は可能であるが，細かな検証はなされていない．

索引

著者紹介

山本 修身 （やまもと おさみ）

博士（工学）
1987年 東京大学大学院 工学系研究科 計数工学専攻 修士課程修了
1987年 東京工業大学理学部情報科学科 助手
1994年 株式会社管理工学研究所 研究員
1997年 青森大学 工学部 情報システム工学科 講師
2004年 名城大学理工学部情報工学科 助教授
2008年 同 教授
現在に至る.

◎本書スタッフ
編集長：石井 沙知
編集：石井 沙知・山根 加那子
組版協力：阿瀬 はる美
表紙デザイン：tplot.inc 中沢 岳志
技術開発・システム支援：インプレスR&D NextPublishingセンター

●本書の内容についてのお問い合わせ先
近代科学社Digital　メール窓口
kdd-info@kindaikagaku.co.jp
件名に『『本書名』問い合わせ係』と明記してお送りください。
電話やFAX、郵便でのご質問にはお答えできません。返信までには、しばらくお時間をい
ただく場合があります。なお、本書の範囲を超えるご質問にはお答えしかねますので、あ
らかじめご了承ください。

JavaScriptによる
アルゴリズム入門

2022年2月18日　初版発行Ver.1.0

著　者　山本 修身
発行人　大塚 浩昭
発　行　近代科学社Digital
販　売　株式会社 近代科学社
　　　　〒101-0051
　　　　東京都千代田区神田神保町1丁目105番地
　　　　https://www.kindaikagaku.co.jp

印刷・製本　京葉流通倉庫株式会社
Printed in Japan

ISBN978-4-7649-6033-6

近代科学社 Digital は、株式会社近代科学社が推進する21世紀型の理工系出版レーベルです。デジタルパワーを積極活用することで、オンデマンド型のスピーディで持続可能な出版モデルを提案します。

近代科学社Digitalは株式会社インプレスR&Dのデジタルファースト出版プラットフォーム"NextPublishing"との協業で実現しています。

第2章

TRIPs協定総則

2.1　協定の実施義務およびミニマム・スタンダードの原則

　TRIPs協定はその第1条第1項第1文において、同協定の各条項が定める知的財産の保護について、加盟国がこれを遵守のうえ具体的に実施することを義務付けている。

　さらに同項第2文では、同協定の定める知的財産保護の基準は各加盟国における知的財産保護に関するミニマム・スタンダード、すなわち最低限の保護基準としての位置づけにあることを規定する。

TRIPs協定[1]

第1条　義務の性質及び範囲

（1）加盟国は，この協定を実施する。加盟国は，この協定の規定に反さないことを条件として，この協定において要求される保護よりも広範な保護を国内法令において実施することができるが，そのような義務を負わない。加盟国は，国内の法制及び法律上の慣行の範囲内でこの協定を実施するための適当な方法を決定することができる。

　同項第1文が規定するTRIPs協定の加盟国における実施義務とは、同協定の規定する知的財産の保護を、各加盟国が自己の国内法において具体的に実現することを意味する。具体的には、TRIPs協定に規定される知的財産の保護が加盟国の国内法により実現されないときには、他の加盟国はTRIPs協定により自国に保護されるべき利益が無効化または侵害等されるものとして、WTO協定の前身たるGATT第23条第1項[2]に基づく申し立て等を行い、所定の経済制裁等の措置の対象とすることができる。

　また同項第2文が規定する知的財産の保護に関するミニマム・スタンダードとしての位置づけとは、TRIPs協定が規定する知的財産保護は、加盟国の国内法において確保すべき最低限の保護基準であることを意味し、同協定において要求される保護よりも高度な保護を各国内法において実施することを妨げるものではないことを意味する。

　しかしながら第2文においては「この協定の規定に反さないことを条件として」さらに高度な知的財産の保護を各国内法において規定することが可能とされており、このため TRIPs 協定が規定する内国民待遇の原則（TRIPs協定第3条）および最恵国待遇の原則（同第4条）に違反する態様により、特定の加盟国国民のみに高度な知的財産保護の付与を規定することは許されないことに注意を要する。

2.2　パリ条約プラス・アプローチ

　TRIPs 協定は前記のとおり各加盟国におけるミニマム・スタンダードとしての知的財産の保護を実現するものであるとともに、第2条第1項でいわゆる「パリ条約プラス・アプローチ」によりその保護を規定するものであることを規定している。

TRIPs協定[3]

第2条　知的所有権に関する条約

（1）加盟国は，第2部，第3部及び第4部の規定について，1967年のパリ条約の第1条から第12条まで及び第19条の規定を遵守する。

　パリ条約プラス・アプローチとは、1967年改正（ストックホルム改正条約）の「工業所有権の保護に関するパリ条約」[4]（以下、「パリ条約」）における特定の規定を引用しつつ、さらに付加的な保護のあり方を規定することにより、高度な知的財産保護を国際条約にて義務付けるアプローチである。具体的には、パリ条約の同盟国であるか否かにかかわらず、TRIPs協定が付属しているWTO協定の加盟国はパリ条約第1条ないし第12条が定める知的財産保護に関する基本原則および特許・意匠・商標・サービスマーク・原産地等表示・不正競争行為等に係る規定ならびに第19条が述べる特別の取極に係る規定を遵守する義務を負うこととなり、WTO協定の他の加盟国の国民に対してパリ条約の各条項が規定する権利を、その国内

法により付与するものとされる[5]。

　なおTRIPs協定第2条第2項においては、パリ条約、ベルヌ条約、ローマ条約および集積回路についての知的所有権に関する条約に基づく既存の諸義務について、TRIPs協定が何ら変容をもたらすものではないことが示され、既存の国際知的財産条約秩序を混乱させることを慎重に回避している。

TRIPs協定[6]

第2条　知的所有権に関する条約

（2）第1部から第4部までの規定は，パリ条約，ベルヌ条約，ローマ条約及び集積回路についての知的所有権に関する条約に基づく既存の義務であって加盟国が相互に負うことのあるものを免れさせるものではない。

2.3　内国民待遇

　TRIPs協定は、知的財産に係る国際条約としての基本的な位置づけを上記のとおり明らかにしたうえで、さらに具体的な知的財産の保護に関する基本原則として、第一にいわゆる内国民待遇の原則を同協定第3条第1項にて規定する。

TRIPs協定[7]

第3条　内国民待遇

（1）各加盟国は，知的所有権の保護（注）に関し，自国民に与える待遇よりも不利でない待遇を他の加盟国の国民に与える。ただし，1967年のパリ条約，1971年のベルヌ条約，ローマ条約及び集積回路についての知的所有権に関する条約に既に規定する例外については，この限りでない。実演家，レコード製作者及び放送機関については，そのような義務は，この協定に規定する権利についてのみ適用する。ベルヌ条約第6条及びローマ条約第16条（1）（b）の規定を用いる加盟国は，貿

易関連知的所有権理事会に対し，これらの規定に定めるような通告を
行う。
（注）第3条及び第4条に規定する「保護」には，知的所有権の取得可能
　　　性,取得，範囲，維持及び行使に関する事項並びにこの協定におい
　　　て特に取り扱われる知的所有権の使用に関する事項を含む。

　第3条第1項が規定する知的財産の保護における内国民待遇の原則とは、
知的財産に係る権利を取得し得る可能性、権利取得の手続き、保護を受け
る権利の範囲、権利の維持と行使、ならびにTRIPs協定にて特に規定され
る知的財産を使用するにあたり、各加盟国は、他の加盟国の国民が享受す
る待遇が自国の国民が享受する取り扱い待遇よりも不利なものであっては
ならないとする原則をいう。なお同原則は、他の加盟国の国民に各加盟国
の自国民が享受する取り扱い待遇よりも有利な待遇を付与することを禁ず
るものではない。
　また、このようなTRIPs協定における内国民待遇の原則については、単に
輸入品と国内産品の間における不利益取り扱いを禁ずるものでしかなかっ
たGATT第3条第4項規定の内国民待遇の原則とは、その制限の対象と範
囲が実質的に相違するものであることに注意が必要である[8]。
　さらに同条第2項は、以下のとおり、第1項に規定される内国民待遇に
対する例外的取り扱いが加盟国の国内法にて許容される場合について特に
規定している。

TRIPs協定[9]

第3条　内国民待遇

(2) 加盟国は，司法上及び行政上の手続（加盟国の管轄内における送達の
　　住所の選定又は代理人の選任を含む。）に関し，(1)の規定に基づいて
　　認められる例外を援用することができる。ただし,その例外がこの協定
　　に反さない法令の遵守を確保するために必要であり，かつ，その例外
　　の実行が貿易に対する偽装された制限とならない態様で適用される場
　　合に限る。

　当該第2項但書きは、パリ条約にて規定される、司法・行政上の手続き等に係る内国民待遇の例外（パリ条約第2条第3項[10]）に、さらに当該例外を援用するための付加的条件を規定するものであることに注意する。すなわち同規定による内国民待遇の例外を援用する場合には、加盟国の国内法における例外的取り扱いの実施が（1）TRIPs協定に違反しない国内法の法令の遵守のために必要とされるものであり、（2）また当該例外的取り扱いの実施が「貿易に対する偽装された制限」ではない態様にて行われることを条件として、認めるものとしている。このようなパリ条約第2条第3項に対する付加的条件の規定は、TRIPs協定に先立つGATTのフレームワークにおける紛争事例の蓄積を反映しつつ、同フレームワークにより維持されてきた枠組みを承継したものである[11]。

　またこのような内国民待遇の例外規定の解釈に関連して、従来より特に判例法国にて規定されている「依頼人・弁理士間秘匿特権（client-patent advisor privilege）」に係る許容性について、法政策上の議論が行われていることに留意すべきである。この点については、その適用における一般的性格に鑑みれば、当該秘匿特権での取り扱いが判例法国における国内法上のTRIPs協定の他の規定に反するものでなく、またこれが「貿易に対する偽装された制限」に当たらない限り、事実上の内国民待遇の例外となる取り扱いをもたらすとしても、協定違反にはあたらないものと解すべきであろう[12]。

2.4　最恵国待遇

　TRIPs協定第4条第1文は、知的財産保護における第一の基本原則たる内国民待遇の原則に続き、これを補完する第二の原則とされる最恵国待遇の原則について規定する。

TRIPs協定[13]

第4条　最恵国待遇

知的所有権の保護に関し，加盟国が他の国の国民に与える利益，特典，特権又は免除は，他のすべての加盟国の国民に対し即時かつ無条件に与えられる。加盟国が与える次の利益，特典，特権又は免除は，そのような義務から除外される。

(a) 一般的な性格を有し，かつ，知的所有権の保護に特に限定されない司法共助又は法の執行に関する国際協定に基づくもの

(b) 内国民待遇ではなく他の国において与えられる待遇に基づいて待遇を与えることを認める1971年のベルヌ条約又はローマ条約の規定に従って与えられるもの

(c) この協定に規定していない実演家，レコード製作者及び放送機関の権利に関するもの

(d) 世界貿易機関協定の効力発生前に効力を生じた知的所有権の保護に関する国際協定に基づくもの。ただし，当該国際協定が，貿易関連知的所有権理事会に通報されること及び他の加盟国の国民に対し恣意的又は不当な差別とならないことを条件とする。

最恵国待遇の原則とは、いずれかの加盟国の国民に付与した知的財産の保護に関連する何らかの有利な取り扱いは、即時かつ無条件に他の加盟国の国民に対しても付与されるべきものとする原則をいう[14]。しかし、この最恵国待遇の原則については、第4条第2文以下が規定するとおり一定の例外が存し、特にTRIPs協定がそもそも規定対象としない諸権利の取り扱い（TRIPs協定第4条第c号）、ならびにWTO協定が発効するに先立ち既に締結されていた知的財産保護に係る国際協定に基づき付与される有利な取り扱いについては、当該原則が必ずしも適用されず、その例外を構成するものとされている（同第4条第b号および第d号）[15]。

また上述の内国民待遇の例外における議論と同様に、判例法国の依頼人・弁理士間秘匿特権の取り扱いが、同原則と関連して法政策上の懸案とされるが、このような取り扱いは、知的財産保護のみに限定して適用されるものではない司法手続きおよび法執行における一般的な原則の例外（同第4条第a号）にあたるとして、一般に内国民待遇の原則の対象とはならないと解されている[16]。

2.5　待遇の例外

　TRIPs協定は、上記のとおり内国民待遇の原則および最恵国待遇の原則を、各加盟国における知的財産保護に係る基本原則として規定するものであるが、その適用には一定の多数国間協定に関する例外が存するものとされ、同協定第5条にて以下のとおり規定される。

TRIPs協定[17]
第5条　保護の取得又は維持に関する多数国間協定
　第3条及び第4条の規定に基づく義務は，知的所有権の取得又は維持に関してWIPOの主催の下で締結された多数国間協定に規定する手続については，適用しない。

　同条が例外の対象とする一定の多数国間協定とは、特許協力条約[18]、標章の国際登録に関するマドリッド協定ならびに同議定書[19]、意匠の国際寄託に関するヘーグ協定[20]その他の世界知的所有権機関（WIPO）が所管する国際条約を指し、これらの条約が規定する知的財産の取得または維持については、TRIPs協定第3条および第4条は適用されないものとされる。これは、このような既存の国際条約について最恵国待遇の原則等を適用するときには、従来これらの国際条約に加盟していなかったWTO協定加盟国の国民に対しても、当該WIPO所管の国際条約により利益を自動的に付与しなければならず、そのような結果は既存の国際知的財産秩序を損なうものとして容認できないとの判断による。

2.6　消尽

　前述のとおり内国民待遇等の基本原則に対して多数国間協定を例外対象とする規定に続き、TRIPs協定は知的財産保護に係る権利消尽の法理の取り扱いについて特に規定する。同協定第6条は、特許発明に係る製品の輸

入行為に対する権利行使を、知的財産保護に係る権利消尽の理論により否認する各加盟国の法運用または法政策等を、TRIPs協定は（内国民待遇の原則および最恵国待遇の原則に係るものを除き）何ら規定するものではないことを明示する。

TRIPs協定[21]

第6条　消尽

　この協定に係る紛争解決においては，第3条及び第4条の規定を除くほか，この協定のいかなる規定も，知的所有権の消尽に関する問題を取り扱うために用いてはならない。

　権利消尽の法理とは、知的財産に係る権利が当該権利に係る物の販売等により適法に用い尽くされた場合には、同一物について当該権利を再度主張することは許されないとする法理である[22]。当該権利消尽の法理については、パリ条約においては従来規定が置かれておらず、紛争解決のためであるかまたはその他の目的のためであるかを問わず何らの取り扱いを明示してこなかったものであるが[23]、開発途上国からの要望により、1990年のブラッセル閣僚会合において、他国における権利消尽が自国における権利を消尽させるか否かに係る、いわゆる国際消尽の問題について、各加盟国は各国の判断により自由に国内法を規定できることが確認された[24]。

　知的財産に係る物を自国に輸入したい開発途上国と、特定の加盟国で販売・譲渡された知的財産を実施する物を他の加盟国に輸入する「並行輸入」によって、他の加盟国において国際消尽が発生することに反対する米国・欧州などの先進国との対立の中で、現行の同協定第6条の規定文言に最終的な両者の合意が落ち着いた[25]。

　またこのTRIPs協定第6条が特に規定された趣旨は、各加盟国が権利消尽に係る国内法を自由に構築するにあたり、同協定の規定する最恵国待遇の原則および内国民待遇の原則に服する必要があることを除き、協定上の何らかの異議申し立てが行われる可能性を完全に排除することにある点に注意を要する[26]。なお本条に規定する国際消尽の取り扱いとTRIPs協定第28条第1項第a号に規定の「輸入を防止する権利」との関連については、

第28条第1項に係る後節を参照されたい。

2.7　その他一般原則等

　TRIPs協定第1部には第7条と第8条が規定され、前述のとおり同協定の目的と原則が明示されている。

　第7条においては、TRIPs協定の目的が規定される。本規定のような協定自体の目的を示す条項はパリ条約には従前明示されておらず、TRIPs協定にて新たに規定されたものであるが、本条項は拘束的な効力を有するものではなく、あくまで協定のあるべき姿を定める抽象的な規定にすぎないものとされる[27]。

　また第8条における協定の原則に係る条項も、パリ条約においてはこれに対応する規定は必ずしも明示されていなかった。しかし、従来よりパリ条約においては、同条約の規定に反しない限り、公衆の健康等の保護ならびに社会経済的発展等に極めて重要な分野における公共の利益の促進のための措置、ならびに知的財産権の濫用の防止または貿易を不当に制限する慣行等の防止のための措置について、加盟国の国内法において必要な措置を規定することができるとされてきたため、TRIPs協定第8条の規定は特に追加的な法的効力を生じせしめるものではない[28]。なお同条に係るTRIPs協定の交渉過程においては、医薬品に係る物質特許の保護が相対化される恐れがあるとして、開発途上国と米国・欧州の間での論争があったものとされるが[29]、調整の結果、第8条第1項および第2項に「この協定に適合する限りにおいて」との条件記載が維持された経緯には、特に留意すべきであろう。

第3章

TRIPs協定：特許

3.1　特許要件

　TRIPs協定においては、同協定第27条第1項第1文にて規定のとおり、加盟国はすべての技術分野の発明について等しく特許権を付与しなければならないものとされる。

　各加盟国においては、一定の条件を充足するすべての技術分野の発明について、これを技術分野に応じて区別することなく非差別に取り扱う（技術非差別原則）こととし、等しく審査のうえ特許権が付与されるべきことが規定される。特に製薬関連の発明に関する保護などを念頭に、技術分野に応じて差別的に取り扱われることにより加盟国における特許発明の保護が相対化されることを防止し、客観的に特許要件を充足する発明はすべて確実に特許権としての保護が与えられることを担保するためである。

　ただし同協定第27条第2項第1文では、加盟国においては公の秩序または善良の風俗を守ることを目的として、一定の特許発明の実施を自国の領域内において防止する必要があるときには、そのような発明を特許権の対象から除外することができるとされている。特許発明といえども、一般の

財産権と同じく、社会における公序良俗に反しない限度にて、各加盟国での保護が与えられるべきとの趣旨である[2]。

TRIPs協定[3]

第27条　特許の対象

　(2) 加盟国は，公の秩序又は善良の風俗を守ること（人，動物若しくは植物の生命若しくは健康を保護し又は環境に対する重大な損害を回避することを含む。）を目的として，商業的な実施を自国の領域内において防止する必要がある発明を特許の対象から除外することができる。ただし，その除外が，単に当該加盟国の国内法令によって当該実施が禁止されていることを理由として行われたものでないことを条件とする。

　しかし第27条第2項但書きにおいて、当該除外は、単に加盟国の国内法令によって当該実施が禁止されていることのみを理由として判断されたものでないことが条件とされている。この付帯条件は、各加盟国がその立法により濫用的に当該除外規定を用いることを防止するために特に規定されたものと解されている。

3.2　新規性および進歩性

　TRIPs協定等の国際条約における保護枠組みにおいて、特許権は、技術的な課題の新規な解決手段等を提供する物または方法に対して、加盟国政府により付与される排他的独占権であるものとして理解されている[4]。このような特許権を付与する際の具体的基準としては、同協定第27条第1項が規定するとおり、(1) 対象となる発明が新規性を有していること、(2) 進歩性を具備していること（または当該技術分野において非自明であること）、(3) 産業上の活用が可能なものであること（または有用性を有するものであること）、の3要件を充足することが原則として求められる[5]。

3.2.1　加盟国における実施状況：日本国法

　日本国においては、以下のとおり同国特許法第29条第1項各号において新規性に係る要件が明示され、特許庁に対して特許出願を行った時点において、その発明が客観的に新しいものであることを求めている[6]。

日本国特許法

第二十九条（特許の要件）

　産業上利用することができる発明をした者は、次に掲げる発明を除き、その発明について特許を受けることができる。

　　一　特許出願前に日本国内又は外国において公然知られた発明

　　二　特許出願前に日本国内又は外国において公然実施をされた発明

　　三　特許出願前に日本国内又は外国において、頒布された刊行物に記載された発明又は電気通信回線を通じて公衆に利用可能となつた発明

　進歩性に関する要件についても、同条第2項において具体的に明示されている。特許出願を行う発明が属する分野の平均的な技術者が、出願時点における技術水準に基づいて当該発明を容易に完成させることができない程度に発明創作の困難性が存することが求められる[7]。

日本国特許法

第二十九条（特許の要件）

　2　特許出願前にその発明の属する技術の分野における通常の知識を有する者が前項各号に掲げる発明に基いて容易に発明をすることができたときは、その発明については、同項の規定にかかわらず、特許を受けることができない。

　このように日本国法における特許発明に係る新規性および進歩性に係る同国特許法の規定は、TRIPs協定第27条第1項が定める特許要件を適切に具体化している。

3.2.2 加盟国における実施状況：ドイツ法・スイス法

　日本国と同じく大陸法圏に属するドイツ法とスイス法においては、特許発明の定義について各々以下のとおり特許法上の規定を置き、新規性および有用性に関する基準を充足する場合にのみ特許権が付与されるべきことを定めている。

ドイツ特許法[8]

第1条

（1）特許は，如何なる技術分野の発明に対しても，それが新規であり，進歩性を有し，また，産業上利用可能である場合に付与される。

　このドイツ特許法第1条第1項の規定において、新規性要件とは、特許出願に係る発明が先行技術の一部を構成しないものであるととことと理解されている。先行技術とは、当該出願の時点を基準として、技術の実施または刊行物の出版によるとを問わず、国内または海外において何らかの形にて公衆に利用可能となったすべての技術をいうものとされ、これには書籍、ジャーナル、特許文献、技術の展示、国際会議によるレクチャならびにその他のあらゆる技術開示の態様が含まれ得る[9]。

　またドイツ特許法における進歩性の要件とは、出願に係る発明が先行技術を基準として自明でないことまたは無価値なものでないことを意味し、先行技術に対して特許発明が十分に技術的に相違していることが求められるとされる[10]。

　以上よりドイツ法においては、日本国特許法における新規性および進歩性の基準と同様の枠組みを維持しつつ、特にこれら基準を充足する発明については、「如何なる技術分野の発明」であってもこれを差別することなく特許権を付与するいう原則、すなわち「技術非差別の原則」を特に明定している点に、その特色を有する。

　次にスイス法では、特許は産業分野において利用可能な新規の発明に対して与えられるものとされる。特許が付与されるためには、当該発明が技術的手段を用いて技術上の課題を解決するものであり、かつ、新規性を有

し、従来技術に照らし非自明なものであるとの意味での進歩性を具備する
ものでなければならないことが[11]、同国特許法第１条第１項および第２項
にて次のとおり規定されている。

スイス特許法[12]
第１条
（１）発明特許は産業上利用することができる新規な発明に付与される。
（２）技術水準（第７条）に鑑みて明白な何物も発明として特許されない。
（３）国は，その付与する特許を保証しない。

　上記のスイス特許法において新規性を具備するためには、当該発明に係
る特許出願の時点においてこれが公に知られるものであってはならず、国
内および国外に存する先行技術との比較において認定を判断されなければ
ならない。また当該出願時点に先立ち書面または口頭により公衆に利用可
能となっている情報についても、先行技術として取り扱われる[13]。
　続いて同法において進歩性を具備するためには、発明が、当該技術分野
における通常の知識を有する者にとって自明なものとして想到可能なもの
であってはならない。予期し得ない技術的な特徴を具備する製品、もしく
は予測し得ない技術的な効果を有する方法は、進歩性を具備する発明であ
ることの手がかりとみなされる[14]。さらにスイス国連邦知的財産機関によ
れば、発明が従来の既成概念を超える解決手段を提供する、または長く待
望されていた課題を解決する場合には、進歩性を具備すると認定し得ると
されていることにも留意すべきである[15]。
　ただし当該連邦知的財産機関のガイダンスにおいては、新規性および進
歩性の具備は、出願人により事前に確認されていなければならないものと
されており、これらの要件を充足するためには、スイス国弁理士を通じて
調査を実施のうえ、その認定がなされる必要があるものとする。すなわち
スイス特許法は、原則として新規性および進歩性の具備についての実体審
査はスイス国連邦知的財産機関によっては実施されず、記載要件および単
一性等のその他の特許要件についてのみ審査が行われるものとされている
点に特色を有しており、実務上格別の注意が必要である[16]。

　以上のとおり、TRIPs協定第27条第1項が規定する特許発明の新規性・進歩性基準に係る加盟国における実施状況については、多くの加盟国にて同項規定に基づく国内法の整備と実体審査が実施されている一方、スイスなど、政府機関は特許出願時に形式審査のみを行い、実体審査については出願人による自発的な自国弁理士との出願時調査と認定に判断を委ねる法制を維持している一部加盟国も存することに留意すべきである。

3.3　産業上の利用可能性

　新規性および進歩性に続く第3の要件として、TRIPs協定第27条第1項にて規定される「産業上の利用可能性 (capable of industrial application)」には、特許に係る国際的保護枠組みの中で、製造業のみならず鉱業、農業、漁業、運輸業、金融業その他の分野の企業・研究機関等において、発明が事業として実施し得ることと解されている[17]。

　産業上の利用可能性の存否に係る判断については、人間または動物の体を手術、治療、ならびに診察する方法が、TRIPs協定の枠組みにおいて当該可能性を有すると解し得るか否かの議論が存する[18]。TRIPs協定第27条第3項第a号には、人間または動物の体を手術、治療、ならびに診察する方法は特許を受け得る発明の範囲から除外されることが明記されており、また、産業上の利用可能性の有無については何ら言及がなされていない[19]。

TRIPs協定[20]

第27条　特許の対象

（3）加盟国は，また，次のものを特許の対象から除外することができる。

　（a）人又は動物の治療のための診断方法，治療方法及び外科的方法

　（b）微生物以外の動植物並びに非生物学的方法及び微生物学的方法以外の動植物の生産のための本質的に生物学的な方法。ただし，加盟国は，特許若しくは効果的な特別の制度又はこれらの組合せによって植物の品種の保護を定める。この（b）の規定は，世界貿易

機関協定の効力発生の日から4年後に検討されるものとする。

　以上に鑑みれば、人間または動物の体を手術または治療する方法等について、TRIPs協定の枠組みでは、産業上の利用可能性の観点からこれを特許権の付与対象から除外しているのではなく、むしろ公共政策上の要請から当該除外が正当化されているものと解すべきであろう。

3.3.1　加盟国における実施状況：日本国法

　日本国法においては、同国特許法第29条第1項柱書きにおいて、以下のとおり産業上の利用可能性が存することを特許要件として明定し、具体的には、製造業その他の分野において発明が事業として利用され得るものであることが必要とされる。なお、出願時点において発明が実際に産業上利用されている必要はなく、近い将来利用される可能性があれば足りるものとされる[21]。

日本国特許法
第二十九条（特許の要件）
　産業上利用することができる発明をした者は、次に掲げる発明を除き、その発明について特許を受けることができる。
　一　特許出願前に日本国内又は外国において公然知られた発明
　二　特許出願前に日本国内又は外国において公然実施をされた発明
　三　特許出願前に日本国内又は外国において、頒布された刊行物に記載された発明又は電気通信回線を通じて公衆に利用可能となつた発明

　日本国特許法においては、（1）出願に係る発明が個人的にのみ利用される発明および学術的・実験的にのみ利用される発明、ならびに（2）地球全体をフィルムで覆って保護するなど、実際上明らかに実施することができない発明には、産業上の利用可能性を有しない発明であるため、特許権の付与対象とならないものとされる[22]。
　以上のとおり、日本国法における産業上の利用可能性に応じた特許要件

は、TRIPs協定第27条第1項における同解釈とその理解を一にするものと評価できよう。

3.3.2　加盟国における実施状況：米国法

　判例法圏に属する米国などの一部の加盟国においては、特許要件は有用性（useful）の存否の観点から判断されるものと規定されている。産業上の利用可能性と有用性の特許要件としてのあり方は、以下の共通点と相違点が存するものと解されている[23]。

　まず産業上の利用可能性および有用性の判断基準については、確立された自然法則に照らし運用不能である発明を、現実には利用できないものとして特許権付与の対象から除外する点では共通している。すなわち確立された自然法則に反するものと解される発明については、当然に産業分野においても利用可能ではなく、またあらゆる利用目的において有用なものともされ得ない[24]。

　一方、出願発明が当該出願人または特定人の個人的な利用においてのみ利用可能なものであるときには、原則として産業上の利用可能性が充足されない。有用性の基準によるときには、一定の制約が考慮される可能性はあるものの原則として特許権の付与は可能と判断される[25]。なお、このような両基準に係る相違のあり方については、WIPO特許常設委員会による検討報告において、カナダおよびオーストラリアから特に個別意見が提出されていることに留意すべきである[26]。

　以上に鑑みれば、産業上の利用可能性および有用性の基準は、確立された自然法則に反すると理解される発明など一般的な出願発明に係る特許性判断においては、その結論に具体的な相違を生じるものではないが、出願発明が当該出願人または特定人の個人的な利用においてのみ活用可能なものであるケースでは、特許要件に有用性の基準を用いる米国等一部の判例法国において、別異の結論を導く可能性があることに注意する。

3.3.3　加盟国における実施状況：ドイツ法

　大陸法圏に属するドイツ法においては、同国特許法第1条第1項にて特

許発明に係る定義を規定し、有用性による基準ではなく産業上の利用可能性による基準を用いて特許性を判断すべきことを明示している。

ドイツ特許法[27]

第1条

（1）特許は，如何なる技術分野の発明に対しても，それが新規であり，進歩性を有し，また，産業上利用可能である場合に付与される。

さらにドイツ法における産業上の利用可能性のあり方については、同国特許法第5条にて補足され、具体的にはいずれかの産業分野において製造または使用されるすべての発明について、特許権が付与され得るものとされている[28]。当該第5条においては、製造業分野のみならず特に農業分野において製造または使用される発明についても、産業上の利用可能性が肯定され得ることが明示されている点に特色を有する。

ドイツ特許法[29]

第5条

発明の内容を，農業を含む何れかの産業分野において生産すること又は使用することが可能 である場合は，その発明は産業上利用可能であるとみなされる。

また産業上の利用可能性の存否に係る判断においては、（1）現実に実施可能でないアイデアについては特許性が肯定されるべきではないとされ、その例示として物理法則に反すると理解されている永久機関などが挙げられる[30]とともに、（2）医療行為についても、医師は特許権による制限を受けることなく、自由に患者の手術またはセラピーによる施術方法を選択すべきであるとする社会倫理的な理由から、産業上の利用可能性を充足しないものと判断すべきとされている[31]。

この点につき、TRIPs協定第27条第3項第a号は、前述のとおり人間または動物の体を手術または治療する方法の特許発明等を、産業上の利用可能性の観点から除外しているのではない[32]。医療行為に関する発明の取り

扱いのあり方については、同協定における理解と、ドイツ特許法における解釈の間に、公共政策上の要請によりこれを特許権の対象から除外するか、または産業上の利用可能性の否認により除外すべきかとの判断において、実質的な相違が存することに留意すべきである。

3.4　すべての技術分野の発明（技術非差別の原則）

　TRIPs協定においては、その第27条第1項第1文が「特許は,新規性,進歩性及び産業上の利用可能性（注）のあるすべての技術分野の発明（物であるか方法であるかを問わない。）について与えられる」と規定するとおり、特許性に係る基礎的要件たる新規性、進歩性および産業上の利用可能性が充足される発明については、第27条第2項および第3項の規定に該当するものを除き、その技術分野が属するところにかかわらず、これを差別することなく原則として特許権を付与するものとする「技術非差別の原則」を規定している。特許権の付与にあたり求められる上記3要件を満たす発明であって、所定の書式要件ならびに手続き要件を適切に充足しているにもかかわらず、特定の技術分野に属する発明に特許権を付与しないことは、原則としてTRIPs協定上の義務違反にあたり、許されないことを明確にしている。

TRIPs協定[33]

第27条　特許の対象

（1）（2）及び（3）の規定に従うことを条件として，特許は，新規性，進歩性及び産業上の利用可能性（注）のあるすべての技術分野の発明（物であるか方法であるかを問わない。）について与えられる。第65条（4），第70条（8）及びこの条の（3）の規定に従うことを条件として，発明地及び技術分野並びに物が輸入されたものであるか国内で生産されたものであるかについて差別することなく，特許が与えられ，及び特許

権が享受される。

(注) この条の規定の適用上，加盟国は，「進歩性」及び「産業上の利用可能性」の用語を，それぞれ「自明のものではないこと」及び「有用性」と同一の意義を有するとみなすことができる。

この技術非差別の原則については、同項第2文においてより詳細に規定され、出願に係る発明について（1）当該発明の創作がなされた国・地域がいずれであるか、（2）当該発明がいかなる技術分野に属するか、または（3）当該発明が物の発明に係るものである場合、発明の対象物が加盟国の国外で生産され、その国内に輸入されたものであるか否か、に基づいて、当該発明についての特許権の付与ならびに特許権に基づく排他的独占権の享受についての差別が行われてはならないという、各類型に基づく非差別原則の適用が明確にされている。

3.4.1　加盟国における実施状況：日本国法

TRIPs協定における技術非差別の原則では、出願発明への特許権の付与のみならず、権利付与後における特許権に基づく排他的独占権の行使についても差別が行われてはならない旨が規定されている。この点と関連し、標準化された技術の実施に必須となる特許権（以下、「標準必須特許権」）に係る強制実施権の裁定制度創設の可能性を検討するにあたって、その解釈と遵守につき、2016年から2017年にかけて日本国法にて法政策上の議論がなされた経緯が注目される[34]。

この検討過程においては、（1）標準必須特許権に係る製造事業者等による標準技術へのロックインなどが生じたケースにおける、産業政策上の標準必須特許権に係る強制実施権の裁定制度を創設する必要があることについては一定限度の理解が示されたものの、（2）強制実施権の裁定制度創設が招来し得る、TRIPs協定第27条第1項に規定される特許権に基づく排他的独占権の享受に係る非差別原則との抵触可能性、ならびに（3）かかる抵触可能性により現状の国際知財法秩序に対する重大なネガティブ・インパクトをもたらしかねないとの国際協調上の懸案より、最終的には当該強制

実施権の裁定制度導入に係る法改正案の作成と提出は取りやめられた[35]。この日本国法における判断は、TRIPs協定第27条第1項が、特許権に係る権利の取得に加えて特許権に基づく排他的独占権の行使についても技術非差別原則を一般論として規定しているのみならず、それにより特定の技術分野の特許権に対する差別的な強制実施権の設定を回避すべきであるという、TRIPs協定の解釈と遵守に係る国際慣行を醸成しつつあるものと筆者は考える。

3.5　特許除外発明に係る原則

　TRIPs協定はその第27条第2項において、加盟国の国内法において一般に特許を受けられないものとされる各種の事由について、これを特許権付与の対象から除外すべき発明、すなわち特許除外発明として以下のとおり規定する。

TRIPs協定[36]

第27条　特許の対象

（2）加盟国は，公の秩序又は善良の風俗を守ること（人，動物若しくは植物の生命若しくは健康を保護し又は環境に対する重大な損害を回避することを含む。）を目的として，商業的な実施を自国の領域内において防止する必要がある発明を特許の対象から除外することができる。ただし，その除外が，単に当該加盟国の国内法令によって当該実施が禁止されていることを理由として行われたものでないことを条件とする。

　本規定においては、加盟国は特定の発明が（1）公の秩序または善良の風俗を守ることを目的とし、（2）商業的な実施を自国の領域内において防止する必要があり、かつ（3）国内法令によって当該実施が禁止されていることのみを理由とするものでないときに、当該発明を特許権付与の対象から除外できるものとされる。またWIPO特許常設委員会における報告によれ

ば、加盟国における同規定の実施のあり方については、各国法による発明
定義の相違に起因する若干の差異は存するものの、その大枠においては以
下のとおり一定の共通理解が確認できるとされている[37]。

　第一に、本規定における「公の秩序と善良の風俗を守ること」を目的と
する除外とは、多数の加盟国において、社会秩序を害する発明ならびに非
倫理的行為を助長する発明を、特許対象から除外するものと理解されてい
る状況がある[38]。ただしこのような公共の利益に反する発明の取り扱いに
ついては、あくまで特許制度における除外対象として特許権が付与されな
いに留まるものであり、当該発明に係る技術手段を利用した製造または使
用を直接に禁じるものではないことに注意すべきである[39]。すなわち特許
除外発明として、単に排他的独占権の付与など特許制度による活用促進支
援を社会的に受けない発明であるものと理解する必要がある。

　第二に、一部の加盟国においては、人間または動物の生命・健康を深刻
に阻害する発明、または植物の保全もしくは自然環境の保護を阻害する発
明について、広義において「公の秩序と善良の風俗を守る」ために必要な
措置にあたるものとして、これらを特許除外発明として取り扱う運用がな
されている[40]。

　しかし、「公の秩序と善良の風俗を守る」ために、このような一般的な
概念のみに基づき一部の発明が特許付与の対象から除外される法運用は、
TRIPs 協定第27条第2項の趣旨を逸脱する恐れがあると評価されているこ
とにも留意すべきであろう。また仮にそのような法運用が行われる場合に
も、少なくとも第27条第2項規定の第二要件たる「商業的な実施を自国の
領域内において防止する必要」の存否につき、具体的な確認が必要とされ
るべきであり[41]、単に抽象的な公序良俗の阻害可能性を口実として広範に
一定の発明が特許除外発明とされることは、厳に回避されるべきである。

3.6　特許除外発明に係る列挙

　TRIPs 協定第27条第3項では、除外発明に該当し得る具体的な発明につ

いて以下のとおり列挙している。

TRIPs協定[42]

第27条　特許の対象

(3) 加盟国は，また，次のものを特許の対象から除外することができる。

  (a) 人又は動物の治療のための診断方法，治療方法及び外科的方法

  (b) 微生物以外の動植物並びに非生物学的方法及び微生物学的方法以外の動植物の生産のための本質的に生物学的な方法。ただし，加盟国は，特許若しくは効果的な特別の制度又はこれらの組合せによって植物の品種の保護を定める。この (b) の規定は，世界貿易機関協定の効力発生の日から4年後に検討されるものとする。

3.6.1　第27条第3項第a号による除外

同項第a号においては、「人又は動物の治療のための診断方法、治療方法及び外科的方法」については、特許付与の対象となる発明から除外し得ることが明記されている。この規定のあり方に鑑み、前記でも検討のとおり、TRIPs協定では、これら診断・治療等の方法に係る発明については、産業上の利用可能性の観点から特許性要件を充足しないのではなく、そもそも特許除外発明として位置づけられているものと解されている[43]。

3.6.2　加盟国における実施状況

一般に加盟国においては、人道的見地および公衆衛生への配慮から、これらの診断・治療等の方法に係る発明を特許除外発明としている。具体的には、診断・セラピー・手術等に用いられる新たなテクノロジーが、特許権侵害への恐れなく医療従事者により用いられることが、公衆衛生等の公共の利益に適うものであると解されている。ただし診断・セラピー・手術等に用いられる器具または製品については、物の発明として特許を受け得ることが明定されているケースがあることに注意が必要である。

また診断・セラピー・手術等の方法のうち、特に診察に係る方法の定義

のあり方については、その解釈において議論の余地があるとされており、欧州圏の一部加盟国では、第a号における診断の定義について、（1）患者を検査しデータを得ること、（2）標準的な基準と当該データとの比較を行うこと、（3）前記比較において当該標準的基準からの乖離を探知すること、および（4）当該乖離による総合的臨床所見への寄与があること、のすべての要件を充足する方法としてこれを明確化しつつある状況があることには、TRIPs協定の実施に係る国際慣行のあり方として留意すべきであろう[44]。

3.6.3　第27条第3項第b号による除外

同項第b号においては、「微生物以外の動植物並びに非生物学的方法及び微生物学的方法以外の動植物の生産のための本質的に生物学的な方法」についても、特許付与の対象となる発明から除外し得ることが規定されている。当該規定は、微生物を除く動植物を物の発明としての特許の対象から除外することを規定するとともに、これらを生産する方法の発明で、その本質において生物学的な方法を用いるものについても、特許除外発明とすることを明示する。

3.6.4　加盟国における実施状況

WIPO特許常設委員会における理解によれば、加盟国における動植物等に係る発明の法制度上の規定のあり方は多様な態様があるとされるものの[45]、一般に加盟国における規定の態様は大別して3つに類型化可能であり、（1）動植物等に係る発明を特許除外発明とする規定を有しない加盟国、（2）動植物等に係る発明の一部に対して特許付与の対象から除外するものと規定する加盟国、（3）動植物等に係る発明のすべて、すなわち微生物を除く動植物ならびにこれらの生産のための方法の発明であって、その本質において生物学的な方法を用いるもの全般を特許付与の対象から除外するものと規定する加盟国、が存するとされる[46]。なお動植物等に係る発明の取り扱いについては、TRIPs協定上の要請として、何らかの特許除外発明として規定する義務が必ずしも存するものではないことに留意すべきである[47]。

　他方で各加盟国には、「特許若しくは効果的な特別の制度又はこれらの組合せによって植物の品種の保護」を規定する義務があることに注意が必要である。すなわちTRIPs協定においては、前記第b号第1文のとおり動植物等に係る発明は特許除外発明として規定されるものの、植物品種は、同第b号第2文により特許制度または日本国における種苗法に代表される品種保護法制度、もしくはこれらの組み合わせによる多重保護制度により、その保護を付与しなければならない。

　同じくWIPO特許常設委員会によれば[48]、一般に加盟国では、新たな植物品種の創作を推進するインセンティブを確実なものとするため、特許制度とは異なる独自の法制度により保護されている。加盟国の一部においては、植物品種に係る発明は特許制度による保護対象から除外され、種苗法など植物品種に係る独自の法制度のみにより法的な保護がなされている状況がある。さらに、欧州圏の一部の加盟国においては、植物品種に係る独自の法制度ならびに特許制度の双方により、植物品種の保護を図る法制が採用されていることに留意を要する。遺伝子工学テクノロジーの進歩により、特許性要件を充足するケースが増加している状況においては、特許権による重畳的な保護を否定する理由はないとの理解によるものである[49]。

　また他の加盟国においては、植物品種のみならず、微生物を除く動植物の全般を特許除外発明とする法制を採用しているケースもある。これら加盟国の国内法においては、このような除外規定のバリエーションは大別して7つの類型に分類され、各国の特許制度上の考慮要因に応じて選択されている。すなわち、(1) 微生物を除く動植物全般の除外、(2) 微生物を除くものであるが種子・品種・生物種を含む動植物の全般またはこれらの一部の除外、(3) 生体の物および物質であって既に自然界に存在するものの除外、(4) 生物学的および遺伝学的な物質であって自然界で発生しているもの、またはその再生によりこれらから派生されたものの除外、(5) 自然生物学的物質の除外、(6) 微生物を除く生物の全部または一部の除外、(7) 自然生物の全部または一部および自然生物のゲノムまたはゲノム・プラズムを含む生物学的物質であって、自然界で発見されるものまたは自然界から搬出されたものを除外、であり、各加盟国の判断により国内法が整備されている状況がある[50]。

　さらに「微生物を除く動植物ならびにこれらの生産のための方法の発明であってその本質において生物学的な方法を用いるもの全般」に係る発明の付与対象からの除外については、そもそも「本質において生物学的な方法」とはいかなる範囲のものと定義されるべきかについて、解釈の余地がある。この点につき多数の加盟国においては、遺伝子操作プロセスなどによる方法の特許性を認める余地を残しつつ、その他の自然発生的な生物学的方法の全般を特許除外発明とする法制が採用されている[51]。その一例として欧州特許条約（European Patent Convention, EPC）においては、実質的に生物学的な方法について、同規則26第5項にて規定のとおり、交配または淘汰などのその全体において自然的現象による方法と規定しており、今後の国際慣行の醸成に向け一定の示唆を与えるものとなっている。

欧州特許条約[52]
規則26　通則及び定義
　（5）植物又は動物を生産する方法は，それが全面的に異種交配又は淘汰等の自然現象によるものである場合は，本質的に生物学的である。

3.7　特許権により与えられる権利

3.7.1　概要

　TRIPs協定においては、その第28条第1項および第2項にて、特許権付与の対象となる発明の態様に応じて排他的権利が付与されるものとし、保護を受ける発明の態様が物の発明であるか、または方法の発明であるかに応じて、その享受する法的保護の内容を規定する。

TRIPs協定[53]
第28条　与えられる権利
　（1）特許は，特許権者に次の排他的権利を与える。

(a) 特許の対象が物である場合には，特許権者の承諾を得ていない第
三者による当該物の生産，使用，販売の申出若しくは販売又はこ
れらを目的とする輸入を防止する権利（注）

(注) 輸入を防止する権利は，物品の使用，販売，輸入その他の頒布に
関してこの協定に基づいて与えられる他のすべての権利と同様に
第6条の規定に従う。

(b) 特許の対象が方法である場合には，特許権者の承諾を得ていない
第三者による当該方法の使用を防止し及び当該方法により少なく
とも直接的に得られた物の使用，販売の申出若しくは販売又はこ
れらを目的とする輸入を防止する権利

(2) 特許権者は，また，特許を譲渡し又は承継により移転する権利及び実
施許諾契約を締結する権利を有する。

3.7.2 与えられる権利

　TRIPs協定第28条第1項によれば、特許の対象が物の発明であるときに
は、特許権者に、対象となる物の生産、使用、販売の申出もしくは販売ま
たはこれらを目的とする輸入を防止する権利が付与されることとなる。な
お同項に規定される輸入を防止する権利は、同協定第6条の消尽の取り扱
いに係る規定に従い、物品の使用、販売、輸入その他の頒布に関する知的
所有権の消尽に関する主張を行うために援用できない旨が、同条第1項に
て確認されていることに注意を要する。すなわち特許権の対象となる物品
の並行輸入の問題に関して、本項規定の輸入を防止する権利の存在は、国
際消尽の是非に関する議論と解釈においていかなる根拠も構成しないもの
とされている[54]。

　さらに特許の対象が方法の発明であるものについては、特許権者は方法
の使用を防止し、当該方法により少なくとも直接的に得られた物の使用、
販売の申出もしくは販売またはこれらを目的とする輸入を防止する権利を
享受する。なお「販売」行為は、日本国特許法との関連においては、同法
が規定する「譲渡」行為（日本国特許法第2条第3項）を構成する一態様と

して理解されていることに留意すべきである[55]。

3.7.3　加盟国における実施状況：日本法・英国法・ルーマニア法等

　TRIPs協定第28条第1項の条項文言においては、特許権者が享受する権利は「特許権者の承諾を得ていない第三者」による実施行為の全般を広く防止することができるものと規定されている。この点、いわゆる日本国特許法第68条などに規定されるところの、第三者による「業としての実施」すなわち経済活動の一環たる事業に関連のあるものとしての発明実施行為[56]の防止に限定する形にて、同協定における特許権者が享受する権利を制限可能であるか否かにつき、議論がなされてきた。

日本国特許法
第六十八条　（特許権の効力）
　特許権者は、業として特許発明の実施をする権利を専有する。ただし、その特許権について専用実施権を設定したときは、専用実施権者がその特許発明の実施をする権利を専有する範囲については、この限りでない。

　このように特許権の排他的効力を第三者による業としての実施行為に限定する法政策の取り扱いについては、WIPO特許常設委員会の「特許権の例外と制限：私的または非商業的使用」レポート（2014年）により報告[57]がなされており、加盟国における私的または非商業的使用に関する一般的な実施の状況が明らかにされている。当該レポートによれば、一般に加盟国においては、特許発明の私的または非商業的使用は特許権の排他的効力からの除外を認められており、その趣旨は以下の公共政策上の目的を達成するためとされる[58]。

　第一の目的は、法的に保護すべき利益の適切なバランスを維持することである。これにより、社会全体におけるテクノロジカルなイノベーション、技術の移転と活用の推進、ならびに技術知識の創造者と利用者の間における社会的・経済的厚生を改善する態様による相互利益の促進を実現する[59]。具体的には、一般に加盟国においては、国内法の条文において私的使用ま

たは非商業的使用の特許発明を「実施」行為から除外することが明記（実施行為除外アプローチ）されている。しかし、判例法圏に属するオーストラリアにおいては条文化されておらず、同国の判例法（コモン・ロー）において「非商業的使用の抗弁」が認められているにすぎない点が注目される[60]。

　一方、一部の加盟国における国内法では実施行為除外アプローチをとることなく、特許発明を使用するすべての活動を包含するものとして「実施」行為のあり方を法文上広く定義しながら、あわせて非商業的目的のための私的使用もしくは私的および非商業的使用を特許権が有する排他的効力の例外とする効力例外アプローチが採用されている[61]。その一例として、判例法圏に属する英国法では、その制定法の条文において「私的かつ商業的でない目的」のための行為を、その排他的効力の例外とする形にて規定（英国特許法第60条第1項および第5項第a号）している。

英国特許法[62]

第60条 侵害の意味

（1）本条の規定に従うことを条件として，発明の特許が効力を有する期間中に，ある者がその発明につき，特許権者の同意を得ずに連合王国内において次の何れかの事柄をするときは，その者は当該発明の特許を侵害する。

　　［中略］

（5）本項がなかったならばある発明の特許侵害を構成する筈である行為は，次の何れかに該当するときは，その特許侵害を構成しない。

　（a）それが私的に，かつ，商業以外の目的で実行されること

　（b）それがその発明の内容に関する実験目的で実行されること

　（c）それが登録医師又は登録歯科医師の交付する処方箋に従う個人用薬剤の薬局でのその場の調合若しくはそのように調合された薬剤の取扱から成ること

　（d）それが，関係船舶が一時的に又は偶発的に連合王国の内水又は領水に入った場合に，当該船舶の船体又はその機械，船具，装置その他の付属物に製品又は方法を専らその船舶の必要のために使用

　　　することから成ること　[以下略]

　なお判例法国のみならず、日本国と同様に大陸法圏に属するルーマニア法またはセルビア法においても、これを排他的効力の例外とする形にて「専ら」私的または非商業的な目的のための行為のみを例外とするものと規定（ルーマニア）、または「私的」および「非商業的」であることの要件は択一的ではなく重畳的に満たされる必要があると例外規定（セルビア）がなされている[63]。

ルーマニア特許法[64]

第33条

1.　次の行為は，第31条及び第32条に定める権利についての侵害を構成しない

　　[中略]

　(c) 第31条2.にいう行為の実行であって，専ら私的であり，かつ非商業目的のもの。生産又は該当する場合は，その発明の使用であって，専ら私的であり，かつ非商業目的のもの。

セルビア特許法[65]

第21条

　本法における第14条および第15条に規定する特許権者の排他的権利は，以下の行為には及ばない

　1）私的・非商業的目的のための特許発明または特許発明を利用した製品の使用

　このような加盟国の実施状況に鑑みれば、特許発明の私的使用・非商業的使用に関する取り扱いには、判例法国または大陸法国であるとにかかわらず、その公共政策上の考慮と選択から（1）制定法上の特許発明の「実施」の定義を「事業に関連した実施」に対するものとして、特許の排他的効力からこれを除外するアプローチ（実施行為除外アプローチ）、ならびに（2）制定法上の特許発明の「実施」の定義から私的・商業的使用を特に除

外することなく、その排他的効力の例外規定において私的・非商業的使用にその効力が及ばないものとするアプローチ（効力例外アプローチ）が併存し、各加盟国の政策的判断に応じて選択されている。なお効力例外アプローチを採用する一部の加盟国においては、前述のとおり特許権の効力例外に係る規定にて、私的・非商業的使用に制限的な重畳要件を課しており（英国法・セルビア法における例外要件の重畳性など）、当該規定の各国における法政策運用について継続的な観察が求められよう。

3.8　与えられる権利の例外

　TRIPs協定第30条においては、特許権者に付与される排他権の効力に対して、一定の限定的な例外を定めることが許容されている。

TRIPs協定[66]

第30条　与えられる権利の例外

　加盟国は，第三者の正当な利益を考慮し，特許により与えられる排他的権利について限定的な例外を定めることができる。ただし，特許の通常の実施を不当に妨げず，かつ，特許権者の正当な利益を不当に害さないことを条件とする。

　同条において加盟国は、第三者の正当な利益を考慮し、かつ特許権者の正当な利益を不当に害さないことを条件として、特許権が有する排他的効力の例外を許容する一般的な原則を規定することができる。

　当該条項が具体的な排他的効力の例外態様を個別列挙することなく、考慮要因と許容条件を定める規定の態様とされているのは、個別列挙を行う場合には条文の規定自体が詳細になりすぎる恐れがあり、またTRIPs協定第13条に規定される著作権の効力に対する制限および例外に関する規定の態様とのバランスを考慮した結果であるものと解されている[67]。

3.8.1　試験研究の例外の概要

　加盟国におけるTRIPs協定第30条の具体的な実施については、大陸法圏または判例法圏を問わず一般にその国内法（英国法、ドイツ法、オーストリア法およびオランダ法など）において、公共政策目的の達成のため、試験的使用または研究活動使用に関する例外を、科学的研究ならびに技術進歩と発明促進活動を推進するために個別に明示している状況がある[68]。一部少数の加盟国では、科学研究の促進のみを試験研究の例外を認める政策目的と規定しているが、英国・ドイツ・オーストリア等の多くの加盟国においては、技術進歩への貢献と科学研究の促進の双方をその公共政策上の目的としている[69]。

3.8.2　加盟国における実施状況：日本国法

　日本国においては同国特許法第69条第1項により、試験または研究のための特許発明の実施については特許権の効力が及ばないことが明示されている。

日本国特許法
第六十九条　（特許権の効力が及ばない範囲）
　特許権の効力は、試験又は研究のためにする特許発明の実施には、及ばない。

　日本国特許法における試験研究の例外の適用については、当該実施行為が開発製造における試験研究に留まるものであるときには、その目的が営利または非営利であるとを問わず例外が適用され、特許権の効力が及ばないとされる。他方で当該試験研究が試験的販売行為である場合は、特許法の法目的を考慮し、特許権者の正当な権利を毀損する行為であり特許権侵害を構成するものと解されている[70]。

3.8.3　加盟国における実施状況：イスラエル法・オーストラリア法

　判例法圏に属するイスラエル特許法では、「その試験行為の目的が、当該

特許発明の改良もしくは別個の発明を創作するものである特許発明に関連
する試験行為」、特許権侵害を構成しないものと規定される。同規定の解釈
について裁判所は、特に特許発明に係る方法もしくは製品の改良、または
特許発明とは別個の方法もしくは製品を開発するために行われる、既に保
護されているプロセスまたは製品に係る技術の試験使用が、その排他的効
力からの例外として許容されるものであるとしている[71]。このイスラエル
裁判所による解釈のあり方については、特許発明の改良を行うための行為
ならびに特許発明を基礎として別個の発明の創作を積み重ねる行為につい
ては特許侵害を構成しない旨を明示することにより、試験研究の例外に係
る不確実性を排除し、特許発明を使用する第三者への適切な利益の配分と
確保を通じた社会全体によるイノベーションの推進を最適化するものと評
価できよう。

　また、同じく判例法圏たるオーストラリア法においては、2012年に試験
使用の例外が法文上規定され、研究活動と試験使用との区分を特に明確に
する措置が講じられている[72]。当該オーストラリア特許法第119C条第2
項の規定においては、（1）特許発明の内容を確認する行為、（2）特許発明
のクレームの範囲を確認する行為、（3）特許発明を改良または修正する行
為、（4）特許発明のクレームの有効性を確認する行為、および（5）特定の
行為が特許発明を構成し得るかまたは構成しているか否かを確認する行為、
を試験使用による例外を構成する具体的な行為態様として明示している[73]。

オーストラリア特許法[74]

第119C条　特許権の侵害とならない場合：実験目的での行為

（1）何人も，本項を除けば特許の侵害となるような行為を，当該行為が発
　　明の内容に関する実験目的で実施される場合は，当該発明特許を侵害
　　することなく行うことができる。

（2）本条の適用上，発明の内容に関する「実験目的」とは次の項目を含む
　　が，これに限定されない。

　　（a）発明の特性の決定

　　（b）発明に関するクレームの範囲の決定

　　（c）発明の改良又は変更

(d) 発明に関する特許又はクレームの有効性の決定
(e) ある行為を実施することにより，当該発明特許を侵害することに
　　なるか否か又は侵害しているか否かの決定

このオーストラリアにおける法政策については、特許法の制定趣旨に合致する試験使用の個別態様を非限定的な形にて法文上明示することにより、不明確性に起因する第三者による特許発明使用の自己抑制を回避し、技術開発の累積による技術進歩の促進、ならびに不作為または不注意による予期せぬ特許侵害行為の発生の抑制が企図されているものと評価できる。

このようにイスラエル、オーストラリア等の判例法圏に属する加盟国においては、試験研究の例外が適用される実施行為の具体的な態様について、裁判例の蓄積を踏まえ、制定法上の明確化を進める動きがある。大陸法圏に属する日本国法においても、この例外の具体的な態様がさらに法文上で明確化される取り組みが期待されよう。

3.8.4　試験研究の例外における教育活動の取り扱い

開発途上国に分類され得るインドネシアの国内法では、試験研究による例外に教育活動における特許発明の実施を包含し、同国における教育水準の向上を政策目的として、教育活動による実施は特許権の侵害を構成しないものとしている。これは、そもそも特許発明が享受すべき排他的独占権はその活用を通じた商業的価値にのみ限定されるべきであり、さらなる研究と開発の蓄積に資する知的活動については及ぶべきではないとの理解に基づく[75]。

当該法政策の適否は、あくまで試験研究の例外の一態様として評価すべきものであり、社会における公共利益の確保の観点から、特許法の法目的ならびに特許権者が享受すべき権利、特許技術を実施するユーザーの利益および社会全体の厚生の適切なバランスの観点から評価されねばならない[76]。

このことから、まず特許権者はその特許出願の時点において特許発明が公衆に開示されることを予期するとともに、第三者による試験または研究を通じ公衆に開示した特許発明情報の利用[77]を自己の保持する特許権に基

づく排他的独占権の例外として許容することが当然に期待される[78]。さらに試験研究の例外が認められる具体的な行為態様の範囲については、一般に各加盟国の国内法にて（1）「試験または研究の目的」のための活動、（2）「科学的試験または科学的研究」のための活動、（3）「科学的および技術的開発活動の一環としてなされる試験目的にて実施される」活動、もしくは（4）「評価、分析、研究、教育、試験および試行製造を目的としてなされる特許発明の使用」、などの文言にて具体的に列挙されており[79]、ことに大陸法圏に属するスイス法においては「特に発明の主題に関連するすべての科学的研究による発明の使用を含む、発明の主題に関する知識の取得のための研究又は試験のための行為は許容されるものとする」とより具体的に明示されている[80]。

　以上のような試験研究による例外の政策趣旨および加盟国における実施状況を前提とし、インドネシアをはじめとした一部の開発途上国に属する加盟国では、教育および学術的指導に係る実施についても、これを試験研究の例外の一態様として特許権の侵害行為から除外している。例えば同じく開発途上国に分類され得るメキシコの国内法においては、メキシコ産業財産権法において、プライベートセクターまたはアカデミアに属する、非商業的目的のために特許発明を実施する第三者による「純粋に実験的，試験的又は教育的な目的での科学又は技術的な研究活動」における実施行為については、特許権の効力は及ばないと規定され、教育および学術的指導における特許発明の実施も、試験研究の例外の一部を構成することが明示されている[81]。

メキシコ産業財産権法[82]

第22条

　特許によって与えられる権利は次に対しては効力が及ばない。

　（I）私的又は学術的分野において非営利目的の下に，純粋に実験的，試験的又は教育的な目的での科学又は技術的な研究活動に従事し，そのような目的のために特許された物若しくは方法と同一の物又は方法を製造若しくは使用する第三者

3.8.5　試験研究の例外における享受し得る主体

　一般に加盟国においては、試験研究の例外の適用にあたり、特許発明の実施行為を行う主体の属性に基づく差異を設けていないものとされる。すなわち、特許発明を実施する主体が営利団体、非営利団体、大学または公共研究機関であるとを問わず、特許権の効力に対する試験研究の例外の取り扱いは、等しく非差別的に享受すべきものとされる[83]。

　さらに試験研究の例外の適用と主体の属性との関連については、多くの加盟国の国内法において、特許発明の実施を行う主体の属性自体は、当該実施行為が試験または研究活動の範囲に属するか否かの判断材料を構成するものではないこと（客観的判断アプローチ）が明示されている。この点につきカナダ法では、特に例外の適用を受け得る試験または研究活動に該当するか否かは、専ら「行為の性質」に基づいて決定すべきものとされており、またドイツ法においても「試験の目的ならびに試験を実施する主体たる個人もしくは組織の属性とは無関係に、特許発明の主題に関連するすべての試験行為」が試験行為に係る例外規定の適用対象とされるべきことが明らかにされている[84]。

　この、試験研究の例外の適用は客観的な試験研究の行為態様に基づき判断されるべきであるとする客観的判断アプローチは、判例法国・大陸法国を問わず、試験研究を行う主体の属性により当該例外規定の適用が不安定となることに起因する予測不確実性の増大を回避し、公開された特許発明に基づく累積的な技術進歩のカギとなる、第三者による特許発明の適切な使用が抑制されないよう、非差別的な享受を明確化する施策と評価できよう。

3.8.6　試験研究の例外における「試験」「研究」の定義

　試験研究の例外における「試験」および「研究」の概念のあり方については、一般に加盟国においては国内法の条文において定義が置かれていないが、判例法圏に属するオーストラリア法およびニュージーランド法ではその定義が法文上明定されている（成文法列挙アプローチ）。

　オーストラリア法における国内法上の定義は、前述のとおり同国特許法第119C条第2項において、（1）特許発明の内容を確認する行為、（2）特

許発明のクレームの範囲を確認する行為、(3) 特許発明を改良又は修正する行為、(4) 特許発明のクレームの有効性を確認する行為、および (5) 特定の行為が特許発明を構成し得るかまたは構成しているか否かを確認する行為、を試験使用の例外を構成する具体的な行為態様としてに明記されている[85]。

オーストラリア特許法[86]
第119C条　特許権の侵害とならない場合：実験目的での行為
(2) 本条の適用上，発明の内容に関する「実験目的」とは次の項目を含むが，これに限定されない。
(a) 発明の特性の決定
(b) 発明に関するクレームの範囲の決定
(c) 発明の改良又は変更
(d) 発明に関する特許又はクレームの有効性の決定
(e) ある行為を実施することにより，当該発明特許を侵害することになるか否か又は侵害しているか否かの決定

さらにニュージーランド法においては、その判例にて、「商業的」研究は特許侵害を構成するものであるが「非商業的」研究は特許を侵害するものではないとされ、排他的効力からの試験行為の例外に係る判断基準の不明確性をもたらしかねないとの指摘がある一方[87]、同国特許法第143条第2項では、例外の適用を受ける試験行為の例示列挙として (1) 特許発明の作用についての確認行為、(2) 特許発明の権利範囲についての確認行為、(3) 特許範囲のクレームの有効性についての確認行為、または (4) 特許発明の改良を試みる行為（例えば、特許発明に係る新たな特性または新たな使用のあり方の確認）が法文上明定され[88]、オーストラリア法に類似のアプローチにより、非商業的な研究に係る判断基準の明確化が試みられている。

ニュージーランド特許法[89]
第143条　実験用の使用は侵害にならない
(2) 本条において，発明の主題に関する実験目的の行為には次に掲げるこ

とを目的とする行為が含まれる。
- (a) 発明が作動する方法を確認すること
- (b) 発明の範囲を確認すること
- (c) クレームの有効性を確認すること
- (d) 発明の改良を探求すること（たとえば，発明の新しい特性又は新しい利用法を確認すること）

3.8.7　加盟国における実施状況： 英国法・オランダ法

　一方、英国等の他の加盟国においては、試験研究による例外の適用に係る「試験」および「研究」の概念とその定義については、各争訟事件における客観的な状況ならびに利害関係者のあり方に応じて、裁判所による判断のうえ個別に確定すべきものとされている[90]。確かに試験研究による例外の適用に係る予見可能性を確保する見地からは、「試験」および「研究」概念については国内法の法文にて明確に定義されることが望ましいところではあるが、他方で著しい技術進歩が進む近時の研究開発の状況ならびに特許発明の実施のあり方の多様化の進展に鑑みれば、限定的な例示列挙により両概念を固定化し、裁判所による柔軟な個別判断を阻むことは、かえって第三者による適切な特許発明の使用を通じた社会全体のイノベーション推進を阻害するものとも解されるためである。

　この点につき大陸法圏に属するオランダ法では、同国の判例において、研究行為による例外の適用は当該研究の目的に応じて判断されるべきものと解されており、具体的には特許発明についての真正の科学的研究であって、その研究目的は特許法の法目的に合致するものであること、すなわち特許発明が市場にて実施し得るものであるか否か、もしくは特許発明について（技術進歩を実現する）さらなる改良をなし得るものであるか否かに関する調査であることが求められている[91]。

　他方で判例法圏に属する英国法でも、その判例を通じて例外適用における「試験目的」の解釈のあり方に係るガイダンスが提供されており、「未知の知見を発見するためもしくは仮定を検証するために実施される試行、ま

たは特定の条件下において実施可能な知見が他の異なる条件下においても
実施可能であるか否かを確認するために実施される試行が、当該試験を構
成するものとみなす」とされる一方、外部の者に対して製造製品を提示す
る行為、または外部の者からの要請を充足するために情報を集積する行為
については、試験行為の例外を構成する試験とは認められない、との判断
基準が示されている[92]。

　これらオランダ・英国における実施状況に鑑みれば、欧州圏の一部加盟
国では試験研究による例外の適用における「試験」および「研究」の定義に
ついては、当該定義の解釈の基準を一般的な形にて示すに留まり、個別事
案の固有の状況と当事者の属性に応じた裁判所の判断による柔軟な解釈の
余地を残しつつ、特許権者サイドが享受すべき独占利益を慎重に担保し得
るアプローチ（判例解釈アプローチ）が、指向されているものと観察され
る。しかしながら前記のとおり判例法圏に属するオセアニアの加盟国、す
なわちオーストラリア・ニュージーランドにおいては、かかる定義のあり
方について個別具体的な事案ごとの柔軟性よりも、その成文法による例示
列挙を通じた明確化により、当該例外の適用に係る実施者サイドにおける
確実な自由度の確保と予見可能性の担保を優先せしめるアプローチ（成文
法列挙アプローチ）を採用しているものと評価できよう。

　以上の欧州圏およびオセアニア圏の一部加盟国におけるアプローチの差
異は、特許制度における特許権者サイドとその実施者サイドの間における
発明利用に係る利益配分の適正化と、これを通じた社会全体におけるイノ
ベーション推進のための法政策のあり方に関する基本的理解の相違に起因
するものと解される。日本国法における試験研究による例外に係る定義規
定の今後のあり方についても、両加盟国間における理解の相違を踏まえ、
いずれの法政策上のアプローチにて対応が推進されるべきかにつき、さら
なる検討がなされることが望まれよう。

3.8.8　試験研究の例外：使用行為の商業性および非商業性

　試験研究による例外の適用において、使用行為が商業目的または非商業
目的のいずれのために行われているか、すなわち対象となる使用行為の商

業性・非商業性に関する相違については、その排他的効力からの例外の判断にあたり影響を及ぼすことはなく、両目的における試験研究行為は、ともに特許侵害を構成しないものと理解されている[93]。

　この点、日本国特許法における試験研究による例外の適用については、前記のとおり、当該実施行為が開発製造における試験研究に留まるときには、その目的が営利目的・非営利目的であるとを問わず排他的効力からの例外にあたるとして、特許権侵害を構成しないものとされる。一方、当該試験研究が試験的販売行為を内容とするときには、特許権者が有する正当な利益を毀損する行為であるとして、特許権侵害を構成するものと解されている[94]。かかる日本国法における理解と軌を一にするものとして、英国では試験研究の例外規定は非商業目的のみならず商業目的による使用行為にも適用されるとの原則論を維持するものの、すべての商業目的による特許発明の試行が特許侵害からの免除を受け得るものではないものとされている。具体的には、同国の判例では「（特許発明の）欠くことのできない特質に基づき直ちに収益を上げる」態様による特許発明の商業目的での試験使用は、排他的効力からの例外を構成しないものと判示されている状況がある[95]。

　他方で大陸法圏に属するオランダ法においては、その判例にて、商業目的での使用にあたる「ライセンス供与に係る目的での特許発明の研究使用」についても試験研究の例外に該当するものとされている[96]。さらにフランスでは、同国知的財産法 第L613条5第1項第b号の法文上、試験目的の商業性・非商業性に係る記述は試験研究による例外の適用にあたり、明示されていない一方、「特許発明の技術的価値の評価を目的とするもの、または特許発明に係る改良知見の取得を目的としたものに厳密に制限されるべきであり、商業ベースの活動のための試験には認められるべきではない」とする代表意見が、WIPO特許常設委員会にて表明されている[97]。

フランス知的財産法[98]

第L613条5

　特許によって付与される権利は，次のものには及ばない。

　(a) 私的にかつ非商業目的で行われる行為

- (b) 特許発明の対象に関する実験の目的で行われる行為
- (c) 薬局における医師の処方の即座の調剤及びそのように調剤された医薬に関する行為
- (d) 医薬品の販売許可を得るための必須の研究及び試験並びに当該許可の取得及び実行に必要な行為
- (da) 公衆衛生法第L5122条9にいう広告の許可印を取得するために必要な行為
- (e) 宇宙空間に打ち上げられることを意図し，フランスの領域に導入される物体

　また、同様に大陸法圏たるルーマニア法における試験研究による例外については、非商業的目的のための試験行為についてのみ適用されることが同国特許法第33条第1項にて明示されていることに留意すべきである[99]。

ルーマニア特許法[100]

第33条

1. 次の行為は，第31条及び第32条に定める権利についての侵害を構成しない。

　(e) 専ら非商業的実験の目的での特許発明の主題の使用

　以上の加盟国の状況に鑑みれば、現状における試験研究による例外の適用については、商業目的・非商業目的を問わず例外の適用を肯定することが加盟国一般における趨勢と評価できるものの、特に大陸法圏の一部の加盟国（ルーマニアなど）においては、特許制度の目的ならびに特許権者の正当な権利の確保と、新規技術開発のインセンティブの維持を重視し、商業目的の試験研究による特許発明の使用に制限を課すべきとする傾向が観察されるところであり、各加盟国における今後の法政策のあり方を慎重に見守る必要があろう。

3.8.9　試験研究の例外：後発製品等の製造承認取得のための試験使用

　試験研究による例外に係る法運用のあり方については、製薬分野における後発医薬品の製造を典型とする、後発製品の製造承認を取得するために行われる試験行為が特許権の排他的効力からの例外を構成し得るものか否かについて、継続的な議論がなされている状況がある[101]。これを受け、WIPO特許常設委員会による「特許権の例外と制限：政府機関等からの規制承認を取得するための行為」に係るレポートにより、以下のとおり各加盟国におけるその実施状況に関する検討と報告がなされている[102]。

（1）試験研究の例外に係る公共政策目的と製造承認取得の試験使用

　当該WIPO特許常設委員会レポートによれば、一般に加盟国においては、特許発明に係る製品等の販売承認を得るにあたり必要な情報を取得する目的のために、第三者が発明を実施する行為をその排他的効力からの例外として許容する解釈と運用がなされているものとされる。具体的には、販売承認取得のための実施行為に試験使用による例外を適用することについて、特許権者が享受する権利保護期間の事実上の延長を回避し、この結果として特許権の権利保護期間の経過後に直ちにジェネリック医薬品等の後発医薬品を販売せしめることを公共政策上の目的として、その例外適用を許容すべきと解されている[103]。

　さらに当該法解釈の公共政策としての位置づけとの関連については、製造承認取得のための実施行為への例外適用が、社会全体における利害関係者の権利と利益を適切にバランスさせる役割を果たしていることが指摘されている。すなわち「特許権の権利者と知的財産権を使用する第三者の間における権利と利益の合理的なバランスを実現するとともに、公共の利益を保護する」ために、製造承認取得のための実施行為への例外適用が必要であるとともに、さらに換言すれば、「ジェネリック医薬品を提供する医薬品産業界が有する利益および新規医薬品の研究開発を行う医薬品産業界の衝突する利益を適切にバランス」させるためにも、排他的効力からの当該例外の取り扱いは是認されるべきものと評価されているのである[104]。

（2）加盟国における実施状況：日本国法

日本国法においては、以下にて詳解するとおり、後発医薬品の製造承認申請のために必要な試験を権利存続期間中に行ったケースにおいて、当該試験実施は同国特許法が規定する試験研究の例外のひとつを構成することが、その判例[105]により示されている。具体的には、日本国法においては前記1999（平成11）年の最高裁判決により、販売承認取得のための試験使用は、特許権の権利存続期間中に行われる行為であっても試験研究の例外（日本国特許法第69条第1項）にあたり、権利侵害を構成しないものとされる[106]。

同判決によれば、ジェネリック医薬品の販売に必要となる、薬事法に規定される試験が権利侵害を構成するときには、特許権の権利存続期間の終了後においても、一定期間にわたりジェネリック医薬品製造企業等の第三者が特許発明に係る製品を市場に提供できることとなり、かかる状況は特許制度の根幹に反するものと指摘される。また特許権者の権利の確保の観点を考慮したときにも、権利の例外として許容されるのはあくまで販売承認取得のための試験使用、すなわち薬事法に規定される試験のために必要とされる使用に限定されものであることから、特許権者の排他的独占権を不当に害するものではないとする。すなわち、かかる試験使用の範囲を超えて権利期間終了後に販売開始予定の医薬品を予め生産する行為、またはその成分とするための化学物質を生産・使用することは許されない。このような限定的理解により、特許権者の権利存続期間中に保持すべき利益は適切に確保されると解されているのである。

以上のとおり日本国法においては、販売承認取得のための試験による特許発明の実施は、最高裁の判例による解釈に基づきその許容される外郭を明確化のうえ、同国特許法が規定する試験研究による例外の一態様として、特許権の排他的効力からの例外を構成するものとされている。またその例外を許容する公共政策上の趣旨についても、特許権者の享受すべき権利と第三者の特許発明の使用に係る利益につき、例外の許容される外郭の明確化などを通じ、特許法の法目的に照らし両者を適切にバランスさせることに特に配慮したものであり、WIPO特許常設委員会における理解とも合致した適切な法政策が堅持されているものと評価できる。

（3）加盟国における実施状況：英国法・オーストラリア法・イスラエル法

　イスラエル法においても、その判例においてさらに具体的に「ジェネリック医薬品産業界の活動については、これが国際貿易において輸出品目として社会に大きな貢献をなしているとともに、多数の雇用を国内にて創出しているという公共利益を構成するものであり、ならびに製薬業界における市場競争の促進および当該競争を通じた薬品価格の低減という社会への利得を提供している」ことから、販売承認取得のための試験使用による例外は是認されるべきものと判示するとともに、当該例外は「（ジェネリックか非ジェネリックであるかと問わず、また薬品であるか否かを問わず）競合製品の技術開発とライセンス供与を促進する」ために規定されていることを適示している[107]。

　この点、同じく判例法国たるオーストラリアでは、同国特許法第119A条により、「医薬特許」に関連するものであって、(1) 治療用途を意図しており、かつ (2) 1989年治療用品法に規定する医療機器又は治療機器でない製品に関する販売承認に対しては試験実験の例外規定が適用されるものとされる[108]。

オーストラリア特許法[109]

第119A条　特許権の侵害とならない場合：医薬品の規制上の承認を得るための行為

(1) 医薬特許の特許権者の権利は，ある者が当該特許においてクレームされた発明を実施しており，当該実施が，

(a) 以下の商品，すなわち，

(i) 治療用途を意図しており，かつ

(ii) 1989年治療用品法に規定する医療機器又は治療機器でない商品，をオーストラリア治療用品登録簿へ登録させることに関連する目的，又は

(b) 外国の又は外国の一部の法律に基づいて，類似の規制上の承認を取得することに関連する目的，のみを目的とする場合は，その者により侵害されない。

英国特許法[111]

第60条　侵害の意味

（6D）（5）（b）の適用上，医薬品認証の目的でなされた事柄であって，その他の場合では発明の特許の侵害を構成するものは，発明の主題に関する実験目的でなされたとみなされる。

（6E）（6D）において，「医薬品認証」とは，次の目的の何れかについてデータを提供するために行われる試験，一連の試験又はその他の活動をいう。

　（a）（連合王国の内外を問わず）医薬品を販売若しくは供給し，又は販売若しくは供給の申出をする許可を取得し若しくは変更すること

　（b）当該許可に関し，（連合王国の内外を問わず）課せられた規制要件を遵守すること

　（c）（連合王国の内外を問わず）政府若しくは公共機関又は人（連合王国の内外を問わず）であって，（i）政府又は公共機関に代わって健康管理を提供し，又は（ii）政府又は公共機関に代わって又はそれらのために，健康管理の提供についての助言を行う機能，を有するものが，医薬品の人に対する使用への適合性評価を行い，健康管理の提供において医薬品を使用し又は推奨するべきか否かを決定できるようにすること

（6F）（6E）及び本項において，「医薬品」とは，人用の医薬品又は家畜用医薬品をいう。「人用の医薬品」は，指令2001/83/EC（2）第1条にいう意味を有する。「家畜用医薬品」は，指令2001/82/EC（3）第1条にいう意味を有する。

　なお同じく判例法国たるカナダおよびニュージーランドについては、WIPO特許常設委員会において両国代表がジェネリック医薬品の活用促進を通じた薬品価格の低減を考慮要因としつつ、当該例外適用の妥当性を強調する意見を表明している状況があることに留意すべきである[112]。

　このように加盟国においては、大陸法圏・判例法圏であるとを問わず、特許法の法目的に照らし、研究開発型医薬品企業等の特許権者における排

他的な権利と、ジェネリック製造型医薬品企業等の第三者による特許発明の実施に係る利益をバランスさせることを通じ、公共の利益を適切に担保するために販売承認取得を目的とする試験実施を排他的効力の例外とすることを許容している。

　しかしながら近時、自国の産業構成がジェネリック製造型医薬品企業を主たるものとする一部の判例法国（カナダ）においては、製薬発明への特許付与における進歩性基準の判断に関して、2010年代前半にいわゆるプロミス・ドクトリン（Promise Doctrine）と呼ばれる付加的な基準を課する判例が示されてきた[113]。これにより、ジェネリック医薬品企業の保護と、当該医薬品による市場競争と薬価低減を通じた社会コスト上の利得が過度に強調される結果、新薬創出に係るイノベーションの推進と世界全体の社会福利厚生への貢献について、必ずしも十分な考慮が払われていない状況が観察される[114]。かかるジェネリック製造型医薬品企業を主たる産業構成とする加盟国における、販売承認取得のための試験実施に対する例外規定の今後の運用について、継続的な観察が望まれよう。

（4）製造承認取得の例外を享受する主体

　販売承認取得のための試験実施の例外適用について、一般に加盟国においては当該主体の属性に応じた差異は設けられておらず、客観的な行為態様が例外実施の要件を充足すれば、「いかなる者」、「いかなる当事者」、「いかなる第三者」または「いかなる法人」についても同例外の適用を差別なく享受することができるものとされる[115]。

　しかしながら、いくつかの大陸法圏の加盟国においては、当該主体について「販売承認申請者」（スイス）または「販売承認を求める者」（フランス）などの形にて、その主体を明確化している状況が観察される[116]。この点につき、判例法国たる英国においても、前記のとおり同国特許法第60条第6項第D号の規定を通じて、販売承認取得のための試験使用の例外を享受し得る主体は、実質的には「ジェネリック医薬品の研究、試験および試行を実施する者」に限定され、そこには「研究、試験および試行のための原材料の製造者と供給者」が含まれるものと解されている[117]。

　これら欧州圏の一部加盟国における主体限定化の傾向に鑑みれば、今後は販売承認取得のための試験実施の客観的態様のみならず、その実施の主体について何らかの明確化と限定を図る加盟国が増加する可能性があるものとも考えられよう。

（5）販売承認取得の例外に係る条項規定と例外範囲のあり方

　販売承認取得のための試験実施による例外については、多くの加盟国では固有の例外規定が法文上設けられている一方で、一部の加盟国で販売承認取得のための試験実施による例外条項を、一般的な試験研究のための実施による例外に係る条項と一体のものとして、法文上規定している状況がある[118]。

　日本国法においては、販売承認取得のための試験実施について、前述のとおり、同国特許法にて固有の条項を法文上規定する態様にてこれを定めてはおらず、前記最高裁判決（1999年）の解釈を通じて、一般的な試験研究のための実施による例外規定（日本国特許法第69条第1項）に包含される試験実施の一態様として、当該試験実施を特許権の排他的効力から除外すべきものとする。

　他方、同じく大陸法圏に属するブルガリア法においては、その国内法たる同国特許法第20条第1項第7号ならびに「人の治療に係る医薬製品に関する法」（the Act on the Medicinal Products in the Human Medicine）および「獣医療活動に関する法」（the Act on the Veterinary-Medical Activities）等において、固有の法文上の規定を設けて販売承認取得のための試験実施の例外を以下のとおり許容しているものとされる[119]。

ブルガリア特許法[120]

第20条

　特許の効力に対する制限 特許の効力は，次のものには及ばない。

　7. （官報第64/2006号による新規定。2006年11月9日から施行。官報第31/2007号により削除。2007年4月13日から施行。）人間用医薬品に使用される一般用医薬品又は家畜治療用薬品に使用される一般用医薬

　　品につき市販認可申請をする目的での必要な研究及びテストの実施，並
　　びに当該申請に関連する後続の実務要件に関するその他何らかの行為

　上記に鑑みれば、日本国法における法政策においても、前記の最高裁判
決がその配慮を示すとおり、特許権者の享受すべき権利と特許発明の使用
を希望する第三者の利益を適切にバランスさせるため、当該試験使用の例
外の外郭は法文上明確化されることが好ましく、その国内法に固有の条項
を設けたうえ、許容される販売承認取得のための試験使用の具体的な試験
対象と行為態様について、同国特許法の条項規定にて明文化していくこと
が今後望まれるところとなろう。

　また同様の配慮より、WIPO特許常設委員会にて米国代表からも、同例
外の適用は「医薬品または獣医療バイオ製品の製造、使用または販売を規
制する連邦法の規定に従った情報の取得と提出のために合理的に関連する
特許発明の実施にのみ係る行為を行う主体」にのみ限定して適用されるこ
とを明確化すべきであるとの意見表明がなされている[121]。

　このような大陸法国および判例法国における、販売承認取得のための試
験実施による例外に係る法運用の明確化の推進は、特許権者の享受すべき
権利と特許発明の使用を希望する第三者の利益を適切にバランスさせると
いう目的を具現化する試みのひとつであり、各加盟国にて今後さらに推進
されることが予想される。

（6）販売承認取得の例外に係る対象製品

　販売承認取得のための試験実施による例外の適用対象となる製品の属性
については、一部の加盟国では販売承認を要する「すべての製品」と規定
されているが、一般には特定分野の製品群、すなわち「医薬品」、「人また
は動物を対象とした薬品」、「医薬品および農業化学製品」または「ジェネ
リック医薬品」などと限定されている[122]。また当該例外の適用対象となる
行為である「試験」、「試行」および「実験」の具体的態様のあり方につい
ても議論が継続されている。

　この点につき大陸法圏に属するオランダ法では、当該例外の適用を受け得

る製品属性と行為態様について、ジェネリック等の「医薬品」と特許権等により保護されている関連医薬製品の間における同等性を提示するに「必要な研究、試験および実験」でなければならないものと法文上明示している。

オランダ特許法[123]
第53条

(4) 人間用医薬品に関する共同体法典についての指令2001/83/EC（EC公報L311）第10条（1）から（4）まで，又は獣医用医薬品に関する共同体法典についての指令2001/82/EC（EC公報L311）第13条（1）から（5）までの適用に関して必要な研究，試験及び実験の遂行，及びその後の実務的必要事項は，それぞれ，人間用医薬品又は獣医用医薬品に関する特許の侵害を構成するものとはみなされない。

　また同様にスイス法でも、同国特許法第9条第1項第c号にて、実験および臨床試験であって、これにより保護された活性成分を含む「医薬品にかかる販売許可」のために求められるデータを取得する目的でなされたものを、例外の適用を受け得る行為であると明示する[124]。

スイス特許法[125]
第9条

(1) 特許の効果は，次に掲げるものには及ばない。

　(c) スイス又は同等の医薬品管理体制を有する国において医薬品にかかる販売許可を取得するために必要な行為

　またこれに対し、WIPO特許常設委員会にてドイツ代表からも、例外規定の適用を受け得るこれら試験等行為の対象物と態様には「特許権の保護範囲に包含される実施行為であって、免責を受ける研究または免責を受ける実験の前提条件を満たすことを企図とするすべての行為（例：実験にて用いられることが想定される静的に保護された活性成分の製造および輸入）」が包括的に含まれるべきである、との意見表明がなされている[126]。

　以上の加盟国における実施状況に鑑みれば、販売承認取得のための試験

実施による例外の対象となる製品属性と行為形態は、特に大陸法圏の加盟国を中心に（1）その販売承認を取得するために必要とされる医薬製品等の属性とその使用行為の態様を具体的に列挙する形にて明確化が進められる一方、あわせて（2）その試験行為の前提として必要となる関連物質の製造および取得についても例外の範囲に包括されるよう、規定と解釈が進められる傾向にあるものと評価できよう。

（7）販売承認取得の例外と他国における販売承認取得の試験使用

　販売承認取得のための試験使用による例外は、自国内の販売承認取得のための試験行為を特許権の効力の範囲から除外する旨の規定を置くことが一般的であるが、一部の加盟国では、自国のみならず他国における販売承認取得のための試験行為も同例外規定の適用を認めている[127]。

　ドイツ法においては、同国特許法第11条第1項にて「欧州連合内における」医薬品に係る販売承認または「欧州連合の加盟国またはその他の第三国における」医薬品に係る認可を取得するために求められる研究、実験、またはこれらに関連する実際的に必要とされる行為については、自国以外の販売承認取得に係る試験行為を特許権の効力が及ばないものとし得ることが明示されている[128]。

ドイツ特許法[129]

第11条

　特許の効力は，次のものには及ばない。

　2b. 医薬品を欧州連合の市場に投入する販売許可又は欧州連合の加盟国若しくは第3国における医薬品についての販売承認を取得するために必要とされる研究，試験及びその後の実務的要件

　同じくスイス特許法においても、前記第9条第1項第c号により「スイス又は同等の医薬品管理体制を有する国において医薬品にかかる販売許可を取得するために必要な行為」について当該例外適用を認めるものとして、一定の他国における販売承認取得のため試験行為を許容する法制度を維持

している。

　また判例法圏に属するオーストラリア法においても、（1）医薬品に関する試験行為については、「外国または外国の一部の地域」の法律上の類似の販売承認を取得することに関連する目的でのみ行われる実施も排他的効力からの例外にあたり得るものとしており、また（2）非医薬品に係る試験行為についても、同様に「他国および他地域」の法律上の類似の承認を取得することに関連する目的でのみ行われるときには、同じく排他的効力からの例外を構成することが同国特許法第119A条および119B条により明示されている[130]。

オーストラリア特許法[131]

第119A条　特許権の侵害とならない場合：医薬品の規制上の承認を得るための行為

（1）医薬特許の特許権者の権利は，ある者が当該特許においてクレームされた発明を実施しており，当該実施が，

　（a）以下の商品，すなわち，（i）治療用途を意図しており，かつ（ii）1989年治療用品法に規定する医療機器又は治療機器でない商品，をオーストラリア治療用品登録簿へ登録させることに関連する目的，又は

　（b）外国の又は外国の一部の法律に基づいて，類似の規制上の承認を取得することに関連する目的，のみを目的とする場合は，その者により侵害されない。

第119B条　特許権の侵害とならない場合：規制上の承認を得るための行為（非医薬品）

（1）何人も，本項を除けば特許の侵害となるような行為を，その行為が次の目的でのみ実施される場合は，当該特許を侵害することなく行うことができる。

　（a）製品，方法又は工程を実施するための，連邦，州又は地域の法律により要求される承認を取得することに関連する目的，又は

　（b）他国又は他の地域の法律に基づく類似の承認を取得することに関

連する目的

　これらの実施状況に鑑みれば、大陸法圏および判例法圏の一部の加盟国においては、既に自国のみならず他国における販売承認取得のための試験行為についても、販売承認取得の例外規定の適用を認めつつあることが観察される。この点につき日本国法においても、いかなる範囲と要件であれば、他国における販売承認取得のための試験行為を、当該試験使用の例外として許容し得るかについて、今後さらなる制定法等による明確化の推進が望まれよう。

3.9　特許発明の開示

3.9.1　概要

　TRIPs協定においては加盟国の義務として、その第29条第1項第1文により、特許出願において、その発明を当事者が実施できる程度に明確かつ十分に開示することを要求せねばならない旨を規定している。

TRIPs協定[132]

第29条　特許出願人に関する条件
(1) 加盟国は，特許出願人に対し，その発明をその技術分野の専門家が実施することができる程度に明確かつ十分に開示することを要求する。加盟国は，特許出願人に対し，出願日又は，優先権が主張される場合には，当該優先権に係る出願の日において，発明者が知っている当該発明を実施するための最良の形態を示すことを要求することができる。
(2) 加盟国は，特許出願人に対し，外国における出願及び特許の付与に関する情報を提供することを要求することができる。

　さらに同条第1項第2文および第2項では、加盟国において任意に実施可能な発明開示のあり方として（1）出願に係る発明の実施に際して実施形態

における最良の形態、すなわちベストモードの適示を要求できるとするとともに、(2) 特許出願人に対し、外国における出願等に係る情報の提供を要求できるものとしている。

3.9.2 加盟国における実施状況：日本国

日本国においては、同国特許法第36条第4項第1号において、改正前の旧法では当業者が「容易に実施」可能な程度に「発明の目的、構成及び効果」を記載すべきものとされていたところ、TRIPs協定の遵守を確実なものとするために、1994（平成6）年法改正にて以下のとおり規定されるところとなった[133]。この結果、同条第4項第1号にて、TRIPs協定第29条第1項に規定される発明開示に係る義務的水準を確実に担保しているものである。

なお文献公知情報の提供を求める特許法第36条第4項第2号は、直接にはTIRPs協定第29条第2項に規定する外国出願情報の開示義務を定めるものではないが、関連の外国出願が出願公開されることにより外国公知文献となるときには、結果としてそれに関する情報の提供を求めるものと解される余地があることに留意すべきである。

日本国特許法

第三十六条　特許を受けようとする者は、次に掲げる事項を記載した願書を特許庁長官に提出しなければならない。

　　　［中略］

　4　前項第三号の発明の詳細な説明の記載は、次の各号に適合するものでなければならない。

　　　一　経済産業省令で定めるところにより、その発明の属する技術の分野における通常の知識を有する者がその実施をすることができる程度に明確かつ十分に記載したものであること。

　　　二　その発明に関連する文献公知発明（第二十九条第一項第三号に掲げる発明をいう。以下この号において同じ。）のうち、特許を受けようとする者が特許出願の時に知つているものがあるときは、その

　文献公知発明が記載された刊行物の名称その他のその文献公知発明に関する情報の所在を記載したものであること。

3.10　強制ライセンス（特許発明の他の使用）

3.10.1　概要

　TRIPs協定においては、特定の特許発明に係る強制実施権の許諾および政府使用（以下、あわせて「強制ライセンス」という）について、同第31条柱書きによりこれを「他の使用」として、その取り扱いについて以下のとおり規定する。

TRIPs協定[134]

第31条　特許権者の許諾を得ていない他の使用

　加盟国の国内法令により，特許権者の許諾を得ていない特許の対象の他の使用（政府による使用又は政府により許諾された第三者による使用を含む。）（注）を認める場合には，次の規定を尊重する。

　（注）「他の使用」とは，前条の規定に基づき認められる使用以外の使用をいう。

　同条規定は、TRIPs協定第30条によるケース以外の「特許発明の他の使用」について規定するものであり、具体的には、特許権者からの許諾なしに行われる（1）加盟国の関係機関による第三者に対する実施権付与の強制、ならびに（2）加盟国の政府機関自身による特許発明の強制的な実施を含むものである。

　当該条項の規定にあたっては、強制ライセンスを付与できるケースを個別かつ制限的に列挙する「グラウンド・アプローチ」と、強制ライセンスを付与する際のプロセスを規定し、強制ライセンスが付与され得る個別ケースの列挙は行わない「コンディション・アプローチ」の、いずれの規定態

様を採用するかについて活発な議論がなされた経緯がある[135]。かかる知財法政策における国際的な南北間対立の状況を、長期の交渉調整により乗り超えた結果、後者のコンディション・アプローチに基づきTRIPs協定第31条として強制ライセンスについて規定がなされるに至ったものである。このように成立した第31条規定の強制ライセンスのコンディション・アプローチ下における各プロセス要件については、同条各号にて以下のとおり定められている。

3.10.2　第31条第a号：個々の当否に基づく判断

まず、TRIPs協定第31条は、a号において、強制ライセンスが付与される際のプロセスのあり方として、その判断は個別の事案に応じて検討される必要があるとの基本原則を、以下のとおり規定する。

TRIPs協定[136]

第31条　特許権者の許諾を得ていない他の使用

（a）他の使用は，その個々の当否に基づいて許諾を検討する。

この点につき日本国法においては、同国特許法第84条および第85条において、個々の請求に応じて特許者に対して答弁書を提出する機会を与える（特許法第84条）とともに、政令により定められる審議会等の客観的意見を踏まえて判断がなされる必要がある（同第85条第1項）ものとされ、さらに個々の請求に応じた個別の事情により実施がなされないことにつき正当な理由があるときには、実施権を付与することはできない（同第85条第2項）とし、TRIPs協定第31条第a号規定の個別判断に係る基本原則のあり方を反映させている。

日本国特許法

第八十四条　（答弁書の提出）

特許庁長官は、前条第二項の裁定の請求があつたときは、請求書の副本をその請求に係る特許権者又は専用実施権者その他その特許に関し登録し

た権利を有する者に送達し、相当の期間を指定して、答弁書を提出する機会を与えなければならない。

第八十五条　（審議会の意見の聴取等）
　特許庁長官は、第八十三条第二項の裁定をしようとするときは、審議会等（国家行政組織法（昭和二十三年法律第百二十号）第八条に規定する機関をいう。）で政令で定めるものの意見を聴かなければならない。
　2　特許庁長官は、その特許発明の実施が適当にされていないことについて正当な理由があるときは、通常実施権を設定すべき旨の裁定をすることができない。

3.10.3　第31条第b号：事前交渉努力の前置

　続いてTRIPs協定第31条第b号第1文では、強制ライセンスが付与される際のプロセスのあり方として、当該ライセンスを求める者が、特許発明に係る実施許諾を得るために特許権者との交渉において合理的に努力することが、「合理的な商業条件」により「合理的な期間」にわたり尽くされていることを、その要件として規定している。

TRIPs協定[137]
第31条　特許権者の許諾を得ていない他の使用
（b）他の使用は，他の使用に先立ち，使用者となろうとする者が合理的な
　　商業上の条件の下で特許権者から許諾を得る努力を行って，合理的な
　　期間内にその努力が成功しなかった場合に限り，認めることができる。
　　加盟国は，国家緊急事態その他の極度の緊急事態の場合又は公的な非
　　商業的使用の場合には，そのような要件を免除することができる。た
　　だし，国家緊急事態その他の極度の緊急事態を理由として免除する場
　　合には，特許権者は，合理的に実行可能な限り速やかに通知を受ける。
　　公的な非商業的使用を理由として免除する場合において，政府又は契
　　約者が，特許の調査を行うことなく，政府により又は政府のために有

効な特許が使用されていること又は使用されるであろうことを知って
おり又は知ることができる明らかな理由を有するときは，特許権者は，
速やかに通知を受ける。

　しかしながら、このような第1文の規定にかかわらず、同号第2文以下
において、極度の緊急事態による使用および公的な非商業的な使用につい
ては、一定の例外が認められている。国家緊急事態など極度の緊急事態に
よる使用の場合には、前記同号第1文の、実施許諾を希望する者は対象と
なる特許発明について、特許権者との事前交渉に係る合理的な努力を尽く
すことなく、これを直ちに実施することが可能となるものとされる（第31
条第b号第2文）。国家安全保障上の至急の要請があるケース、もしくは伝
染病等の公衆衛生上の緊急の対応を要するケースなどの国家緊急事態にお
いて、実施許諾に係る特許権者との事前交渉に通常の交渉期間を費やして
いたのでは、緊急事態に即応した特許発明の実施が実現できないことが予
見されるためである[138]。

　ただしこの場合には、「合理的に実行可能な限り速やか」に、特許権者に
対して対象となる発明の実施についての通知がなされるべきものとされる
（同条第b号第3文）。国家緊急事態等により事前交渉をなす時間的余地が
ない場合においても、事後の迅速な通知により、その後の特許権者による
答弁書または不実施に係る正当化事由等の、何らかの申し立ての余地を残
すためのものである。また公的な非商業的使用の場合については、事前交
渉の努力義務は免除されているとともに（同条第b号第2文）、特許権者が
対象となる特許発明が使用されていることを探知可能な一定の状況が存す
るときには、単に「速やかに」事後の通知をなせば足りるものとされてい
る（同条第b号第4文）。

3.10.4　第31条第c号：許諾目的に応じた制限的設定

　さらにTRIPs協定第31条第c号第1文では、そのライセンス設定段階に
おけるプロセスのあり方について、当該ライセンスによる特許発明の使用
は、その許諾目的に応じて実施の範囲と期間が限定されたものとして、強

制ライセンスを設定すべきものであることを規定する。

TRIPs協定[139]

第31条　特許権者の許諾を得ていない他の使用

(c) 他の使用の範囲及び期間は, 許諾された目的に対応して限定される。半
　導体技術に係る特許については, 他の使用は, 公的な非商業的目的のた
　め又は司法上若しくは行政上の手続の結果反競争的と決定された行為
　を是正する目的のために限られる。

　当該プロセス上の要件については、第31条第a号が規定する、強制ライ
センスの付与は個別的に判断がなされるべきとする基本原則をライセンス
付与の設定手続きのあり方にて具体的に適用したものと解され、この結果、
個別の事案が要請しない対象クレーム、実施態様、当事者の範囲または事
業実施の期間についてまで、包括的な形にて強制ライセンスを設定するこ
とは許されないものとする[140]。

　また同条第c号第2文では、半導体技術に関係する特許発明については、
「公的な非商業的目的」または「司法上若しくは行政上の手続きの結果反競
争的と決定された行為を是正する目的」を許諾の根拠とする場合にのみ、
強制ライセンスの付与が許されるものであると明記される。このような規
定の背景には、1970年代後半からの日米半導体協議に見られるとおり、半
導体関連技術は国際貿易交渉の課題とされることが特に多く、半導体技術
に関連する特許発明に対する強制ライセンスの設定が貿易紛争の過程にお
ける事実上の対抗手段のひとつとして政治的に濫用されることが危惧され、
その防止のため特に設定目的を限定したものである。

　このような強制ライセンスの設定目的に言及したうえで一定の限定を課
す第c号第2文による対応は、原則としてプロセス・アプローチを基本と
する第31条の諸規定の中にあって、政治的な背景を踏まえて例外的にグラ
ウンド・アプローチを採用したものと評価することができる。なおこのよ
うな国際貿易紛争における政治的な濫用が懸念される、一定の技術領域分
野における強制ライセンスの付与につき、限定的にグラウンド・アプロー
チ的な手法を採用したうえで「司法上若しくは行政上の手続きの結果反競

争的と決定された行為を是正する目的」に限り、その商業的な実施についてのライセンス設定を可能とするスキームは、後述する詳解の標準必須特許権に対する強制ライセンス付与のあり方に係る、日本国の法政策議論においても一定の示唆を有するものと考えられよう。

3.10.5　第31条第d号：非排他的許諾への限定

　第31条第d号においては、同じく強制ライセンスの設定段階におけるプロセスのあり方として、当該許諾による特許発明の使用については、特定の当事者に独占的な許諾を与えるものであってはならず、非排他的なライセンスの許諾でなければならない旨が規定される。

TRIPs協定[141]
第31条 特許権者の許諾を得ていない他の使用
　(d) 他の使用は,非排他的なものとする。

　すなわち、同条の規定により強制ライセンスが設定される場合においても、対象とされた発明の特許権者（または当該発明の実施権を有する者）が当該発明を自己の裁量により実施することまでは排除されない。このような設定プロセスにおける実施権の非排他性に関する限定は、前記第c号の趣旨と同じく、強制ライセンスの設定が国際貿易紛争または保護主義的施策の手段として利用され、不当に特許権者自身による実施を排除するものとして濫用されることがないよう企図して規定されたものである。
　このような規定趣旨を反映し、本事項は知的財産法政策に係る南北間対立における懸案課題のひとつとして長らく論争が続いてきたが、先進国に属する加盟国サイドによる交渉調整の結果、TRIPs協定において初めて国際的な合意に至ったものと評価されている[142]。

3.10.6　第31条第e号：ライセンスの譲渡禁止

　TRIPs協定第31条第e号では、設定された強制ライセンスの権利の態様について、個別の事案に応じて設定されたライセンスを、その権利許諾が

なされた当事者から他の者に対して権利譲渡することは許されず、当該企業自体の譲渡またはその営業の一部とともに譲渡する場合にのみ、これを他に譲渡することができる旨が規定される。

TRIPs協定[143]

第31条　特許権者の許諾を得ていない他の使用

（e）他の使用は，当該他の使用を享受する企業又は営業の一部と共に譲渡する場合を除くほか，譲渡することができない。

当該権利の性質に係る制約は、同項第a号規定の強制ライセンスの付与には個別的な判断がなされるべきとする基本原則を、ライセンス付与後の権利の性質のあり方に具体的に適用したものであり、強制ライセンスの範囲が個別の事案に応じて必要とされた対象の当事者および実施事業の範囲を超えて、不適切に変容または拡大することを防止するものである。

パリ条約においては不実施または実施不十分である特許発明に対する強制ライセンスに係る譲渡禁止が規定されていたが（パリ条約第5条第A項第4号）、TRIPs協定の本条項では不実施等に係る特許発明のみならず、利用関係にある特許発明、公共の利益の確保に必要となる特許発明に対する強制ライセンス全般についても、その譲渡禁止を広く規定していることに留意する[144]。

3.10.7　第31条第f号：供給目的の限定

第31条第f号では、上記各号のプロセスを経て設定された強制ライセンスは、原則として国外への輸出等を目的として許諾されてはならず、主として国内の市場における需要と必要を充足させるために許諾されるものでなければならない旨が規定されている。

TRIPs協定[145]

第31条　特許権者の許諾を得ていない他の使用

（f）他の使用は，主として当該他の使用を許諾する加盟国の国内市場への

供給のために許諾される。

　このように設定されるライセンスの態様に関する国内供給目的への限定は、第31条第d号による非排他性への限定に係る趣旨と同様に、強制ライセンスの設定が国際貿易紛争または保護主義的施策の手段として利用され、特許権者自身による国外における特許発明の実施と関連事業の遂行を不当に排除するものとして濫用されることがないよう規定されたものである。

　しかしながら本号の規定については、TIRPs協定締結の交渉過程での南北間対立を背景として、強制ライセンスは「主として」国内市場への供給目的のために付与されねばならないという原則を示すに留まるものとなっている。すなわち、強制ライセンスが付与された者が輸出行為を行うことを完全に禁ずるものであるかは不明確であり、また、当該当事者が対象の特許発明に係る製品の輸入行為をなし得るものであるか否かについても明確な規定は置かれていないことに注意を要する[146]。

　また本号の取り扱いについては、近時のTRIPs協定第31条の2および附属書の創設に伴い一定の変容を受けるに至っており、その詳細については第31条の2に関する後述解説を参照されたい。

3.10.8　第31条第g号：ライセンスの取り消し

　TRIPs協定第31条第g号においては、強制ライセンスに係る権利付与後に、一定の状況下にてライセンスを取り消すことができる旨が、以下のとおり規定される。

TRIPs協定[147]
第31条　特許権者の許諾を得ていない他の使用

（g）他の使用の許諾は，その許諾をもたらした状況が存在しなくなり，かつ，その状況が再発しそうにない場合には，当該他の使用の許諾を得た者の正当な利益を適切に保護することを条件として，取り消すことができるものとする。権限のある当局は，理由のある申立てに基づき，そ

の状況が継続して存在するかしないかについて検討する権限を有する。

このような権利付与後におけるライセンス取り消し手続きに係る規定は、強制ライセンスの付与は個別の事案に応じて判断すべきとする第31条第a号が規定する基本原則を、ライセンス付与後のプロセスに具体的に適用したものであり、各事案において強制ライセンスを必要とする個々の状況が失われたにもかかわらず、不適切な態様にて存続し続けることを回避するためのものと解される。　この点につき日本国法においては、同特許法第90条により、「裁定の理由の消滅その他の事由により当該裁定を維持することが適当でなくなつたとき」には、当該権利を取り消すことができる旨を規定している。

日本国特許法
第九十条（裁定の取消し）
　特許庁長官は、第八十三条第二項の規定により通常実施権を設定すべき旨の裁定をした後に、裁定の理由の消滅その他の事由により当該裁定を維持することが適当でなくなつたとき、又は通常実施権の設定を受けた者が適当にその特許発明の実施をしないときは、利害関係人の請求により又は職権で、裁定を取り消すことができる。

この規定は、同国のTRIPs協定加盟のタイミングにて、同協定第31条第g号が規定するところに従い、従来の日本国法においては「裁定により通常実施権の設定を受けた者が適当にその特許発明の実施をしないとき」にのみ取り消しをなし得る（旧特許法第90条第1項）としていた規定を、その取り消し事由を拡大する形にて法改正をなしたものである[148]。

3.10.9　第31条第h号：許諾に対する報酬の支払い手続き

TRIPs協定第31条第h号では、強制ライセンスが設定されたときには、対象の発明の特許権者が個々の事案に応じた許諾に対する適切な対価を受けるものとされねばならないことが規定される。

TRIPs協定[149]

第31条　特許権者の許諾を得ていない他の使用

(h) 許諾の経済的価値を考慮し，特許権者は，個々の場合における状況に応じ適当な報酬を受ける。

　この権利付与後の対価支払い義務に係る規定は、前記のTRIPs協定第30条における特許権効力の例外に見られる規定趣旨と理解を一にするものである。すなわち、特許制度の目的より、強制ライセンスの設定においても、特許権者の享受すべき権利と特許発明の使用を希望する第三者の利益を適切にバランスさせることが要請されるとの理解の現れである。

　また特に、「許諾の経済的価値を考慮し」かつ「個々の場合における状況」に応じて、対象となる特許発明の個別の技術的価値および市場状況に照らし適切な対価の供与を義務付けている点については、強制ライセンスの設定は個別的に判断されるべきものとする、第31条第a号が規定する基本原則を、ライセンス付与後のプロセスにおいても反映したものと解される。特許権者の享受すべき権利が不当に損なわれることのないよう、特に配慮がなされているものと評価できよう。

3.10.10　第31条第i号および第j号：適法性審査の手続き

　TRIPs協定第31条第i号および第j号においては、強制ライセンスの設定ならびに特許権者に提供される対価額に関する適法性には、各国の司法審査またはこれに準ずる独立性を有する上級行政機関等による審査により判断されなければならない旨が規定される。

TRIPs協定[150]

第31条　特許権者の許諾を得ていない他の使用

(i) 他の使用の許諾に関する決定の法的な有効性は,加盟国において司法上の審査又は他の独立の審査（別個の上級機関によるものに限る。）に服する。

(j) 他の使用について提供される報酬に関する決定は,加盟国において司法上の審査又は他の独立の審査（別個の上級機関によるものに限る。）に服する。

この強制ライセンスの設定および対価額の適法性に係る審査手続きに関する規定は、前号規定と同様に、強制ライセンスの設定手続きにおいても特許権者の享受すべき権利と特許発明の使用を希望する第三者の利益の適切なバランス維持を担保すべく、権利の設定および対価額の決定に関する権限を有する行政機関による決定を最終的なものとすることなく、司法審査または独立した上級行政機関による別途の審査により、TRIPs協定が規定するプロセスを遵守した決定を確実にするためのものである。

3.10.11　第31条第l号：利用発明に係る追加的条件

第31条第l号では、複数の特許発明がいわゆる利用発明の関係にある場合、すなわち特定の特許発明（第2特許）の実施にあたって、他の特許発明（第1特許）の侵害抵触を不可避的に伴う関係にある特許発明に係る強制ライセンスの取り扱いについての付加的な諸条件が規定されている。

TRIPs協定[151]

第31条

(l) 他の特許（次の (i) から (iii) までの規定において「第1特許」という。）を侵害することなしには実施することができない特許（これらの規定において「第2特許」という。）の実施を可能にするために他の使用が許諾される場合には，次の追加的条件を適用する。

(i) 第2特許に係る発明には，第1特許に係る発明との関係において相当の経済的重要性を有する重要な技術の進歩を含む。

(ii) 第1特許権者は，合理的な条件で第2特許に係る発明を使用する相互実施許諾を得る権利を有する。

(iii) 第1特許について許諾された使用は，第2特許と共に譲渡する場合

を除くほか，譲渡することができない。

---

(1) 概要

　第一に、利用関係にある第2特許の実施のために第1特許に強制ライセンスを設定するときには、第2特許における特許発明は、第1特許における特許発明との比較において「相当の経済的な重要性」を有し、「重要な技術の進歩」をもたらすものでなければならないとされる（第31条第1号 (i)）。

　なぜなら、強制ライセンスの設定は特許法の制度目的に照らし適切な範囲にて許容されるべきであり、第2特許発明が必ずしも重要でない追加的な技術的価値のみを有する場合にも強制ライセンスが無限定に設定されると、第1特許発明の特許権者が享受し得ることが期待される排他的独占権に基づく利益が不当に阻害され、ひいては特許制度を通じた技術進歩および経済発展の実現という法目的に反するものとなりかねないからである。また第1特許における特許発明との比較において「相当の経済的な重要性」を有するか否かの判断を求めている点については、強制ライセンスの設定は個別の事案に応じて判断されるべきものとする、第31条第a号が規定する基本原則を反映したものであり、第2特許において第1特許との利用関係の認定のみをもって一律に強制ライセンスが設定されることを回避するためのものと解される。

　第二に、第1特許の特許権者は、第2特許が当該第1特許に係る強制ライセンスの享受により実施可能となるときには、その第2特許について合理的な条件にて実施許諾を得ることができるものとされ、これをもって第1特許権者と第2特許権者の間には相互に実施許諾が交わされることとなるいわゆるクロスライセンスの関係が成立するものとされる（第31条第1号 (ii)）。このような規定のあり方は、前記のTRIPs協定第30条における特許権の効力の例外に係る規定趣旨と理解を一にするものであり、特許権者の享受すべき権利と特許発明の使用を希望する第三者の利益を適切にバランスさせるために規定されたものと評価できよう。

　第三に、前記第1号 (i) により、強制ライセンスにより第2特許の特許権

者に対して設定された第1特許に係る実施権を他者に譲渡することは、当該第2特許とともになされる譲渡を除き、原則として許されないものとされる（第31条第1号（iii））。この第2特許権者が有する権利に係る譲渡の制約は、利用関係に係る強制ライセンスの設定のあり方を適切な範囲にて限定するものである。すなわち前記本条第1号（i）にて、強制ライセンスは重要な追加的技術進歩をもたらす第2特許発明の実施を可能とするものに限定して付与されると規定されているにもかかわらず、第1特許に係る実施権が第2特許の実施と分離して譲渡されるときには、経済的重要性を有する第2特許発明の実施を通じた技術進歩と経済発展の実現という、利用発明に係る強制ライセンス制度の趣旨が損なわれることとなるためである。換言すれば、第2特許権者が有するライセンスの譲渡に関する制約は本条注釈第1号（i）要件の潜脱、ならびにこれによる特許制度の法目的の毀損を防止するために設けられているのである。

（2）加盟国における実施状況：日本国法

　前記の本号要件の取り扱いについて、日本国特許法第92条において利用発明関係に係る裁定実施権の設定について規定しており、上記TRIPs協定第31条における第1号(ii)の要件については日本国特許法第92条第2項等にてこれを担保し、また同号(iii)の要件については同法第94条第4項にて遵守することとしている。

　また同号（i）が規定する経済的重要性と重要な技術進歩に係る要件に対応する明示の規定は法改正後においても定められていない。しかし、同法第92条第5項における第2特許権者への第1特許に係る強制ライセンスの設定が、第1特許権者の「利益を不当に害することとなるときは」その裁定をなすことができないものとする規定を、同号（i）を遵守する形にて適切に運用すれば、その適用を担保できるものと解されている[152]。

日本国特許法

第九十二条　（自己の特許発明の実施をするための通常実施権の設定の裁定）

　特許権者又は専用実施権者は、その特許発明が第七十二条に規定する場

合に該当するときは、同条の他人に対しその特許発明の実施をするための
通常実施権又は実用新案権若しくは意匠権についての通常実施権の許諾に
ついて協議を求めることができる。

　2　前項の協議を求められた第七十二条の他人は、その協議を求めた特
許権者又は専用実施権者に対し、これらの者がその協議により通常実施権
又は実用新案権若しくは意匠権についての通常実施権の許諾を受けて実施
をしようとする特許発明の範囲内において、通常実施権の許諾について協
議を求めることができる。

　3　第一項の協議が成立せず、又は協議をすることができないときは、特
許権者又は専用実施権者は、特許庁長官の裁定を請求することができる。

　4　第二項の協議が成立せず、又は協議をすることができない場合にお
いて、前項の裁定の請求があつたときは、第七十二条の他人は、第七項に
おいて準用する第八十四条の規定によりその者が答弁書を提出すべき期間
として特許庁長官が指定した期間内に限り、特許庁長官の裁定を請求する
ことができる。

　5　特許庁長官は、第三項又は前項の場合において、当該通常実施権を
設定することが第七十二条の他人又は特許権者若しくは専用実施権者の利
益を不当に害することとなるときは、当該通常実施権を設定すべき旨の裁
定をすることができない。

　　　［以下略］

　しかしながら、日本国特許法第92条の運用は、国際的な約定によりさ
らなる制約を受けていることに注意が必要である。公正取引委員会「新た
な分野における特許と競争政策に関する研究会」による報告（2002（平成
14）年）によれば、同条に規定される裁定実施権の設定については、「平成
6年における日米両国特許庁の『共通の理解』により，特許庁，利用関係
に基づく裁定の請求があっても，『司法又は行政手続を経て，反競争的であ
ると判断された慣行の是正』等のためでなければ，利用発明に係る強制実
施権設定の裁定は行わないこととしている」ものとされており[153]、これは
原則として（公的・非商業的利用を目的として設定するケースを除き）第
1特許の特許権者によるライセンス拒絶が独占禁止法に違反する場合にの

み第92条による強制ライセンスの設定を可能とする付加的制限について、日本国・米国における両国特許庁間の約定がなされたもの（日米特許庁共通理解）と解されている[154]。

　さらに稗貫によれば、かかる第92条による強制ライセンスの設定に係る米国との約定は、「パリ同盟条約加盟国とWTO加盟国のTRIPs協定に係る内国民待遇の原則の遵守義務により、本『共通の理解』は米国以外の加盟国にも自動的に適用されることになる」[155]と解されており、日本国はすべての加盟国の関係において、第92条の運用に係る当該制約の遵守を義務付けられている状態にあるものと考えられる。

3.10.12　第31条第k号：反競争的行為の例外

　TRIPs協定第31条第k号は、反競争的行為を是正するために強制ライセンスが付与されるケースにおける、事前交渉努力等の一定のプロセスに係る例外的免除取り扱いについて規定する。

TRIPs協定[156]

第31条

(k) 加盟国は，司法上又は行政上の手続の結果反競争的と決定された行為を是正する目的のために他の使用が許諾される場合には，(b) 及び (f) に定める条件を適用する義務を負わない。この場合には，報酬額の決定に当たり，反競争的な行為を是正する必要性を考慮することができる。権限のある当局は，その許諾をもたらした状況が再発するおそれがある場合には，許諾の取消しを拒絶する権限を有する。

---

(1) 概要

　同号では、反競争的行為の是正のための強制ライセンスについては、第31条第b号が規定する特許権者との事前交渉努力の要件が免除されるものとされている。既に所定の手続き期間を経て「司法上又は行政上の手続の結果反競争的と決定」された反競争的行為を是正するために強制ライセン

スの許諾が要請される状況においては、同条第b号第2文が定める国家緊急事態が存する場合の例外的取り扱いと同じく、特許権者との間にてさらなる交渉期間を費やしていたのでは司法等手続決定に則った適法な特許発明の実施を実現できず[157]、またそもそも反競争的行為を行っている特許権者には合理的な交渉への参画を期待し得ないことより[158]、同要件の免除を例外的に規定したものである。

　また第31条第k号は、反競争的行為の是正のための強制ライセンスにつき、第31条第f号が規定する強制ライセンスの設定に係る供給目的の限定に関する要件の適用を、例外的に免除する。特に米国反トラスト法におけるいわゆる「効果主義」に基づいて、同国管轄領域外へ反トラスト法の域外適用がなされるケースなどを典型的事例として、国外市場における違法行為の効果が、加盟国の国内市場において反競争的効果をもたらすことがあり得るとされている。このような反競争的行為の是正を実現するためには、国内市場における供給のために特許発明の実施を許諾するのみならず、国外市場に関連する特許発明の実施行為について強制ライセンスを検討する必要があり得るためである。

　以上のとおり、「司法上又は行政上の手続の結果反競争的と決定」された反競争的行為を是正するために、強制ライセンスの許諾に係る第31条が規定するプロセス要件の一部が免除されているが、そもそも具体的にいかなる事案において、加盟国の国内法にて反競争的行為を是正するための強制ライセンスが検討されるかについて、標準必須特許権の取り扱いに係る実施状況を中心に次の（2）にてさらに詳解することとしたい。

(2)日本国法における検討状況：標準必須特許権に対する公共利益の確保のための強制ライセンスの検討

　そもそも日本国の特許法によれば、一定の要件が満たされた場合には、特許庁長官または経済産業大臣の裁定によって、他人の特許発明に係る特許権についてその権利者の同意を得ることなく、第三者がこれを実施することができる権利を設定可能（以下、「裁定実施権制度」）とされている（特許法第83条、第92条および第93条）[159]。かかる裁定実施権制度により

付与される実施権のひとつとして、日本国特許法第93条は、特に公共の利益の確保を目的とした強制ライセンスの設定を許容している。

日本国特許法

第九十三条（公共の利益のための通常実施権の設定の裁定）

　特許発明の実施が公共の利益のため特に必要であるときは、その特許発明の実施をしようとする者は、特許権者又は専用実施権者に対し通常実施権の許諾について協議を求めることができる。

　２　前項の協議が成立せず、又は協議をすることができないときは、その特許発明の実施をしようとする者は、経済産業大臣の裁定を請求することができる。

　３　第八十四条、第八十四条の二、第八十五条第一項及び第八十六条から第九十一条の二までの規定は、前項の裁定に準用する

　このような公共の利益の確保のための強制ライセンス制度に係る具体的な日本国における法運用は、1975（昭和50）年に作成された「裁定制度の運用要領」[160]に基づき運用されることとされている（工業所有権審議会決定（1975年12月））[161]。特に同国特許法第93条第1項における「公共の利益のため特に必要であるとき」における裁定実施権については、以下のとおり具体的な指針が示されており、その適用の可否が反競争性を伴い得る標準必須特許権の行使に関連して議論されている。

「裁定制度の運用要領」（1975年）

⑤特許法第93条第1項における「公共の利益のため特に必要であるとき」の主要な事例としては、次に掲げる場合等が考えられる。

　(i) 国民の生命、財産の保全、公共施設の建設等国民生活に直接関係する分野で特に必要である場合。

　(ii) 当該特許発明の通常実施権の許諾をしないことにより当該産業全般の健全な発展を阻害し、その結果国民生活に実質的弊害が認められる場合。

　本要領の上記解釈に関連して、同要領の作成に先立つ形にて、1968（昭和43）年3月の外資審議会専門委員会報告において「技術導入自由化と特許法、独占禁止法その他技術導入に関連する法律的諸問題」に関するレポートが作成されており[162]、特許法第93条による公共の利益を確保するための強制ライセンスの許諾に係る以下の具体的な指針が示されていることに注目すべきであろう。

「技術導入自由化と特許法、独占禁止法その他技術導入に関連する法律的諸問題」報告（1968年）

　特許法第93条の適用の可能性が考えられる場合として、当該特許発明が国民の生命、健康あるいは公共施設の建設等国民生活に直接関係する重要なものである場合があげられるほか、特定製品の生産または特定方法の実施に不可欠な工程に関する重要な特許発明が独占されることによって、次に掲げるような事態が生じ、その結果国民経済に重大な悪影響がもたらされる場合が考えられる。

①当該特許発明の利用が期待される産業に、企業の倒産等の混乱が生じることにより、大量の失業者が発生するおそれがあること。

②当該特許発明の利用が期待される産業に、企業の倒産等の混乱が生じることにより、その特許発明が実施できれば利用可能であった巨額の既存設備が廃棄されるおそれがあること。

③当該特許発明の利用が期待される基幹産業、重要輸出産業又は先端技術分野の産業に、企業の倒産等の混乱が生じることにより、これら産業の健全な経済的・技術的発展を著しく阻害するおそれがあること

　当時の同委員会鈴木委員長の指導の下で作成された上記の指針基準に加え、同レポートはこれら基準の具体的な運用につき、「特許法第93条は特許権に対する重大な制約であるから、その適用は慎重にすべきである。なお、特許法第92条の強制実施によりうる場合には、これを発動すべきではない」として、慎重な法運用の必要性を強調している点についても留意すべきであろう。この点につき稗貫は、前記指針基準は特殊な冷戦構造を背景としたものであり、国際知的財産法秩序とのハーモナイゼーションおよ

びその牽引役としてのリーダシップが強く期待される今日の先端技術先進
国たる日本国においては、冷戦構造化で提示された当該基準をより厳格か
つ慎重に解釈のうえ運用すべき必要があるものと指摘している[163]。

　またこれらの過去の法運用判断に係る経緯に加え、2000年代には、強制
ライセンス制度の創設による標準技術の必須特許の実施確保について、産
業界によりさらに具体的な改正提案がなされており、これらに対する当時
の政府見解が以下のとおり示された経緯がある。

(3) 日本国法における検討状況： 2000年代における産業界からの改正提案

　2000年代の日本国における標準必須特許権と公共利益の確保のための強
制ライセンス制度のあり方に係る改正提案として、まず医薬品・バイオテク
ノロジー産業界において、日本製薬工業会等による知的財産権合同検討委
員会（以下、「合同委員会」）の提案とこれに対する産業構造審議会ワーキン
ググループの「特許発明の円滑な使用に係る諸問題について」報告（2004
年）[164]がなされており、興味深い先例を提供している[165]。

　合同委員会は、特にリサーチツール等に係る技術を念頭に置き、前記の
「裁定制度の運用要領」について日本国特許法第93条との関連において改
正の提案を行い、裁定が可能となる判断における要領規定の第二の基準（裁
定制度の運用要領第⑤節第（ii）号）についての文言追加を提案していた
とされる[166]。特に当該提案においては、標準技術に係る標準必須特許権
等に関連する状況がある場合に同条の裁定が可能となり得る旨を例示列挙
（「より具体的には、当該特許発明が、①学術および研究活動に障害となる
発明、②広く利用される技術標準に障害となる発明、である場合等があげ
られる。」）すべきとの言及がある点が注目される。

　しかしこの合同委員会提案については、特に米国産業界サイド等から、
WTOの前身である関税および貿易に関する一般協定（General Agreement
on Tariffs and Trade, GATT）に係る、日本国政府が表明したとされる
ウルグアイ・ラウンド（1986年ないし1993年）での合意方針と齟齬があ
るものとして、厳しい指摘と強い反発があった[167]。これらを受け前記の産
業構造審議会ワーキンググループ報告では、国際知的財産法秩序との協調

の観点から強い国際的な摩擦を生じる可能性が高いものであることに鑑み、本件合同委員会からの提案へ最終的な賛同を表明することは難しい旨の結論が述べられた[168]。

　なおこの結論については、日本国学術界からも「仮に、合同検討委員会が提案するようなスキームを採用したとしても、日本政府は途上国に対して知的財産の保護を要求した経緯があり、途上国に対する先進国の足並みを乱すものとして欧米から強い批判を受けるだろう（政治的困難）。さらに日本国内で育ちつつある医薬品会社や中小の研究開発ベンチャー企業のリサーチツールの開発努力を妨害する結果になるであろう（知的財産立国の理念に違背）」[169]として、特許法第93条運用に係る合同委員会提案に対する前記ワーキンググループ報告の慎重な評価と結論を妥当なものとし、これに賛同する見解が表明されている。

　また上記の提案とは別に、情報通信技術（ICT）産業界においても、電子情報技術産業協会から「技術標準と特許権の在り方について──通常実施権設定の裁定制度導入の提案──」（2002年）として、標準技術の標準必須特許権と公共利益の確保のための裁定実施権の取り扱いについて日本国政府に対して提案された経緯がある[170]。

　この提案には、加藤によれば「第一に、我が国が世界に先駆けてこのような分野について裁定（強制）実施導入に踏み切ると、開発途上国やアジア諸国（中国等）の強制実施権発動に拍車をかける結果となり、我が国の技術優位性に悪影響を及ぼす虞があるから国際的整合性をとって検討すべき」であることなどから、日本国政府サイドにおいては継続検討課題として取り扱うに留まるものとされ、標準必須特許権に係る裁定実施権導入に賛同する結論を当時直ちには得ることはできなかった[171]。さらに和久井は、上記に係る加藤の見解は、同課題における裁定実施権に基づく介入の余地を否定せず、当該アプローチのメリットとデメリットを積極的に検討しながらも、最終的には日本国民法における権利濫用の法理（民法第1条第3項）を用いた対応策が、最もバランスのとれた対応策であろうと結論している旨を指摘し、加藤の理解に肯定的な評価を与えている[172]。

　日本国の製薬産業界・ICT産業界における上記両事案の経緯と評価に鑑みれば、反競争性を伴う標準必須特許権の行使に対する特許法第93条によ

る、公共利益の確保のための裁定実施権の設定については、(1)「開発途上国やアジア諸国（中国等）の強制実施権発動への拍車とそのわが国（日本国）の技術優位性への影響」ならびに（2）「先端技術先進国としてWTO協定等国際秩序への主導および協調責任」の観点から、日本国政府は消極的な立場を堅持しており、同国学術界の多くもこのような法政策を支持しているといえる。

(4) WIPO特許常設委員会での検証とフランス法・アルゼンチン法における実施状況

　標準技術に係る標準必須特許権の行使に対する強制ライセンス制度のあり方については、特にTRIPs協定第30条および第31条[173]の解釈と運用との関連について、WIPO特許常設委員会が2009年より複数のレポートにて[174]、以下のとおりその検証を行っている。

　同委員会[175]によれば、まずTRIPs協定第31条の前提とされる同第30条には、加盟国に対して排他的権利の行使について一定の例外を認めるものであるが、このような例外を認める場合には、特許の通常の使用（normal exploitation of the patent）を阻害しないこと、および特許権者の適法な利益（legitimate interests of the patent owner）と矛盾しないことについて、第三者の適法な利益を勘案しつつ、これを判断すべきものとすることが確認されている[176]。またTRIPs協定第31条は、加盟国は所定のプロセス条件に従いつつ、同協定第30条が定める以外の他の使用について特許権者の許諾なしに、いわゆる「政府使用」または「強制実施権」として（so-called "government use" and "compulsory licenses"）、既に権利者に付与された特許権の実施を許諾することができる旨を定めるものと位置づけられている。さらに当該第31条の個別の運用については、加盟国が政府使用または強制実施権などの強制ライセンスを許諾する権利を有するとともに、当該ライセンスを許諾する際にいかなる事由に基づいてこれを許諾するか、またはいかなる状況が国家非常事態またはその他の極度の緊急事態の状況を構成するかについて、各国が自己の「裁量」（freedom）により判断する余地を有することが確認されている[177]。

　以上の第31条に係る基本的理解を前提として、WIPO特許常設委員会では、標準技術に係る標準必須特許権の行使に関する強制ライセンス許諾のあり方について、そもそも排他的独占権が付与される特許権の範囲は、各加盟国の特許法により注意深く規定されているものであり、その特許権が有する排他的効力の範囲は特許権者の権利と第三者の利益を慎重にバランスさせるべく法制度設計されていることから、（1）加盟国の国内法において規定される一般的な強制ライセンスを含む特許権の効力に係る制限規定は、他の技術分野等における特許権と同様の非差別的な基準に基づいて、標準必須特許権の使用に関してその適用が判断されるべきものとの基準を示すとともに、（2）標準必須特許権の使用に対する強制ライセンスの許諾に特化した固有の制限規定を定めている加盟国は、未だ確認されていないものと報告されている[178]。またさらに同委員会においては、複数の加盟国で規定されている実験的使用に係る例外規定ならびに善意の先使用に係る例外規定については、標準必須特許権の実施にも同様に適用され解釈可能であるとするものの[179]、かかる非差別的取り扱いに係る一般論を超えて標準必須特許権の使用に特化した何らかの固有の例外・制限を規定するなどの提案までは行われていないとの報告があることにも留意すべきである。

　以上のWIPO特許常設委員会の報告に鑑みれば、結論として標準必須特許権の実施に係る強制ライセンスの許諾制度の導入可否については、あくまでTRIPs協定第31条における「他の使用」の一類型として、同条各号が規定する諸要件に基づき、非差別的かつ客観的に各加盟国にてその判断が行われているものといえる。

　この点、上記結論を踏まえWIPO特許常設委員会における“EXCLUSIONS FROM PATENTABLE SUBJECT MATTER AND EXCEPTIONS AND LIMITATIONS TO THE RIGHTS”レポート（以下、「WIPO特許除外・例外制限レポート」）[180]にてさらなる検証が行われており、同報告ではTRIPs協定第31条に規定される強制ライセンス許諾のための条件として、同条規定の第a号から第l号までの諸要件を具体的に列挙の上、その適用のあり方が詳細に検討されている。さらに同報告では、標準必須特許権の実施に関連し得る「公共利益」の確保を目的とした強制ライセンスの許諾（日本国特許法第93条など）のための諸条件、

　ならびにいかなる状況が「国家非常事態またはその他の緊急事態の状況」を構成するものであるかにつき、WTO閣僚会議の第4回セッションにおいて採択されたWTOドーハ宣言（TRIPs協定と公衆衛生に関する宣言）[181]の検証を行っている。

　このWTOドーハ宣言においては、TRIPs協定が各加盟国において公衆衛生の確保のために必要な措置をとることを妨げるものではないことを確認し、またさらにTRIPs協定が公衆衛生の確保に必要な措置、特に医薬品への広範なアクセスの推進に必要な措置をとる権利を各加盟国が有するよう、その解釈および実施がなされるべきであること確認している[182]。さらに当該文脈において、各加盟国は公衆衛生の確保のために「柔軟性」（flexibilities）をもって、TRIPs協定の強制ライセンス等に関する関連規定を最大限に利用する権利を有することにつき、下記のとおり確認している。

WTOドーハ宣言[183]

Chapter 5

a) TRIPS協定における各関連規定は同協定が表明している目的と趣旨の観点から解釈されるべきものであること、

b) 各加盟国は、強制ライセンスを許諾する権利があり、また強制ライセンスが付与される根拠の決定における裁量を有すること、

c) 各加盟国は、HIV/AIDS、マラリアなどの伝染病を含む、公衆衛生の危機が国家緊急事態またはその他の極度の緊急事態の状況を構成することを確認したうえで、いかなる環境が公衆衛生の危機またはその他の極度の緊急事態の状況であるかについて決定する権利を有すること

　以上のとおりWTOドーハ宣言においては、TRIPs協定フレームワークにおける強制ライセンス制度のあり方について、総論としては各加盟国での適用の柔軟性とその運用における裁量について積極的な解釈と提案を行っているものである一方、その各論としての「公共利益」の確保を目的とした強制ライセンスのあり方については（1）公衆衛生の確保との文脈においてのみ各国運用の裁量と柔軟性に関する見解が示されるに留まり、（2）公衆衛生に関連しないその他の技術的課題（広く普及した標準技術に係る標

準必須特許権の行使など）については、何らの検討ないし提案もなされていないことが注目されよう。

　かかる実施状況を受け、WIPO特許常設委員会はWTOドーハ宣言後に行われた前記WIPO特許除外・例外制限レポート（2009）にて[184]、さらに反競争性を伴い得る標準必須特許権の行使に係る「公共利益」の確保のための強制ライセンス許諾のあり方について、以下の原則論を述べている。

　まず同報告では、一般に加盟国における強制ライセンスの許諾を認める国内法の規定は、特許権に存する排他的効力を濫用するケースがある場合にこれを防ぎ対処するためのものと理解され、また特許システムをして競争的環境下におけるイノベーションの推進および公共の利益を確保せしめるために特に用意されていることを確認する[185]。さらにこれら規定は、具体的には国家の安全保障の確保および非常事態において政府が実施し得るセーフガードとしての位置づけを持つものとされ、これらの趣旨に鑑み各国国内法は、特許権の権利者、使用を望む第三者および一般公衆などのステークホルダーの諸利益を考慮に入れたうえ、複数の条件と前提を付した形にて強制ライセンス許諾に係る法運用をなすべきとしている[186]。

　しかしながら以上の総論のみでは、具体的にいかなる状況が「競争的環境下におけるイノベーションの推進」および「公共の利益の確保に応える特許システムの保全」といった特許法の法目的に適合し、強制ライセンスの許諾が許されるべき状況であるのか明瞭ではない。この点さらにWIPO特許除外・例外制限レポートは、特に後者「公共の利益の確保に応える特許システムの保全」が具体的にいかなる状況を指すものであるかについて、以下のより詳細な検証を行っている。

　まず当該報告では、「公共利益」の確保のための強制ライセンス許諾制度とは、特に国家非常事態およびその他の極度の緊急事態の状況、ならびに国家安全保障および公衆衛生の確保に必要な状況が含まれるものと理解されており、また一部の加盟国では国内法の条項においてより詳細な適用条件が明文化され、具体的には「医療診断に使用される特許発明の実施」および「バイオテクノロジー研究ツールに関連する特許発明の実施」などがその対象として例示されていることが確認されている[187]。特にこの点につき、フランス法においては公衆衛生に係る具体的な「医療」等用途の技術に

係る特許発明が個々に詳細に列挙されており、同様にアルゼンチン法においても強制ライセンスは「国家安全保障および公衆衛生の確保」のために許諾されるものであると明文化されていることに留意すべきであろう[188]。

フランス知的財産法[189]

第L613条16

　公衆衛生上必要な場合において，特許所有者との間に裁判外の和解が存在しないときは，産業財産権担当大臣は，公衆衛生担当大臣の要請に基づき，命令によって，次のものを第L613条17に規定された条件に基づく職権によるライセンス許諾制度の対象とすることができる。

　（a）医療品，医療装置，体外診断用の医療装置，付加治療製品

　（b）増殖のための方法，増殖に必要な製品又は当該製品を製造するための方法

　（c）生体外診断方法

　これらの製品，方法又は診断方法の特許は，これらの製品，これらの方法から得られる製品又はこれらの方法が不十分な量，質又は異常に高い価格で公衆の利用に供されている場合又は当該特許が公衆衛生上の利益に反する条件に基づいて実施されているか若しくは最終的な行政上の決定又は裁判所の判決によって反競争的慣行と判断された場合に限り，公衆衛生の利益のために，職権によるライセンス許諾制度の対象とすることができる。

　ライセンスの目的が反競争的慣行を是正することにある場合又は緊急の場合においては，産業財産権担当大臣は，裁判外の和解を求めることを義務付けられない

アルゼンチン特許法[190]

第45条

　政府は，衛生上の緊急事態又は国家安全保障の理由で，特許ライセンスの付与を通じ若干の特許の使用を命令することができ，その範囲及び期間は当該付与の目的に限る。

　以上のとおり、「公共利益」の確保のための強制ライセンス制度とは、一

般に国家安全保障および公衆衛生の確保に必要な状況との関連において議論されるものであり、また現実に加盟国の実施状況を概観すると、国家安全保障および公衆衛生の確保の目的への特定、またはこれらの確保に必要な具体的かつ詳細な客観状況または行為態様が、法文上にて明確化される傾向にあるものと観察される。これらの「公共利益」の確保のための強制ライセンス制度のあり方に関するWIPO特許常設委員会の検証が示すとおり、標準技術の実施に係る事態が国家安全保障および公衆衛生の確保に必要なものであるとは、一般に解し難いところである。国家安全保障および公衆衛生の確保のために特定の標準技術の実施自体が必要な場合は別論として、標準技術に係る標準必須特許権の行使に関する強制ライセンス制度の導入は、これを「公共利益」の確保を目的として直ちに肯定することは、現状の各加盟国の理解と運用の動向に鑑みれば困難であるものと推認され、むしろ「反競争的行為の是正」のための強制ライセンス制度など「公共利益」確保の目的以外のフレームワークによる強制ライセンス制度として、その導入の可能性について次の（5）のとおり別途の検討をなす必要があろうと筆者は考える。

（5）日本国法における実施状況の展望：反競争的行為の是正を目的とした強制ライセンスとしての導入可能性

　前記WIPO特許常設委員会による検証においては、多数の加盟国の国内法において、特許権者による「反競争的行為への処分規定」としての強制ライセンスの規定を特許法に明定しているとされ、またその他の加盟国においても特許権者の反競争的行為に対する処分規定が競争法の法文上にて定められ、当該反競争的行為に対する処分として適当であると判断される場合に、競争法当局により強制ライセンスの許諾が命じられ得るものとされている[191]。前者の例としてアルゼンチン法においては、競争法当局により特許権者が反競争的行為に従事しているものと認められる場合には、強制ライセンスの許諾を認める旨が特許法にて規定されている[192]。

アルゼンチン特許法[193]

第44条

　特許が付与するライセンスは，特許の所有者が競争慣行に反する行為に携わったことを管轄庁が確定した場合は，特許の所有者の許可なく付与され，その場合は，特許の所有者に与えられる補償を害することなく，当該権利は，第42条に規定の手続の請求を経ず付与される。

本法の適用上，次の慣行その他を反競争的とみなす。

　(a) 特許による物の価格設定であって，市場平均と比べ過当又は差別的であるもの，特に，同一物につき特許の所有者が請求する価格より著しく低い価格で市場提供する代替申出が存在する場合の価格設定

　(b) 相応の取引条件での市場提供の拒否

　(c) 販売又は生産活動の遅延行為

　(d) その他行為であって法律No.22.262又は修正代替法が禁止する慣行に含まれる可能性のあるもの

　また後者の例示として米国法では、米国連邦取引委員会が同国反トラスト法におけるシャーマン法第2条違反として訴追をなしたラムバス社事件において、同委員会はラムバス社が自己の参加した標準化プロセスの過程における欺瞞的かつ排他的な行為を通じて市場独占力を獲得したことを認定し、この結果として特許権が付された技術について同社が所定のライセンス料に基づいてライセンス供与すべきことを争った下級審判断が存在する[194]。このラムバス社事件については、標準必須特許権に係る強制ライセンス許諾が「国家安全保障」および「公衆衛星の確保」を目的とする「公共利益」の確保のための強制ライセンス制度としては是認し難いものと推認される中で、むしろ「反競争的行為への制裁規定」としての強制ライセンス制度として類型化のうえ、そのライセンス許諾を是認しているものと解されよう。

　これら一連の蓄積された加盟国の実施状況に鑑みれば、結論として、日本国を含む各加盟国における標準必須特許権に係る強制ライセンス制度の創設については、(1)「公共の利益」の確保のための強制ライセンスの一態様としての拡大解釈によるアプローチ、または「標準必須特許権の実施確

保」の目的に特化した独自の裁定制度創設のアプローチではなく、(2)「反競争的行為への制裁規定」としての強制ライセンス許諾の一態様として、標準必須特許権に係る強制ライセンス許諾を検討すべきと筆者は考える。

　しかしながらこの点、日本国法での標準必須特許権に係る強制ライセンス制度の創設について「反競争的行為への処分規定」の一態様としての標準必須特許権に係る強制ライセンス許諾のアプローチを採用するときには、既に日本国独占禁止法第100条第1項第1号により、独占禁止法違反に該当する行為を特許権者がなした場合には当該特許権を取り消すことのできる旨が法文上明定されていることに留意する必要がある。

日本国独占禁止法

第百条（特許又は実施権の取消し及び政府との契約禁止の宣言）

　第八十九条又は第九十条の場合において、裁判所は、情状により、刑の言渡しと同時に、次に掲げる宣告をすることができる。ただし、第一号の宣告をするのは、その特許権又は特許発明の専用実施権若しくは通常実施権が、犯人に属している場合に限る。

　一　違反行為に供せられた特許権の特許又は特許発明の専用実施権若しくは通常実施権は取り消されるべき旨

　二　判決確定後六月以上三年以下の期間、政府との間に契約をすることができない旨

　すなわち日本国特許法において、TRIPs協定第31条趣旨に適合し得る「反競争的行為への制裁規定」としての標準必須特許権に係る強制ライセンス許諾制度をさらに重ねて創設するときには、そもそも現実にいかなる追加的かつ実質的な意義が認められるものであるか、学術的および実務上の観点から継続した議論と検証が求められよう[195]。

3.11　第31条の2および附属書の創設改正

3.11.1　概要

　近時のTRIPs協定に係る改正にて、強制ライセンスにつき新たに創設されることとなった第31条の2第1項の規定は、第31条f号の規定に関する適用免除を定めるものである。特許発明に係る医薬品の生産および輸入を認められた特定の加盟国（輸入加盟国）に対し、他の加盟国（輸出加盟国）が当該医薬品を供給するために設定する強制ライセンスの許諾には、その許諾の範囲に輸出行為を含むことができる[196]。

TRIPs協定[197]

第31条の2

（1）前条（f）に規定する輸出加盟国の義務は，この協定の附属書の（2）に定める条件に従い，医薬品を生産し，及びそれを輸入する資格を有する加盟国に輸出するために必要な範囲において当該輸出加盟国が与える強制実施許諾については，適用しない。

　本条創設の改正はWTO協定[198]第10条第1項に基づき行われ、新たに創設された第31条の2および附属書は、WTO閣僚会議における前記WTOドーハ宣言の合意内容を反映したものである。特に、同宣言第6チャプターが述べる、TRIPs協定下で強制ライセンスを効果的に利用するにあたり、製薬分野において製造能力が限定または欠落している加盟国が直面する喫緊の問題を迅速に解決するというTRIPs協定理事会に対する指令に基づき、その改正がなされた[199]。また、一定の資格を有する輸入加盟国が喫緊の課題として第31条f号の適用の免除を要望する場合に、関係する輸出加盟国における医薬製品の製造・輸入と、その輸出を目的とした特許発明に係る強制ライセンスの設定に対して、第f号による強制ライセンスの設定に係る制限の免除を迅速に実現することを目的としたものとされる[200]。

3.11.2　第31条第f号の適用免除に係る諸要件

　第31条第f号の適用免除により、特許発明に係る医薬品の生産および輸入を行う資格が認められた特定の輸入加盟国に対し、輸出加盟国からの輸出によって当該医薬品を供給するために設定される強制ライセンスにおいて、その許諾の範囲に輸出行為を包含せしめる第31条の2第1項では、「医薬品」とは、公衆衛生上の問題を解決するために必要とされる医薬品の分野に属する特許に服するすべての製品、または特許に服するプロセスによって製造されたすべての製品を指すものとされる[201]。

　また同項における「資格が認められた特定の加盟国（輸入加盟国）」とは、第31条の2および附属書の規定に従い、TRIPs協定理事会に対して第31条第f号免除システム（以下、「免除システム」）を輸入国として利用する旨の通知を行った、すべての後発開発途上国等の加盟国を意味する。また、この通知は、その非限定的な一例として国家緊急事態またはその他の極度の急迫事態、もしくは公共の非商業的使用においてなされるものとされる[202]。同様に「輸出加盟国」とは、前記の「資格が認められた特定の加盟国（輸入加盟国）」に対して、医薬品を製造のうえ輸出するために、第31条の2に規定の免除システムを利用する加盟国を意味する[203]。

　さらに詳細な本条第1項による免除システムの利用プロセスについては、TRIPs協定附属書第2項第a号ないし第c号[204]にて、関係加盟国はその免除システム利用の通知、許諾ライセンス条件の遵守ならびに許諾されたライセンス範囲の通告を行う義務が存するものなどと規定されている。

　上記第1項の規定に続き、第31条の2第2項第1文においては、以下のとおり、本免除システムが利用された場合の強制ライセンス許諾に係る第31条第h号が規定する対価は、個々の事案に応じた輸入加盟国における市場での経済的な価値を勘案のうえ、輸出加盟国から特許権者に対して支払いが行われるべきものとされる。さらに同第2文では、輸出加盟国のみならず輸入加盟国においても強制ライセンスが設定されているケースにおいて、輸出加盟国にて前記に従い対価が支払われているときには、輸入加盟国においてさらなる対価を支払う必要はないものと明記される。

TRIPs協定[205]

第31条の2

(2)　この条及びこの協定の附属書に規定する制度の下で輸出加盟国が強制実施許諾を与える場合には，当該輸出加盟国において許諾されている使用が輸入する資格を有する加盟国にとって有する経済的価値を考慮して，当該輸出加盟国において前条（h）の規定に基づく適当な報酬が支払われる。輸入する資格を有する加盟国において同一の医薬品について強制実施許諾を与える場合には，同条（h）に規定する当該輸入する資格を有する加盟国の義務は，輸出加盟国において前段の規定に従って報酬が支払われる当該医薬品については，適用しない。

　さらに第31条の2第3項では、医薬製品の購買力の促進および地元製造を推進させることを目的とし、これらを通じた規模の経済原理を利用する観点から、開発途上国または後発開発途上国たる加盟国が他の一定の地域貿易協定に加盟している場合について特記している。すなわち第31条第f号に規定される加盟国の義務は、懸案となる公衆衛生問題を共有している一定の地域貿易協定[206]に属する加盟国が、他の開発途上国または後発開発途上国の市場に対して医薬製品の輸出を予定する強制ライセンスに基づき、当該製品の製造または輸入を可能にするに必要な範囲での実施行為に関して、適用されない[207]。

TRIPs協定[208]

第31条の2

(3)　医薬品の購買力を高め，及びその現地生産を促進するために規模の経済を活用することを目的として，開発途上国又は後発開発途上国である世界貿易機関の加盟国が，1994年のガット第24条及び異なるかつ一層有利な待遇，相互主義及び開発途上国の一層完全な参加に関する1979年11月28日付けの決定（文書番号L/4903）に規定する地域貿易協定であって，その締約国の少なくとも半数が国際連合の後発開発途上国の一覧表に現に記載されている国から成るものの締約国である場

合には，前条（f）に規定する当該加盟国の義務は，当該加盟国におけ
る強制実施許諾に基づいて生産し，又は輸入した医薬品を，関係する
健康に関する問題を共有する当該地域貿易協定の他の開発途上締約国
又は後発開発途上締約国の市場に輸出することができるようにするた
めに必要な範囲においては，適用しない。このことは，関係する特許
権の属地的な性格に影響を及ぼすものではないと了解する。

この本条第3項における取り決めは、（1）一定の地域貿易協定の複数の
構成国に対する医薬製品の輸出を可能とするとともに、当該製品の製造と
輸入行為も第31条第f号により禁止される行為を構成するものではないこ
とを明確にし、これをもって（2）地域貿易協定を構成する複数の構成国に
おける需要が組み合わされることにより特定の医薬製品に関する購買力の
総体を増大せしめ、集積拡大された全体需要に対応した規模の経済による
製造サイドの生産効率性向上を通じて、強制ライセンスに基づく後発開発
途上国等に向けた医薬製品の製造・輸入および輸出行為を効果的に促進せ
しめることを目的とした施策とされる[209]。

これに続き第31条の2第4項および第5項においては、各加盟国は第31
条の2および附属書による他の加盟国による免除システムの利用について
（1）TRIPs協定により自国に保護されるべき利益が無効化または侵害等さ
れるものとして、WTO協定の前身たるGATT協定第23条第1項[210]に基
づく申し立て等を当該他の加盟国に対して行うことはできないものと規定
する（第31条の2第4項）とともに、（2）第31条の2および附属書の規定
は、強制ライセンスの設定に係る供給目的の限定を定める第31条第f号、
ならびに強制ライセンス許諾に対する報酬の支払い手続きに係る同項第h
号の解釈を除き、その他のTRIPs協定の規定およびWTOドーハ宣言なら
びにこれらの解釈について何らの影響も及ぼさない（同条第5項）。

TRIPs協定[211]

第31条の2

（4）加盟国は，この条及びこの協定の附属書の規定に従ってとられる措置
に対し，1994年のガット第23条（1）（b）及び（c）の規定に基づい

て異議を申し立ててはならない。

(5) この条及びこの協定の附属書の規定は，加盟国がこの協定の規定（前条（f）及び（h）の規定を除く。）に基づいて有する権利，義務及び柔軟性（知的所有権の貿易関連の側面に関する協定及び公衆の健康に関する宣言（文書番号WT/MIN（01）/DEC/2）において再確認されたものを含む。）並びにそれらの解釈に影響を及ぼすものではない。この条及びこの協定の附属書の規定は，強制実施許諾に基づいて生産される医薬品を前条（f）の規定に基づいて輸出することができる範囲に影響を及ぼすものではない。

　特に上記第4項については、GATT第23条第1項に基づく申し立て等がなされるときには、対象とされた開発途上国または後発開発途上国たる加盟国は、その対応のための専門性とコスト負担能力おいて限界を有することが多く、当該申し立ての蓋然性があるときには、第31条の2による免除システムが、後発開発途上国等の加盟国による利用に対する事実上の抑止力となる恐れがあることから、このような懸案を払拭する目的にて規定されたものである[212]。

第4章

契約による実施許諾等における反競争的行為の規制

4.1　概略

4.1.1　序論

　TRIPs協定では知的財産に係る権利の濫用を防止すべく、その第2部第8節第40条第1項にて、知的財産権の実施許諾等に関する行為または条件が競争制限的な効果を有する場合に係る基本原則を、以下のとおり確認している。

TRIPs協定[1]

第40条

（1）加盟国は，知的所有権に関する実施許諾等における行為又は条件であって競争制限的なものが貿易に悪影響を及ぼし又は技術の移転及び普及を妨げる可能性のあることを合意する。

　また同第2項にて、各加盟国は、このような知的財産権の実施許諾等に関する行為または条件であって、加盟国における当該知的財産権に係る行為等が競争制限的な影響を及ぼし得るものを、知的財産権の濫用であるものとして特定し、これを防止または規制するための国内法上の措置をとることができるものとする。ただしその措置は、TRIPs協定における内国民待遇の原則（TRIPs協定第3条）または最恵国待遇の原則（同第4条）などの他の規定を遵守すべきものとされる。

TRIPs協定[2]

第40条

（2）この協定のいかなる規定も，加盟国が，実施許諾等における行為又は条件であって，特定の場合において，関連する市場における競争に悪影響を及ぼすような知的所有権の濫用となることのあるものを自国の国内法令において特定することを妨げるものではない。このため，加盟国は，自国の関連法令を考慮して，このような行為又は条件（例えば，排他的なグラント・バック条件，有効性の不争条件及び強制的な

一括実施許諾等を含むことができる。）を防止し又は規制するため，この協定の他の規定に適合する適当な措置をとることができる。

この点につきWIPO特許常設委員会の特許除外・例外制限レポートによる検証[3]においては、第31条第k号に係る前節でも確認のとおり、（1）多数の加盟国がその国内法における特許権者による「反競争的行為への処分規定」として、特定の処分措置に係る条項を特許法にて規定しているとされ、また（2）その他の加盟国においても、かかる反競争的行為に対する処分規定は競争法の下において明示され、特許権者による反競争的行為に対する処分として適当であると判断される場合には、競争法当局による処分措置が命じられ得るとされている[4]。

前述のとおり、前者の例としてアルゼンチンにて、特許法第44条において競争法当局にて特許権者が反競争的行為に従事しているものと認める場合には、是正のための処分措置を実施する旨が規定されており[5]、また後者の例として米国にて、米国連邦取引委員会による同国反トラスト法（シャーマン法第2条）違反が争われたラムバス社事件において、ラムバス社に対して特許権が付与された技術について所定の合理的なライセンス料によるライセンス義務の有無を争われた下級審事件が確認されている[6]。

さらに日本国法においても、同国独占禁止法第21条[7]において知的財産権の適法な行使に対して独占禁止法の適用除外が規定される一方、適法な行使を超える行使については、「反競争的行為への処分規定」の一態様として、同法第100条第1項第1号[8]により、特許権者が独占禁止法違反に該当する行為をなした場合には、当該特許権を取り消す旨の宣言をなすことができる旨が規定されている。

4.1.2　WIPO特許常設委員会による検証：総論

WIPO特許常設委員会の「標準と特許」レポート（2009年）における別途の検証[9]によれば、固定された実施許諾料の支払い義務などを通じて特許権者が自己の市場における独占的地位を維持・獲得する行為は、反競争的な知的財産権の行使の典型例のひとつに該当し得ることが指摘される[10]。

　同レポートによれば、特許権の行使に係る反競争性の理解にあたっては、特許法と各国の競争法・独占禁止法の法目的と趣旨に立ち戻る必要があるとされる。すなわち、そもそも（1）特許法が制定された趣旨は、一定の発明に対する技術開示の対価としての排他的独占権の付与を通じて、社会のイノベーションを促進させ消費者厚生を改善させるものであり、また他方で（2）各国の競争法または独占禁止法は、同じく社会のイノベーションを促進させ消費者厚生を改善させることを最終的な目的とするものであるが、同法はこれを市場における健全な競争の維持を通じて実現する法制度であり、典型的には市場新規参入の排除行為または阻害行為を防止することによりこれを達成しようとするものである[11]。

　またこの点、特許法が発明者に私法上の排他的独占権を付与し、各国の競争法・独占禁止法が関連市場における市場支配力の維持・拡張等を規制することから、一定の状況において特許権者による市場支配力の濫用等により両法の交錯が生じる可能性はあるものの、発明者による特許権の獲得が直ちに独占禁止法等違反を構成するものではないとされる。すなわち、まず（1）市場においては多くの場合において特許権が付与された特許発明に係る技術の代替技術が存するものであり、当該代替技術または代替技術を利用した製品・サービスとの競争を通じて、関連市場における特許権者による市場支配力の獲得は回避され、同市場の健全な競争状態が維持される、さらに（2）関連市場における事業者による製品・サービスの供給は特許発明のみに依存して実現されるものではなく、その最適化された原材料の供給、周辺コンポーネント部品・技術の確保、および量産化ノウハウ等による品質保持の実現など特許発明以外の複数の技術的資産に大きく依存するものであるため、特定の発明に係る排他的独占権の存在のみをもって、特許権者による関連市場での市場支配力の濫用を直ちには認定できないものと解されるのである[12]。

　しかしながら例外として、特定の特許権等の知的財産が市場における製品・サービスの供給に不可欠または必要とされるものであり、当該権利に係るライセンス行為が競争制限的な条件を包含するも場合には、各国における独占禁止法等の違反を構成し得ると解されていることに注意を要する。具体例としては、当該製品・サービスに係る関連市場において、そのライ

センス行為がなければ参入したであろう競争事業者による競争状態を減殺するであろう契約条件を含むライセンス行為などである[13]。

4.1.3　WIPO特許常設委員会による検証：技術標準に係る知的財産の利用に係る競争阻害性

　WIPO特許常設委員会にて確認される知的財産に係る反競争行為に関する基本的理解に基づき、各加盟国においてはその競争当局によりいかなるライセンス行為が独禁法等の違反行為を構成し得るものであるかを明らかにする、知的財産の利用に係るガイドラインが作成・公表されている。近時の米国・欧州等の主要加盟国におけるガイドラインにおいては、特に技術標準に係る知的財産利用の競争阻害性が新たな懸案として浮上しており、これに係る共通の理解が示されつつある[14]。

　これらガイドラインに共通する基本的認識によれば、特定技術の標準化ならびにその標準策定プロセスが適切に実施されるときには、技術の選別と競争が進み、市場の健全な競争が維持されることとなる[15]。また標準設定後においては、技術の共通化を通じた規模の経済等による製造者の製造効率改善ならびにネットワーク効果等を通じた需要者の利便性向上が生じるため、特定技術の標準化は市場の競争性および社会における経済厚生を必ずしも阻害するものではないと理解されている。

　しかしながら、上記理解にもかかわらず標準技術が特定の特許権に係る排他的独占権による保護を受けているときには、一定の場合において独禁法等上の懸案を生じ得る。標準化団体において標準技術が採択された場合において、当該技術に対する代替技術が市場に存しない状況にあるときには、同技術を実施する事業者は当該標準技術に包含される特許権者から、不当に高額な実施料またはその他の実施者にとって不合理に不利益な契約条件を伴うライセンス行為に直面する恐れがあり、このような状況は、標準技術の実施者による標準必須特許へのロックイン状態として競争法・独禁法上の懸案となるものとされる[16]。

　そこで、このようなロックイン状態に係る独禁法等違反のリスクを最小化するため、多くの標準化団体は、標準化プロセスにおいて各参加事業者

に標準必須特許の事前開示の宣言を行うことを義務付けている。しかし、それにもかかわらず、(1) 標準化プロセスに参画した標準必須特許権を保持する事業者が当該特許権の存在を意図的に秘匿し、これを明らかにしないケース、または (2) 当該標準技術の他の事業者における採用と実施が進行したのちに、時宜に遅れて標準必須特許権の存在を権利者が開示するケースなどにおいて、権利者が不当に高額な実施料等の不適切な契約条件を伴うライセンス許諾を提示する場合について、これを独禁法・競争法上いかに規制し得るものであるかにつき、欧州・米国等の主要加盟国にて検討と対応が進められている[17]。なおこれら主要加盟国での実施状況の詳細については、次節を参照されたい。

4.1.4　アカデミアによる展望：ビッグデータ占有に係る知的財産の活用に係る反競争性

　さらに近時の学術的検討においては、知的財産の活用によるビッグデータの取得と利用に係る「ポジティブ・フィードバック効果」を通じた競争制限の可能性が指摘されつつある[18]。ビッグデータの取得と利用は、知的財産の活用を通じてこれを独占する事業者によって、市場競争が制限され得る状態にある。新規参入者が迅速に市場へ参入できれば、反競争的な市場均衡が崩され、最適化された経済厚生が回復されるものの、当該事業者による市場制限がフィードバック効果（ポジティブ・フィードバック効果）を通じて継続的に維持される恐れが高いことが指摘される[19]。

　エズラキは、市場制限とポジティブ・フィードバック効果との関連において、まず市場新規参入の恐れのある他の事業者の参入に係る事業行動のインセンティブについて、ビッグデータを活用してこれを予測し、他の事業者の価格設定行動を先読みする予測マーケティングの実施により、当該事業者参入のインセンティブを減殺することを通じて反競争的市場環境が維持され得ると指摘する。このように利用者の需要行動に関するデータを活用することで市場における自己の優位性を維持確保する予測マーケティングは、米国ネットフリックス社（Netflix, Inc.）における動画配信サービスのコンテンツ・マーケティングなどに典型として観察することができ

るとされる[20]。

　さらにビッグデータを占有する事業者により形成された反競争的市場環境については、市場での事業活動において当事者間に発生するいわゆるネットワーク効果により、さらに継続的に維持される恐れがあることが指摘されている[21]。ネットワーク効果とは、特定のプラットフォーム技術を用いる利用者が増加するほど、当該プラットフォーム技術との互換性を有する製品製造に対する投資行動が拡大され、それにより当該プラットフォーム技術の魅力をさらに増幅させる効果をいう。このようなネットワーク効果を通じた競争制限に係るポジティブ・フィードバック効果の維持については、米国グーグル社（Google LLC）や米国アップル社（Apple Inc.）などスマートフォン端末に係るオペレーション・システム（OS）に関する知的財産を占有する事業者が市場支配力を獲得していることについて特に懸念されている。

　加えてエズラキによれば、まず（1）特定事業者によるビッグデータを使用した先取りマーケティング行動、ならびにこれに付加される特定のプラットフォーム技術から生じるネットワーク効果の複合相乗作用たる「データ推進型ネットワーク効果」は、関連市場における反競争的市場状態を継続的なものとなし得る恐れがあり、また（2）これはビッグデータを占有する事業者に生じる市場支配力の維持に係るポジティブ・フィードバック効果として理解され得る。市場支配力維持の可能性に係るこのポジティブ・フィードバック効果については、さらに（3）ビッグデータを占有する事業者がその効果を通じて市場から獲得する一時的または継続的な独占的利益を、取得データに係る人工知能アルゴリズム技術の改良発展のための研究開発に投下することにより、さらに改良発展された人工知能アルゴリズムがビッグデータ収集能力をより強化するため、中長期的にもその市場支配力が強化のうえ維持継続される（中長期的市場支配力の獲得）恐れがあるものと指摘されている[22]。

　筆者は、このようなビッグデータの活用に係る知的財産利用の規制については、データ推進型ネットワーク効果を通じた技術開発投資によるポジティブ・フィードバック効果が創出し得る短期および中長期の市場支配力のあり方に応じ、今後各加盟国においてその反競争的な権利活用に対して

法政策ポリシーが形成されていくと推察する。特に日本国法においては、優越的地位等を背景とした知的財産の不当な集約ならびに第三者権利侵害に係る過大な補償責任の転嫁に注意が必要であろう。

4.2　加盟国における実施状況：日本国法

4.2.1　概要

　前節でも既述のとおり、日本国法においては、同国独占禁止法第21条にて知的財産権の適法な行使への独占禁止法の適用除外が規定される。一方、適法な範囲を超える知的財産に係る権利の行使については、同法第100条第1項第1号により、「反競争的行為への処分規定」の一態様として、独占禁止法違反に該当する行為を特許権者がなした場合には、当該特許権を取り消すことができる旨が規定されている。

　また同法第21条が以下のとおり規定する、適法な範囲を超える知的財産に係る権利の行使については、さらに具体的に日本国公正取引委員会による知的財産に係るガイドライン[23]において、「権利の行使とみられる行為であっても、行為の目的、態様、競争に与える影響の大きさも勘案した上で、事業者に創意工夫を発揮させ、技術の活用を図るという、知的財産制度の趣旨を逸脱し、又は同制度の目的に反すると認められる場合は、上記第21条に規定される「権利の行使と認められる行為」とは評価できず、独占禁止法が適用される」[24]ものと解されており、適法な範囲を超える権利の行使であるか否かについては、最終的には特許法等の各知的財産法制度の趣旨に立ち返り、その制度趣旨に照らし許容性を判断すべきものとされる。

日本国独占禁止法

第二十一条　（知的財産権の行使行為）

　この法律の規定は、著作権法、特許法、実用新案法、意匠法又は商標法による権利の行使と認められる行為にはこれを適用しない。

　なおこのような理解については、2003（平成15）年に施行された日本
国の知的財産基本法においても、その第10条において、知的財産の保護お
よび活用に関する施策を推進するにあたっては「公正かつ自由な競争の促
進が図られるよう配慮する」ものとして、以下のとおり再確認されている
状況がある。

日本国知的財産基本法
第十条（競争促進への配慮）
　知的財産の保護及び活用に関する施策を推進するに当たっては、その公
正な利用及び公共の利益の確保に留意するとともに、公正かつ自由な競争
の促進が図られるよう配慮するものとする。

4.2.2　技術標準に係る知的財産に基づく権利行使：独占禁止法による対応

（1）概要

　日本国における独占禁止法の運用においては、同国公正取引委員会によ
る2016（平成28）年における「知的財産の利用に関する独占禁止法上の
指針」（以下、「知的財産ガイドライン」）[25]の改正により、FRAND条件に
よるライセンス許諾が宣言された標準必須特許権の権利行使に対する独占
禁止法上の規制介入の枠組みが、以下のとおり規定されている。

日本国　知的財産ガイドライン
第3　私的独占及び不当な取引制限の観点からの考え方
1　私的独占の観点からの検討
　（1）技術を利用させないようにする行為
　　　オ　一般に，規格を策定する公的な機関や事業者団体（以下「標準
　　　化機関」という。）は，規格の実施に当たり必須となる特許等（以
　　　下「標準規格必須特許」という。）の権利行使が規格を採用した製品
　　　の研究開発，生産又は販売の妨げとなることを防ぎ，規格を広く普

及させるために，標準規格必須特許のライセンスに関する取扱い等
（以下「IPRポリシー」という。）を定めている。

　　　[中略]

　このようなFRAND宣言をした標準規格必須特許を有する者が，
FRAND条件でライセンスを受ける意思を有する者に対し，ライセ
ンスを拒絶し，又は差止請求訴訟を提起することや，FRAND宣言を
撤回して，FRAND条件でライセンスを受ける意思を有する者に対
し，ライセンスを拒絶し，又は差止請求訴訟を提起することは，規格
を採用した製品の研究開発，生産又は販売を困難とすることにより，
他の事業者の事業活動を排除する行為に該当する場合がある。上記
については，自らFRAND宣言をした者の行為であるか，FRAND宣
言がされた標準規格必須特許を譲り受けた者の行為であるか，又は
FRAND宣言がされた標準規格必須特許の管理を委託された者の行
為であるかを問わない（後記第4－2（4）の場合も同様である。）。

　　　[以下略]

　上記のとおり日本国における公正取引委員会ガイドラインでは、標準必
須特許権のライセンスに関する知的財産取り扱いポリシーにおいて、当該
特許権者が公正、妥当かつ無差別な条件（FRAND (fair, reasonable and
non-discriminatory) 条件）にて他者にライセンスする意思の宣言を義務
付けられている場合、そのようなライセンス取得を希望する者に対して行
われる特許権の行使は、他の事業者等の事業活動を排除する行為に該当す
るものとして独占禁止法違反を構成し得ることが規定されている。標準技
術の実施にあたり必須となる標準必須特許権の不当な権利行使が、標準技
術に準拠した製品の開発および普及の妨げとなることを防ぐことを目的と
するものである。

（2）知的財産ガイドライン改正とアップル社対サムソン社事件判決（2014）

　前記の標準必須特許権の取り扱いに係る日本国公正取引委員会による知
的財産ガイドラインの改正は、アップル社対サムソン社間の標準必須特許

権に係る権利侵害係争における知的財産高等裁判所判決（2014年）を受け、FRAND条件によるライセンス許諾が宣言された標準必須特許権の、権利行使に対する規制介入のあり方に関する記述を追加するものとして、2016（平成28）年に公表されたものである[26]。この2016年改正においては、アップル社対サムソン社事件にて判示されたフレームワーク、すなわち標準必須特許権の権利者がFRAND条件による実施許諾の意図を宣言したケースにおいて、同特許権のFRAND条件ライセンスを受ける意思を有するものに対して権利者がライセンス許諾を拒絶（ならびに差止請求の訴え）は、同特許権に係る発明を実装した製品の研究開発、製造または販売を不当に妨げるものであることから原則として許容されるべきではないとする法的判断の枠組みを、独占禁止法上のライセンス許諾の拒絶等に係る法的理解において実質的に踏襲したものと評価することができる[27]。

　さらに同改正では、「標準必須特許権のFRAND条件ライセンスを受ける意思を有する当事者」に該当するか否かについての具体的な判断の基準においても、（1）具体的な標準必須特許権の侵害の事実および態様の提示の有無、（2）ライセンス条件およびその合理的根拠の提示の有無、（3）当該提示に対する合理的な対案の速やかな提示等の応答状況、および（4）商慣習に照らして誠実に対応しているか否か、などに照らして個別にこれを判断すべきものとし、この点についても、2014年事件にて裁判所が採用したものと同様の判断基準を、独占禁止法上のライセンス許諾の拒絶等に係る法的判断において維持している。

　これらに鑑みれば、公正取引委員会による当該ガイドライン改正については、2014年事件において民法第1条第3項規定の権利濫用法理の適用にあたり裁判所が示したアップル社対サムソン社判決における法的な判断枠組みを、結果として、具体的な判断基準を含めほぼそのままの枠組みにて、同国独占禁止法の適用に係る法的な判断基準として受容したものと評価できよう。果たして同事件にて判示された民法第1条第3項規定に係る権利濫用法理の適用枠組みが、何ら変更なく独占禁止法の適用に係る判断基準として受容可能であるか否かについては、今後のさらなる学術的な分析と評価の対象となろうと考えるものである。

4.2.3　技術標準に係る知的財産に基づく権利行使：特許法による対応

　日本国においては、前記の公正取引委員会による2016年ガイドライン改正に加え、2018（平成30）年に特許庁が別途の新たなガイドライン策定を通じて、前記アップル社対サムソン社事件（2014年）にて裁判所が示した法的判断フレームワークを踏襲しつつ、日本国法下において「比較ライセンス・アプローチ」および「トップダウン・アプローチ」等の採用を進めた、さらに精緻な法的判断基準のあり方を明確化しようとする施策が実施されている[28]。具体的には、日本国特許庁は「標準必須特許のライセンス交渉に関する手引き」（2018年）（以下、「必須特許交渉ガイドライン」）において、日本国法による標準必須特許権に係る侵害係争事件の処理について、(1)日本国における前記2014年判決における法的理解を基本的に踏襲すべきものであることを示すとともに、(2)同事件後にアンワイアド・プラネット社対ハーウェイ社事件（2017年）[29]における英国高等法院判決および米国カリフォルニア州におけるTCL社対エリクソン社事件（2017年）[30]判決等において示された比較ライセンス・アプローチならびにトップダウン・アプローチ等に基づく精緻な検証手法を加味した法的フレームワークを用いて判断がなされるべきであることを、以下のとおり適示している。

　まず当該必須特許交渉ガイドラインにおいては、当該ガイドラインが「無線通信の分野などにおける標準規格の実施に不可欠な特許である標準必須特許権（standard essential patent：SEP）のライセンスに関し、「透明性と予見可能性を高め、特許権者と実施者との間の交渉を円滑化し、紛争を未然に防止し、あるいは早期に解決することを目的」[31]にしてその策定が行われたものであるという趣旨が明示されている。

　すなわち、ICT事業分野をはじめとしたオープン技術開発戦略等の進展に伴い増加の傾向を見せる、標準必須特許権に係る侵害係争事件における判例および関係機関による判断の蓄積により、2018年時点までに関係の主要管轄国・地域における法的判断枠組みの精緻化が大きく進んだことに照らし、またこれに伴い国境を越えて活動する製造事業者・研究機関等で

の当該係争のタスク処理としての複雑性が大きく緩和されつつあることに
鑑み、グローバルな事業組織における業務遂行に対する公的な支援施策と
して、同ガイドラインの策定がなされたものである[32]。具体的には、国境
を越えた標準必須特許権の侵害係争事件に係るタスク処理の対応プロセス
については、（1）その公式性が前記の比較ライセンス・アプローチおよび
トップダウン・アプローチ等を通じて飛躍的に高まることとなっており、
そのような公式性の高さに着目のうえ（2）当該アプローチを定型化したプ
ロセス処理実務を客観的に明確化しつつ、あわせてその明解な利用解説を
付した公的なガイドラインを提供することは、ひいては（3）日本国市場に
関連してグローバルに活動する日本国内外の事業組織における、知財リス
クマネジメントに係る組織体制と社内手続きの定型化と効率化を、強く促
す効果を期待できるのである。

　さらに換言すれば、以上のような日本国特許庁による必須特許交渉ガイ
ドラインの策定と国内外に向けたアナウンスメントは、関係の主要管轄国
における司法裁判と競争当局による法的判断の蓄積を通じた当該対応処理
タスクの複雑性の緩和および公式性の高まりを反映し、グローバルに活動
する事業組織が標準必須特許権に係る侵害係争対応に関する知財法務上の
処理プロセスを定型化することにより、組織内における処理権限の分権化
を促すものであると考えられよう。

　以上のとおり、日本国における特許庁による当該ガイドライン策定の取
り組みについては、これを通じ当該侵害係争処理に係る「交渉を円滑化し、
紛争を未然に防止し、あるいは早期に解決」[33]することにより、日本国市
場・産業界に関連し得る国際的なオープン技術開発戦略の展開を促進せし
めるとともに、国境を越えた継続的な技術革新を実現する事業者によるグ
ローバルな業務遂行を可能とし、その内部環境および外部環境の改善・更
新を積極的にサポートし得る公的な支援施策であるものとして、高く評価
されるべきであろう。

4.2.4　詳解：アップル社対サムソン社事件 知的財産高等裁判所判決 （2014年）

　前節までに概観したとおり、日本国における公正取引委員会および特許庁による諸ガイドラインの策定においては、一連のアップル社対サムソン社事件にて主要管轄国により示された標準必須特許権の行使についての法的理解がその前提とされていることから、特にその日本国における知的財産高等裁判所判決（2014年）[34]の内容について以下詳解する。

　当該事件においては、欧州における公的な標準化団体たるETSIにて設定されたUMTS（Universal Mobile Telecommunications System）技術関連の、いわゆるデ・ジューラ標準技術に係るサムソン社が保有する標準必須特許権の権利行使のあり方とその法的理解が争われた。さらにETSIは、採択された当該標準技術を実装する製品の研究開発、製造または販売が標準必須特許権の存在により妨害されることを回避するため、同団体規則を通じて、当該標準化プロセスの参加事業者に対して、関連する標準必須特許権を保有している旨の事実の適時開示を義務付けるとともに、開示がなされた特許権について、FRAND条件による他の事業者へ実施権を許諾する意図を有する旨を宣言することを義務付けていた。

　このような状況の下において、サムソン社はUMTS技術を実装したアップル社の製品群（iPhone、iPad2、Wi-Fi＋3Gおよびその他2種の製品）の製造に必要とされる標準必須特許権（898号特許）を保有しており、FRAND条件により当該特許権の実施許諾を行う意図を有する旨を同団体のメンバーとして宣言していたにもかかわらず、アップル社が日本国において特許発明を実施したことに対して、その差止請求ならびに損害賠償請求を旨とした複数の訴訟を提起したものである。

　これに対し裁判所は、FRAND条件による実施許諾の意図を宣言した標準必須特許権の権利者が、FRAND条件による実施許諾（ライセンス）を受ける意思を有する当事者に対するライセンス拒絶ならびに特許発明の実施に係る差止請求訴訟を提起することは、当該特許権を実装した製品等の研究開発、製造または販売を阻害することに鑑み、これが「権利の濫用」（民法第1条第3項）を構成し得ることを判示した。またそのようなライセ

ンスを受ける意思を有する当事者に対する損害賠償の請求についても、原則として特段の事由がない限り、FRAND条件に基づくロイヤルティ料率等を超えることはできないものとした。

　さらに裁判所は、これらの点に関し、「必須特許のFRAND条件ライセンスを受ける意思を有する当事者」に該当するか否かについては、以下のような両当事者間の交渉過程における対応の状況、すなわち、(1) 具体的な標準必須特許権の侵害の事実および態様の提示の有無、(2) ライセンス条件およびその合理的根拠の提示の有無、(3) 当該提示に対する合理的な対案の速やかな提示等の応答状況、ならびに (4) 商慣習に照らして誠実に対応しているか否か、などに照らし個別事案に即して判断すべきことを判示した。

　このような日本国における知的財産高等裁判所の判断は、2014年時点における米国・欧州等の主要管轄での司法裁判所・関係機関におけるアップル社対サムソン社間の諸事件にて示された解釈基準、すなわち標準必須特許権につきFRAND条件の下にて「誠実にライセンスを受ける意思 (willingness to take a license) を有する者」であったか否かを基礎として、差止請求と損害賠償請求の認否を判断すべきとする法的判断のフレームワークを共有するものである。さらに換言すれば、同時点における標準必須特許権に基づく侵害訴訟に関する法的判断の枠組みは、日本国を含む主要管轄国間において一定の共通認識が醸成される状況に至ったと評価できよう。

4.3　加盟国における実施状況：英国法・米国法

4.3.1　英国法における実施状況

　日本国法にて上記のとおりガイドライン整備が進められている標準必須特許権に係る権利行使につき、英国法においても近時のイングランド・ウェールズ高等法院 (England and Wales High Court) に係属したアンワイアド・プラネット社対ハーウェイ社事件 (2017年) [35]にて、一連

のアップル社対サムソン社諸事件以降における法的判断のフレームワークのあり方についてさらに詳細な指針が示されている。具体的には、同事件ではアップル社対サムソン社諸事件における従来の法的判断枠組みを維持しつつ、主として比較ライセンス・アプローチ（Comparable License Approach）を用いる判断を行うとともに、あわせてトップダウン・アプローチ（Top-Down Approach）を補完的に併用のうえ、FRAND条件によるライセンス許諾を前提とした損害賠償責任を個別具体的に認定すべきことが判示されている。

　まず同事件にて裁判所は、比較可能な当該事業者のライセンス許諾契約における実績ロイヤルティ料率に基づく検証を行う比較ライセンス・アプローチを用いることとし、アンワイアド・プラネット社が裁判時に保有している標準必須特許権ポートフォリオの譲渡人であり、従前の保有者であったエリクソン社の包括特許ライセンス契約群におけるライセンス条件の事実確認から検討を開始すべきとした。さらに同事件では、このような包括特許ライセンス契約群の検証、同検証を通じた当該ライセンス条件の細分化（unpacking）、エリクソン社とライセンシー間の片務的ライセンス許諾（One-way）契約におけるロイヤルティ料率の推計作業の結果、特定のライセンス契約を抽出のうえ、個別具体的に仮想された、エリクソン社の片務的ライセンス許諾契約における推計ロイヤルティ料率を確定すべきものとされた。

　これら算定を基礎として裁判所は、エリクソン社の有する特許ポートフォリオ規模とアンワイアド・プラネット社の有する特許ポートフォリオ規模に関する相対的な特許件数の比率差を、エリクソン社片務的ライセンス・ロイヤルティ料率に対して乗じる計算をなすことにより、アンワイアド・プラネット社特許ポートフォリオに適用すべき推計ロイヤルティ料率を帰結すべきと判示している。具体的には、裁判所はLTEテクノロジーに関し、エリクソン社の片務的ライセンス・ロイヤルティ料率は0.80%であったと算定することができるとした上で、これを基礎としてアンワイアド・プラネット社特許ポートフォリオの規模はエリクソン社特許ポートフォリオに対して7.69%の相対ポートフォリオ規模率を構成するものと評価できるとした。このように片務的ロイヤルティ料率に相対ポートフォリオ規模率を

乗じることにより、結論として0.062％がアンワイアド・プラネット社に適用されるべき推計片務的ライセンス・ロイヤルティ料率である旨が判示されたのである。

あわせて同事件にて裁判所は、適切な結論を得るための補完的検証手段（cross-check）として、累積ロイヤルティ料率総額の妥当性に係る検証を行うトップダウン・アプローチを実施している。当該アプローチにおいては、LTEテクノロジーに係る技術領域においてすべての標準必須特許権群に係るロイヤルティ料率が累積して適用された場合の累積ロイヤルティ料率総額（Aggregate Royalty Burden：ARB）が算定された。本事件においては必ずしも厳密な形でのトップダウン・アプローチ検証は実施されなかったものの、前記において帰結されたアンワイアド・プラネット社特許ポートフォリオに係る推計片務的ライセンス・ロイヤルティ料率に基づき累積ロイヤルティ料率総額の簡易的な算定が行われた。

具体的には、アンワイアド・プラネット社に適用される推計片務的ライセンス・ロイヤルティ料率0.062％に基づき、前記相対ポートフォリオ規模率から算出した料率である8.8％が、LTEテクノロジー技術領域における推計累積ロイヤルティ料率総額とされた。この推計累積ロイヤルティ料率総額は、かねてより情報技術産業分野においてエリクソン社、ノキア社、NTTドコモ社、NEC社およびソニー社等[36]が要望していたとされる当該技術分野における累積ロイヤルティ料率総額は多くとも1桁台パーセント（すなわち10％未満）であるべきとする主張と合致し、同事件においても許容範囲内の料率総額に留まっているものと解することができる。

以上を総括すれば、まず同事件での英国高等法院における法的理解は、過去のアップル社対サムソン社諸事件における法的判断枠組みを維持しつつ、これに比較ライセンス・アプローチならびにトップダウン・アプローチに基づくさらに精緻な検証と推計を進めているものと評価できよう。

4.3.2 米国法における実施状況

また同じく米国においては、前節にて記述のとおり、米国連邦取引委員会による訴追が行われたラムバス社事件にて、同社は自己が参加した標準

化プロセスの過程における欺瞞的かつ排他的な行為を通じて市場独占力を獲得したものとされ、これをシャーマン法第2条に対する違反行為であるとするとともに、所定の実施料に基づいて特許権に係るライセンスを許諾すべきことが争われた[37]。同事件により米国法においては、特許権者が標準化機関の構成メンバーに対して、標準技術の利用にあたり実施が必要となる標準必須特許権を自己が有していないものと信じるよう誘導するような不適切な行為が、標準化技術の選択の過程において大きな影響を与え、そのような行為による不適切な標準技術の採択を通じて特許権者が市場における独占的地位を不当に獲得したものと認定し得ると解されている[38]。

　このような標準必須特許権の行使に関する法的理解の枠組みを前提に、英国の前記事件にて争点とされたLTEモバイル通信技術に係る標準必須特許権群について、米国カリフォルニア州にてほぼ同様の概要で特許権侵害に係る訴訟提起がなされたTCL社対エリクソン社事件（2017年）[39]においては、イングランド・ウェールズ高等法院裁判所と同じく、これまでのアップル社対サムソン社諸事件での判断枠組みを維持するとともに、比較アプローチおよびトップダウン・アプローチを併用することにより、同裁判所による結論とほぼ同等の推計ロイヤルティ料率と推計累積料率総額が判示されている状況がある。

　これらに鑑みれば、英国法ならびに米国法において、近時の標準必須特許権に係る権利侵害訴訟の基本的な法的判断および損害賠償額算定等のフレームワークは、従前のアップル社対サムソン社諸事件にて構築された判断枠組みを踏襲しながら、これがさらに精緻化された態様にて運用されつつあるものと帰結することができる。両国における標準必須特許権に係る判例の動向については、比較ライセンス・アプローチならびにトップダウン・アプローチ等に基づくさらに精緻な検証と推計がどのように進められていくか、今後も継続的な観察と評価が望まれよう。

注

第1章

[1] UNITED NATIONS CONFERENCE ON TRADE AND DEVELOPMENT (UNC-TAD),TRAINING MODULE ON THE WTO AGREEMENT ON TRADE-RELATED ASPECTS OF INTELLECTUAL PROPERTY RIGHTS (TRIPS) 4 (2010) [hereinafter*UNCTAD MODULE*],*available at* https://unctad.org/en/Docs/ditctncd20083_en.pdf

[2] *UNCTAD MODULE*at 4

[3] TRIPs協定，諸外国の法令・条約等，特許庁 https://www.jpo.go.jp/system/laws/gaikoku/trips/chap3.html#law2（最終閲覧日2019年12月1日）

[4] 参照．田上麻衣子「生物多様性条約（CBD）とTRIPS協定の整合性をめぐって」知的財産法政策学研究12号，163頁，165頁（2006）

[5] *UNCTAD MODULE*at 3

[6] *Id.*

[7] 熊谷健一「GATTウルグアイ・ラウンド交渉TRIP協定に関する一考察」法政研究61号，555頁，556頁（1995）

[8] 熊谷・前掲注[7]558頁

[9] 特許庁・前掲注[3]

[10] *UNCTAD MODULE*at 5

[11] *Id.*

[12] *Id.*at 6

第2章

[1] TRIPs協定，諸外国の法令・条約等，特許庁 https://www.jpo.go.jp/system/laws/gaikoku/trips/chap3.html#law2（最終閲覧日2019年12月1日）

[2] 参照．GATT第23条　無効化又は侵害
（1）締約国は、（a）他の締約国がこの協定に基く義務の履行を怠つた結果として、（b）他の締約国が、この協定の規定に抵触するかどうかを問わず、なんらかの措置を適用した結果として、又は（c）その他のなんらかの状態が存在する結果として、この協定に基き直接若しくは間接に自国に与えられた利益が無効にされ、若しくは侵害され、又はこの協定の目的の達成が妨げられていると認めるときは、その問題について満足しうる調整を行うため、関係があると認める他の締約国に対して書面により申立又は提案をすることができる。この申立又は提案を受けた締約国は、その申立又は提案に対して好意的な考慮を払わなければならない。

[3] 特許庁・前掲注 [1]

[4] Paris Convention for the Protection of Industrial Property of March 20, 1883, as revised at Brussels on December 14, 1900, at Washington on June 2, 1911, at The Hague on November 6, 1925, at London on June 2, 1934, at Lisbon on October 31, 1958, and at Stockholm on July 14, 1967, and as amended on September 28, 1979

[5] 尾島明『逐条解説 TRIPs 協定』28-30 頁（日本機械輸出組合, 1999), 荒木好文『図解 TRIPS 協定』21 頁（発明協会, 2001)

[6] 特許庁・前掲注 [1]

[7] 特許庁・前掲注 [1]

[8] 尾島・前掲注 [5]33頁, 荒木・前掲注 [5]26頁

[9] 特許庁・前掲注 [1]

[10] 参照. パリ条約第 2 条第 3 項
第 2 条　同盟国の国民に対する内国民待遇等
（3）司法上及び行政上の手続並びに裁判管轄権については, 並びに工業所有権に関する法令上必要とされる住所の選定又は代理人の選任については, 各同盟国の法令の定めるところによる。

[11] 荒木・前掲注 [5]31頁, 尾島・前掲注 [5]36頁

[12] Standing Committee on the Law of Patents, WIPO, *SUMMARY OF DOCUMENTSCP/29/5: CONFIDENTIALITYOF COMMUNICATIONS- BETWEEN CLIENTS AND THEIR PATENT ADVISORS: COMPILA- TIONOFLAWS, PRACTICESAND OTHER INFORMATION,*2 (November 14, 2018[hereinafter*SCP Privileges Report*],*available at* https://www.wipo.int/edocs/mdocs/scp/en/scp_29/scp_29_5_summary.pdf

[13] 特許庁・前掲注 [1]

[14] WIPO, IMPLICATIONS OF THE TRIPS AGREEMENT ON TREATIES, 8 (1996), [hereinafter*WIPO IMPLICATIONS*],*available at* https://www.wipo.int/edocs/pubdocs/en/intproperty/464/wipo_pub_464.pdf

[15] *Id.*at 8

[16] *SCP Privileges Report*at 1

[17] 特許庁・前掲注 [1]

[18] Patent Cooperation Treaty (PCT)

[19] Madrid Agreement Concerning the International Registration of Marks and its Protocol

[20] Hague Agreement on the International Deposit of Industrial Designs

[21] 特許庁・前掲注 [1]

[22] 尾島・前掲注 [5]46-47頁, 荒木・前掲注 [5]43頁

[23] *WIPO IMPLICATIONS*at 8

[24] 尾島・前掲注 [5]47-48頁, 荒木・前掲注 [5]45頁

[25] 尾島・前掲注 [5]47-48頁, 荒木・前掲注 [5]44頁

[26] Standing Committee on the Law of Patents, WIPO, *INTERFACEBETWEENEXHAUSTIONOF INTELLECTUALPROPERTY RIGHTS AND COMPETITIONLAW (CDIP/4/4)*Chapter 5 (June 1, 2011) [hereinafter*SCP Exhaustion Report*],*available at* https://www.wipo.int/edocs/mdocs/mdocs/en/cdip_4/ cdip_4_4rev_study_inf_2.pdf

[27] *WIPO IMPLICATIONS*at 9

[28] *Id.*

[29] 尾島・前掲注 [5]53頁, 荒木・前掲注 [5]48頁

第3章

[1] TRIPs協定, 諸外国の法令・条約等, 特許庁 https://www.jpo.go.jp/system/laws/gaikoku/trips/chap3.html#law2（最終閲覧日 2019年12月1日）

[2] 参照. 橋本良郎『特許関係条約（第三版）』（発明協会, 2002年）277頁

[3] 特許庁・前掲注 [1]

[4] *WIPO IMPLICATIONS*at 45

[5] *Id.*

[6] 中山信弘『特許法（第二版）』120頁（弘文堂, 2012）

[7] 参照.中山・前掲注 [6]135-137頁

[8] ドイツ特許法, 諸外国の法令・条約等, 特許庁 https://www.jpo.go.jp/system/laws/gaikoku/document/mokuji/ germany-tokkyo.pdf（最終閲覧日2019年12月1日）

[9] *Cf.*German Patent and Trade Mark Office, Patent Protection, https://www.dpma.de/english/patents/patent_protection/ protection_requirements/index.html(last visited Nov 1, 2019)

[10] *Cf. Id.*

[11] DAVID M. EPSTEIN, ECKSTROM'S LICENSING IN FOREIGN AND DOMESTIC OPERATIONS: TREATISE § 26:4 (1972) [hereinafter*ECKSTROM'S LICENS-ING*]

[12] スイス特許法, 諸外国の法令・条約等, 特許庁 https://www.jpo.go.jp/system/laws/gaikoku/document/mokuji/ switzerland-tokkyo.pdf（最終閲覧日2019年12月1日）

[13] *ECKSTROM'S LICENSING*at § 26:5

[14] *Id.*at § 26:6

[15] Swiss Federal Institute of Intellectual Property, PATENTANMELDUNG 2-3(2018),*available at*

https://www.ige.ch/fileadmin/user_upload/schuetzen/patente/d/
PA_B_Patentanm_D_102018_bf.pdf

[16] 松浦安紀子「小さな大国・スイスのイノベーションを支えるシステム――技術移転
の観点を中心として――」特技懇275号64頁，69頁（2014），*available at*
http://www.tokugikon.jp/gikonshi/275/275kiko2.pdf

[17] *Cf. WIPO IMPLICATIONS* at 46

[18] Standing Committee on the Law of Patents, WIPO, *"INDUSTRIAL APPLICA-BILITY" AND "UTILITY" REQUIREMENTS: COMMONALITIES AND DIF-FERENCES*, 5 (March 17, 2003) [hereinafter *SCP Applicability Report*], *available at*
https://www.wipo.int/edocs/mdocs/scp/en/scp_9/scp_9_5.pdf

[19] *Id.*

[20] 特許庁・前掲注 [1]

[21] 中山・前掲注 [6]115-116頁

[22] 特許庁＝発明協会アジア太平洋工業所有権センター「知的財産法入門」13頁（2017）
https://www.jpo.go.jp/news/kokusai/developing/training/textbook/document/
index/Introduction_to_The_Intellectual_Property_Act_JP.pdf#view=fit&toolbar=
1&navpanes=0（最終閲覧日2019年12月1日）

[23] *SCP Applicability Report* at 14

[24] *Id.*

[25] *Id.* at 15

[26] *Id.*

[27] 特許庁・前掲注 [8]

[28] GERMAN PATENT AND TRADE MARK OFFICE, PATENTS: AN INFORMATION BROCHURE ON PATENT PROTECTION, 9 (2019) [hereinafter *GERMAN PTO PATENTS*], *available at*
https://www.dpma.de/docs/english/broschueren_eng/bro_patents_en.pdf

[29] 特許庁・前掲注 [8]

[30] *GERMAN PTO PATENTS* at 9

[31] *Id.*

[32] *SCP Applicability Report* at 5

[33] 特許庁・前掲注 [1]

[34] 竹内誠也『コンテンツ・ネット取引とIoTビジネスに係る情報法・知的財産法・競
争法の法的課題に関する実務上の留意点と法政策の展望』97-98頁（EMEパブリッ
シング，2017）

[35] 竹内・前掲注 [34]122-125頁

[36] 特許庁・前掲注 [1]

[37] Standing Committee on the Law of Patents, WIPO, *EXCLUSIONS FROM PATENTABLE SUBJECT MATTER AND EXCEPTIONS AND LIMITATION-*

STO THE RIGHTS, 13 (February 4, 2009) [hereinafter*WIPO 2009B*],*available at* https://www.wipo.int/edocs/mdocs/scp/en/scp_13/scp_13_3.pdf

[38] *Id.*

[39] *Id.*

[40] *Id.*

[41] 参照．尾島明『逐条解説TRIPs協定』127頁（日本機械輸出組合，1999），荒木好文『図解TRIPS協定』54頁（発明協会，2001）

[42] 特許庁・前掲注[1]

[43] *SCP Applicability Report*at 5

[44] *Cf.*G 0001/04 (Diagnostic methods), Opinion of the Enlarged Board of Appeal, 2005 EPO Enlarged Board of Appeal G 1/04 (December 16)

[45] *WIPO 2009B*at 14

[46] *Id.*at 15

[47] *Id.*

[48] *Id.*at 14

[49] *Id.*at 15

[50] *Id.*at 16

[51] *Id.*

[52] 欧州特許条約，諸外国の法令・条約等，特許庁 https://www.jpo.go.jp/system/laws/gaikoku/document/mokuji/epo-jyouyaku_kisoku.pdf（最終閲覧日2019年12月1日）

[53] 特許庁・前掲注[1]

[54] 尾島・前掲注[41]133-134頁，荒木・前掲注[41]57頁

[55] 参照．荒木・前掲注[41]59頁

[56] 参照．中山・前掲注[6]311-312頁

[57] Standing Committee on the Law of Patents, WIPO,*EXCEPTIONS AND LIMITATIONSTO PATENT RIGHTS: PRIVATE AND/OR NON-COMMERCIALUSE(SCP/20/3)*1, November 15, 2013 (hereinafter*SCP Private Use Report*),*available at* https://www.wipo.int/edocs/mdocs/patent_policy/en/scp_20/scp_20_3.pdf

[58] *Id.*at paragraph 6

[59] *Id.*

[60] *Id.*paragraph 12

[61] *Id.*paragraph 14

[62] 英国特許法，諸外国の法令・条約等，特許庁 https://www.jpo.go.jp/system/laws/gaikoku/document/mokuji/england-tokkyo.pdf（最終閲覧日2019年12月1日）

[63] *SCP Private Use Report* at paragraph 14

[64] ルーマニア特許法, 諸外国の法令・条約等, 特許庁
https://www.jpo.go.jp/system/laws/gaikoku/document/mokuji/romania-tokky
o.pdf（最終閲覧日 2019 年 12 月 1 日）

[65] *Cf.*Government of Serbia,*Official Gazette of the Republic of Serbia, no. 99/11,*
December 27, 2011,*avaiable at*
http://www.zis.gov.rs/upload/documents/pdf_en/pdf_patenti/
The%20Patent%20Law.pdf

[66] 特許庁・前掲注 [1]

[67] 尾島・前掲注 [41]139 頁, 荒木・前掲注 [41]60 頁

[68] Standing Committee on the Law of Patents, WIPO,*EXCEPTIONSAND LIMITA-
TIONSTO PATENT RIGHTS: EXPERIMENTALUSE AND/OR SCIENTIFIC
RESEARCH(SCP/20/4)*paragraph 6, November 18, 2013 [hereinafter*SCP Ex-
ceptions Report),*available at*
https://www.wipo.int/edocs/mdocs/patent_policy/en/scp_20/scp_20_4.pdf

[69] *Id.*

[70] 中山・前掲注 [6]320-321 頁

[71] *SCP Exceptions Report* at paragraph 18

[72] *Id.*at paragraph 21

[73] *Id.*

[74] オーストラリア特許法, 諸外国の法令・条約等, 特許庁
https://www.jpo.go.jp/system/laws/gaikoku/document/mokuji/
australia-tokkyo.pdf（最終閲覧日 2019 年 12 月 1 日）

[75] *SCP Exceptions Report* at paragraph 7

[76] *Id.*at paragraph 10

[77] この点、かような特許権者に期待される権利と義務のバランスに係る解釈と期待
を前提として、法規制に基づく市場投入の政府承認を得るための第三者による特
許発明の実施についても、一部の加盟国ではこれを試験研究の例外に包含される
ものとして取り扱われており、特に後発のジェネリック医薬品が医薬品特許の権
利存続期間の終了後適時に市場投入されるものとすることをその政策目的に適示
する加盟国（イスラエル等）も存在する。

[78] *SCP Exceptions Report* at paragraph 10

[79] *Id.*at paragraph 15

[80] *Id.*

[81] *Id.*at paragraph 17

[82] メキシコ産業財産法, 諸外国の法令・条約等, 特許庁
https://www.jpo.go.jp/system/laws/gaikoku/document/mokuji/
mexico-sangyou.pdf（最終閲覧日 2019 年 12 月 1 日）

[83] *SCP Exceptions Report* at paragraph 26

[84] *Id.*

[85] *Id.*at paragraph 21

[86] 特許庁・前掲注 [74]

[87] *SCP Exceptions Report*at paragraph21

[88] *Id.*

[89] ニュージーランド特許法，諸外国の法令・条約等，特許庁
https://www.jpo.go.jp/system/laws/gaikoku/document/mokuji/
new_zealand-tokkyo.pdf（最終閲覧日2019年12月1日）

[90] *SCP Exceptions Report*at paragraph 28

[91] *Id.*at paragraph 29

[92] *Id.*at paragraph 32

[93] *Id.*at paragraph 41

[94] 中山・前掲注 [6]321頁

[95] CoreValve v. Edwards Lifesciences [2009] EWHC 6 Pat Ct.

[96] *Id.*at paragraph 42

[97] *Id.*

[98] フランス知的財産法,諸外国の法令・条約等，特許庁
https://www.jpo.go.jp/system/laws/gaikoku/document/mokuji/
france-chiteki_zaisan.pdf（最終閲覧日2019年12月1日）

[99] *SCP Exceptions Report*at paragraph 43

[100] 特許庁・前掲注 [64]

[101] 尾島・前掲注 [41]139-140頁, 荒木・前掲注 [41]60頁

[102] Standing Committee on the Law of Patents, WIPO,*EXCEPTIONSAND LIMI-
TATIONSTO PATENT RIGHTS: ACTS FOR OBTAINING REGULATORY AP-
PROVALFROM AUTHORITIES(SCP/21/3)*, August 19, 2014 [hereinafter*SCP
Regulatory Approval Report*],*available at*
https://www.wipo.int/edocs/mdocs/scp/en/scp_21/scp_21_3.pdf

[103] *Id.*at paragraph 6

[104] *Id.*at paragraph 7

[105] 最決平成11年4月16日民集第53巻4号627頁

[106] 尾島・前掲注 [41]139-140頁, 荒木・前掲注 [41]60頁

[107] *SCP Regulatory Approval Report*at paragraph 8

[108] *Cf.*Section 119A, Patents Act 1990 of Australia

[109] 特許庁・前掲注 [74]

[110] *SCP Regulatory Approval Report*at paragraph 16

[111] 特許庁・前掲注 [62]

[112] *SCP Regulatory Approval Report*at paragraph 8

[113] Eli Lilly v. Novopharm2011 FC 1288

[114] なお当該カナダ下級審による一連の PromiseDoctrine 肯定する法解釈と諸判決は、最終的に 2017 年の最高裁判決（AstraZeneca Canada Inc. v Apotex Inc., 2017SCC 36 (SCC File No. 36654)）により否認されるに至っている。

[115] *SCP Regulatory Approval Report*at paragraph 13

[116] *Id.*

[117] *Id.*at paragraph 14

[118] *Id.*at paragraph 11

[119] *Id.*

[120] ブルガリア特許法，諸外国の法令・条約等，特許庁 https://www.jpo.go.jp/system/laws/gaikoku/document/mokuji/bulgaria-tokkyo.pdf（最終閲覧日 2019 年 12 月 1 日）

[121] *SCP Regulatory ApprovalReport*at paragraph 13

[122] *Id.*at paragraph 15

[123] オランダ特許法，諸外国の法令・条約等，特許庁 https://www.jpo.go.jp/system/laws/gaikoku/document/mokuji/ netherlands-tokkyo.pdf（最終閲覧日 2019 年 12 月 1 日）

[124] *SCP Regulatory Approval Report*at paragraph 1

[125] 特許庁・前掲注 [12]

[126] *SCP Regulatory Approval Report*at paragraph 17

[127] *SCP Regulatory Approval Report*at paragraph 19

[128] *Id.*

[129] 特許庁・前掲注 [8]

[130] *SCP Regulatory Approval Report*at paragraph 20

[131] 特許庁・前掲注 [74]

[132] 特許庁・前掲注 [1]

[133] 参照. 尾島・前掲注 [41]137頁，荒木・前掲注 [41]62頁

[134] 特許庁・前掲注 [1]

[135] 尾島・前掲注 [41]145-146頁, 荒木・前掲注 [41]64頁

[136] 特許庁・前掲注 [1]

[137] 特許庁・前掲注 [1]

[138] *Cf. WIPO 2009B*at chapter 138-142

[139] 特許庁・前掲注 [1]

[140] 参照. 尾島・前掲注 [41]146-147頁，荒木・前掲注 [41]67頁

[141] 特許庁・前掲注 [1]

[142] 尾島・前掲注 [41]150-151頁，荒木・前掲注 [41]67頁

[143] 特許庁・前掲注 [1]

[144] 尾島・前掲注 [41]151頁，荒木・前掲注 [41]68頁

[145] 特許庁・前掲注 [1]

[146] 尾島・前掲注 [41]152頁，荒木・前掲注 [41]70頁

[147] 特許庁・前掲注 [1]

[148] 尾島・前掲注 [41]152-153頁，荒木・前掲注 [41]71頁

[149] 特許庁・前掲注 [1]

[150] 特許庁・前掲注 [1]

[151] 特許庁・前掲注 [1]

[152] 尾島・前掲注 [41]155-156頁，荒木・前掲注 [41]73頁

[153] 公正取引委員会「新たな分野における特許と競争政策に関する研究会報告書」第6章第4-イ（2002年6月）
https://www.jftc.go.jp/info/nenpou/h14/14top00001.html（最終閲覧日2019年12月1日）

[154] 稗貫敏文「日本バイオテクノロジー産業と競争政策」知的財産法政策学研究9号，1頁，6頁（2006）
http://eprints.lib.hokudai.ac.jp/dspace/bitstream/2115/43461/1/9_1-21.pdf（最終閲覧日2019年12月1日）

[155] 稗貫・前掲注 [154]6頁

[156] 特許庁・前掲注 [1]

[157] *Cf. WIPO 2009B* at chapter 138-142

[158] 参照. 尾島・前掲注 [41]154頁，木・前掲注 [41]66頁

[159] 参照. 日本国特許法第83条，第92条，および第93条

[160] 工業所有権審議会「裁定制度の運用要領」（1975年12月，1997年4月改正）
https://www.jpo.go.jp/resources/shingikai/sangyo-kouzou/shousai/senryaku_wg/document/07-shiryou/paper12.pdf（最終閲覧日2019年12月1日）

[161] 工業所有権審議会・前掲注 [160]1-2頁

[162] 参照. 産業構造審議会「特許発明の円滑な使用に係る諸問題について」（2004年11月）
https://www.jpo.go.jp/resources/shingikai/sangyo-kouzou/shousai/senryaku_wg/document/index/00.pdf（最終閲覧日2019年12月1日）

[163] 稗貫・前掲注 [154]18頁

[164] 産業構造審議会・前掲注 [162]

[165] 稗貫・前掲注 [154]6‐8頁

[166] 稗貫・前掲注 [154]6頁

[167] 稗貫・前掲注 [154]7頁

[168] 稗貫・前掲注 [154]8頁

[169] 稗貫・前掲注 [154]8頁

[170] 加藤恒『パテントプール概説』167-168頁（発明協会，2006）

[171] 加藤・前掲注 [170]168頁

[172] 和久井理子『技術標準をめぐる法システム』163頁（商事法務，2010）

[173] なお同条はグラウンド・アプローチではなくプロセス・アプローチによる規定とさ
れるが、WIPO常設委員会報告等が表明している標準的な議論・見解との調和と
国際協調の必要性は変わらぬ重要性を有するものと考える。

[174] *Cf. WIPO 2009B,* and Standing Committee on the Law of Patents,
WIPO,*STANDARDS AND PATENTS (SCP/13/2),* February 18, 2009
[hereinafter*WIPO 2009A*],*available at*
https://www.wipo.int/edocs/mdocs/scp/en/scp_13/scp_13_2.pdf
Also see Standing Committee on the Law of Patents, WIPO,*EXCEPTIONS AND
LIMITATIONSTO PATENT RIGHTS: COMPULSORYLICENSES AND/OR
GOVERNMENTUSE (PART I) (SCP/21/4 REV.),* November 3, 2014,*available
at*
http://www.wipo.int/edocs/mdocs/scp/en/scp_21/scp_21_4_rev.pdf,
and Standing Committee on the Law of Patents,*EXCEPTIONSAND LIMITA-
TIONSTO PATENT RIGHTS: COMPULSORYLICENSESAND/OR GOVERN-
MENTUSE (PART II)(SCP/21/5REV.),* November 7, 2014,*available at*
http://www.wipo.int/edocs/mdocs/scp/en/scp_21/scp_21_5_rev.pdf

[175] *Cf. WIPO 2009A*

[176] *Id.*at chapter 140

[177] *Id.*at chapter 141

[178] *Id.*

[179] *Id.*

[180] *Cf. WIPO 2009B*

[181] Doha WTO Ministerial,*Declaration on the TRIPS agreement and public
health*(WT/MIN(01)/DEC/2),20 November 2001[hereinafter*WTO Doha Decla-
ration*],*available at*
https://www.wto.org/english/thewto_e/minist_e/min01_e/mindecl_trips_e.htm

[182] *WIPO 2009B*at chapter 91

[183] *WTO Doha Declaration*at section 5

[184] *WIPO 2009B*at chapter 138-142

[185] *Id.*at chapter 138

[186] *Id.*

[187] *Id.*at chapter 167

[188] *Id.*

[189] 特許庁・前掲注 [98]

[190] アルゼンチン特許法，諸外国の法令・条約等，特許庁
https://www.jpo.go.jp/system/laws/gaikoku/document/mokuji/
argentine-tokkyo.pdf（最終閲覧日2019年12月1日）

[191] *WIPO 2009B*at chapter 160

[192] *Id.*

[193] 特許庁・前掲注 [190]

[194] *WIPO 2009B*at chapter 160

[195] この点、稗貫教授は過去（2003年ないし2004年）にも独占禁止法検討の研究会報告等にて示された標準技術の必須知財と"不可欠施設論"の文脈において、意図的なものではないにせよ結果的に我が国におけるプロテクショナリズムの萌芽・端緒の可能性とその成長途上過程にある各国（中国ほか）への伝播と相互作用についての懸念を言及されている。

また、これら規制の我が国を含む東アジア諸国間での相互作用とその伝播の状況については、いわゆる"Regulatory competition"状況のひとつとして、欧州共同体におけるMAPPING Internet IP Policy Study Group Project（委員長Dr. Oleksandr Pastukhov）においても議論の対象とされている状況がある。
http://engaged.mappingtheinternet.eu/en（最終閲覧日2019年12月1日）

[196] *Cf.*General Council, WTO,*Amendment of the TRIPS Agreement(WT/L/6418 December 2005)*, December 6, 2005 (hereinafter*GC Decision 2005*),*available at* https://www.wto.org/english/tratop_e/trips_e/wtl641_e.htm
参照. Peter K Yu 著（青柳由香訳）「連続企画：知的財産法の新たな理論の構築に向けて（その5）国際的な囲い込みの動きについて（3）」，知的財産法政策学研究18号23頁（2007）

[197] 特許庁・前掲注 [1]

[198] Marrakesh Agreement Establishing the World Trade Organization(WTO Agreement)

[199] *GC Decision 2005*at Preamble

[200] *Id.*

[201] Section 1(a), Annex to the TRIPs Agreement,*available at* https://www.wto.org/english/tratop_e/trips_e/wtl641_e.htm
*Cf. GC Decision 2005*at paragraph 1 in Annex to the Protocol Amending the TRIPs Agreement

[202] *Id.*at section 1(b)

[203] *Id.*at section 1(c)

[204] *Cf. GC Decision 2005*at paragraph 2 in Annex to the Protocol Amending the TRIPs Agreement

[205] 特許庁・前掲注 [1]

[206] 構成国の少なくとも半数が、TRIPs協定改定の時点で、国際連合における後発開発途上国リストに指定されている国より構成されている地域貿易協定に限られる。

[207] *Cf. GC Decision 2005*at paragraph 2 in Annex to the Protocol Amending the TRIPs Agreement

[208] 特許庁・前掲注 [1]

[209] Yu・前掲注 [196]24頁

[210] 参照．GATT第23条　無効化又は侵害
　　　(1)締約国は、(a)他の締約国がこの協定に基く義務の履行を怠つた結果として、
　(b)他の締約国が、この協定の規定に抵触するかどうかを問わず、なんらかの措
置を適用した結果として、又は(c)その他のなんらかの状態が存在する結果とし
て、この協定に基き直接若しくは間接に自国に与えられた利益が無効にされ、若し
くは侵害され、又はこの協定の目的の達成が妨げられていると認めるときは、その
問題について満足しうる調整を行うため、関係があると認める他の締約国に対し
て書面により申立又は提案をすることができる。この申立又は提案を受けた締約
国は、その申立又は提案に対して好意的な考慮を払わなければならない。

[211] 特許庁・前掲注[1]

[212] Yu・前掲注[196]26頁

第4章

[1]　　TRIPs協定, 諸外国の法令・条約等，特許庁
　　　https://www.jpo.go.jp/system/laws/gaikoku/trips/chap3.html#law40 (最終閲覧
　　　日2019年12月1日)

[2]　　特許庁・前掲注[1]

[3]　　*WIPO 2009B*

[4]　　*Id*.at chapter 160

[5]　　*Id*.

[6]　　*WIPO 2009B*at chapter 160

[7]　　参照．日本国独占禁止法　第21条（知的財産権の行使行為）
　　　この法律の規定は、著作権法、特許法、実用新案法、意匠法又は商標法による権
利の行使と認められる行為にはこれを適用しない。

[8]　　参照．日本国独占禁止法　第100条（特許又は実施権の取消し及び政府との契約禁
止の宣言）
　　　第八十九条又は第九十条の場合において、裁判所は、情状により、刑の言渡しと
同時に、次に掲げる宣告をすることができる。ただし、第一号の宣告をするのは、
その特許権又は特許発明の専用実施権若しくは通常実施権が、犯人に属している
場合に限る。
　　　一　違反行為に供せられた特許権の特許又は特許発明の専用実施権若しくは通
常実施権は取り消されるべき旨
　　　二　判決確定後六月以上三年以下の期間、政府との間に契約をすることができ
ない旨

[9]　　*WIPO 2009A*

[10]　*Id*.at paragraph 144

[11]　*Id*.at paragraph 145

[12]　*Id*.at paragraph 146

[13]　*Id*.

[14] *Id.*at paragraph 147

[15] *Id.*at paragraph 148

[16] *Id.*at paragraph 150

[17] *Id.*at paragraph 152

[18] ARIEL EZRACHI & MAURICE E. STUCKE, VIRTUAL COMPETITION 236 (2018) [hereinafter*EZRACHI&STUCKE*]

[19] *Id.*at 237

[20] *Id.*at 238

[21] *Id.*at 237

[22] *Id.*at 238. 参照. 公正取引委員会「優越的地位の濫用に関する独占禁止法上の考え方」第4-2-(3)（2010年11月30日，改正2017年6月16日）https://www.jftc.go.jp/hourei_files/yuuetsutekichii.pdf（最終閲覧日2019年12月1日）

[23] 公正取引委員会「知的財産の利用に関する独占禁止法上の指針」（2007年9月28日，2010年1月1日改正，2016年1月21日改正）https://www.jftc.go.jp/dk/guideline/unyoukijun/chitekizaisan.html（最終閲覧日2019年12月1日）

[24] 公正取引委員会・前掲注[23]第2-1

[25] 公正取引委員会・前掲注[23]第3-1-(1)

[26] 参照. 竹内誠也『コンテンツ・ネット取引とIoTビジネスに係る情報法・知的財産法・競争法の法的課題に関する実務上の留意点と法政策の展望』127-131頁（EMEパブリッシング，2017）

[27] 公正取引委員会・前掲注[23]第3-1-(1)および第4-2-(4)

[28] 参照. 特許庁「標準必須特許のライセンス交渉に関する手引き」（2018年6月5日）http://www.meti.go.jp/press/2018/06/20180605003/20180605003-1.pdf（最終閲覧日2019年12月1日）

[29] Unwired Planet Int'l Ltd. v. Huawei Techs. Co., [2017] EWHC 711 (Pat) [hereinafter*Unwired Planet v. Huawei*]

[30] TCL Commc'n Tech. Holdings, Ltd. v. TelefonaktiebolagetLM Ericsson, Nos. SACV 14-341 JVS(DFMx) and CV 15-2370 JVS (DFMx), (C.D. Cal. Dec. 21, 2017) [hereinafter*TCL v. Ericsson*]

[31] 特許庁・前掲注[28]第I-A

[32] 参照. 竹内誠也『オープン戦略下における知的財産法務の実務と国際知財法政策の諸動向』5-11頁（EMEパブリッシング，2019），野田稔『組織論再入門』186-187頁（ダイヤモンド社，2005）

[33] 竹内・前掲注[32]94-95頁

[34] 知財高判平成26年5月16日（平成25年（ネ）第10043号，平成25年（ネ）第10007号，平成25年（ネ）第10008号）

[35] *Unwired Planet v. Huawei*

[36]   Fei Deng, Gregory K Leonard & Mario A Lopez,*Comparative Analysis of Court-Determined FRAND Royalty Rates,*32 ANTITRUST 47, 50 (2018),*available at* https://www.americanbar.org/content/dam/aba/administrative/antitrust_law/Summer18-LeonardC.pdf

[37]   In re Rambus, Inc, No. 9302 (F.T.C. 2002)

[38]   *WIPO 2009A*at paragraph 152

[39]   *TCL v. Ericsson*

参考資料) 知的所有権の貿易関連の側面に関する協定(TRIPs協定) [英語原文]

ANNEX 1C

AGREEMENT ON TRADE-RELATED ASPECTS OF INTELLECTUAL PROPERTY RIGHTS

AGREEMENT ON TRADE-RELATED ASPECTS OF INTELLECTUAL PROPERTY RIGHTS

Members,

Desiring to reduce distortions and impediments to international trade, and taking into account the need to promote effective and adequate protection of intellectual property rights, and to ensure that measures and procedures to enforce intellectual property rights do not themselves become barriers to legitimate trade;

Recognizing, to this end, the need for new rules and disciplines concerning:

(a) the applicability of the basic principles of GATT 1994 and of relevant international intellectual property agreements or conventions;

(b) the provision of adequate standards and principles concerning the availability, scope and use of trade-related intellectual property rights;

(c) the provision of effective and appropriate means for the enforcement of trade-related intellectual property rights, taking into account differences in national legal systems;

(d) the provision of effective and expeditious procedures for the multilateral prevention and settlement of disputes between governments; and

(e) transitional arrangements aiming at the fullest participation in the results of the negotiations;

Recognizing the need for a multilateral framework of principles, rules and disciplines dealing with international trade in counterfeit goods;

Recognizing that intellectual property rights are private rights;

Recognizing the underlying public policy objectives of national systems for the protection of intellectual property, including developmental and technological objectives;

Recognizing also the special needs of the least-developed country Members in respect of maximum flexibility in the domestic implementation of laws and regulations in order to enable them to create a sound and viable technological base;

Emphasizing the importance of reducing tensions by reaching strengthened commitments to resolve disputes on trade-related intellectual property issues through multilateral procedures;

Desiring to establish a mutually supportive relationship between the WTO and the World Intellectual Property Organization (referred to in this Agreement as "WIPO") as well as other relevant international organizations;

Hereby agree as follows:

PART I

GENERAL PROVISIONS AND BASIC PRINCIPLES

Article 1

Nature and Scope of Obligations

1.   Members shall give effect to the provisions of this Agreement. Members may, but shall not be obliged to, implement in their law more extensive protection than is required by this Agreement, provided that such protection does not contravene the provisions of this Agreement. Members shall be free to determine the appropriate method of implementing the provisions of this Agreement within their own legal system and practice.

2.   For the purposes of this Agreement, the term "intellectual property" refers to all categories of intellectual property that are the subject of Sections 1 through 7 of Part II.

3.   Members shall accord the treatment provided for in this Agreement to the nationals of other Members.[1] In respect of the relevant intellectual property right, the nationals of other Members shall be understood as those natural or legal persons that would meet the criteria for gibility for protection provided for in the Paris Convention (1967), the Berne Convention (1971), the Rome Convention and the Treaty on Intellectual Property in Respect of Integrated Circuits, were all Members of the WTO members of

---

1 When "nationals" are referred to in this Agreement, they shall be deemed, in the case of a separate customs territory Member of the WTO, to mean persons, natural or legal, who are domiciled or who have a real and effective industrial or commercial establishment in that customs territory.

those conventions.[2]   Any Member availing itself of the possibilities provided in paragraph 3 of Article 5 or paragraph 2 of Article 6 of the Rome Convention shall make a notification as foreseen in those provisions to the Council for Trade-Related Aspects of Intellectual Property Rights (the "Council for TRIPS").

Article 2

Intellectual Property Conventions

1.   In respect of Parts II, III and IV of this Agreement, Members shall comply with Articles 1 through 12, and Article 19, of the Paris Convention (1967).

2.   Nothing in Parts I to IV of this Agreement shall derogate from existing obligations that Members may have to each other under the Paris Convention, the Berne Convention, the Rome Convention and the Treaty on Intellectual Property in Respect of Integrated Circuits.

Article 3

National Treatment

1.   Each Member shall accord to the nationals of other Members treatment no less favourable than that it accords to its own nationals with regard to the protection[3] of intellectual property, subject to the exceptions already provided in, respectively, the Paris Convention (1967), the Berne Convention (1971), the Rome Convention or the Treaty on Intellectual Property in Respect of Integrated Circuits.   In respect of performers, producers of phonograms and broadcasting organizations, this obligation only applies in respect of the rights provided under this Agreement.   Any Member availing itself of the possibilities provided in Article 6 of the Berne Convention (1971) or paragraph 1(b) of Article 16 of the Rome Convention

---

2 In this Agreement, "Paris Convention" refers to the Paris Convention for the Protection of Industrial Property;   "Paris Convention (1967)" refers to the Stockholm Act of this Convention of 14 July 1967. "Berne Convention" refers to the Berne Convention for the Protection of Literary and Artistic Works; "Berne Convention (1971)" refers to the Paris Act of this Convention of 24 July 1971.   "Rome Convention" refers to the International Convention for the Protection of Performers, Producers of Phonograms and Broadcasting Organizations, adopted at Rome on 26 October 1961.   "Treaty on Intellectual Property in Respect of Integrated Circuits" (IPIC Treaty) refers to the Treaty on Intellectual Property in Respect of Integrated Circuits, adopted at Washington on 26 May 1989. "WTO Agreement" refers to the Agreement Establishing the WTO.
3 For the purposes of Articles 3 and 4, "protection" shall include matters affecting the availability, acquisition, scope, maintenance and enforcement of intellectual property rights as well as those matters affecting the use of intellectual property rights specifically addressed in this Agreement.

shall make a notification as foreseen in those provisions to the Council for TRIPS.

2.   Members may avail themselves of the exceptions permitted under paragraph 1 in relation to judicial and administrative procedures, including the designation of an address for service or the appointment of an agent within the jurisdiction of a Member, only where such exceptions are necessary to secure compliance with laws and regulations which are not inconsistent with the provisions of this Agreement and where such practices are not applied in a manner which would constitute a disguised restriction on trade.

Article 4

Most-Favoured-Nation Treatment

With regard to the protection of intellectual property, any advantage, favour, privilege or immunity granted by a Member to the nationals of any other country shall be accorded immediately and unconditionally to the nationals of all other Members. Exempted from this obligation are any advantage, favour, privilege or immunity accorded by a Member:

(a)   deriving from international agreements on judicial assistance or law enforcement of a general nature and not particularly confined to the protection of intellectual property;

(b)   granted in accordance with the provisions of the Berne Convention (1971) or the Rome Convention authorizing that the treatment accorded be a function not of national treatment but of the treatment accorded in another country;

(c)   in respect of the rights of performers, producers of phonograms and broadcasting organizations not provided under this Agreement;

(d)   deriving from international agreements related to the protection of intellectual property which entered into force prior to the entry into force of the WTO Agreement, provided that such agreements are notified to the Council for TRIPS and do not constitute an arbitrary or unjustifiable discrimination against nationals of other Members.

Article 5

Multilateral Agreements on Acquisition or Maintenance of Protection

The obligations under Articles 3 and 4 do not apply to procedures provided in multilateral agreements concluded under the auspices of WIPO relating to the acquisition or maintenance of intellectual property rights.

Article 6

Exhaustion

For the purposes of dispute settlement under this Agreement, subject to the provisions of Articles 3 and 4 nothing in this Agreement shall be used to address the issue of the exhaustion of intellectual property rights.

Article 7

Objectives

The protection and enforcement of intellectual property rights should contribute to the promotion of technological innovation and to the transfer and dissemination of technology, to the mutual advantage of producers and users of technological knowledge and in a manner conducive to social and economic welfare, and to a balance of rights and obligations.

Article 8

Principles

1.   Members may, in formulating or amending their laws and regulations, adopt measures necessary to protect public health and nutrition, and to promote the public interest in sectors of vital importance to their socio-economic and technological development, provided that such measures are consistent with the provisions of this Agreement.

2.   Appropriate measures, provided that they are consistent with the provisions of this Agreement, may be needed to prevent the abuse of intellectual property rights by right holders or the resort to practices which unreasonably restrain trade or adversely affect the international transfer of technology.

PART II

STANDARDS CONCERNING THE AVAILABILITY, SCOPE
AND USE OF INTELLECTUAL PROPERTY RIGHTS

SECTION 1: COPYRIGHT AND RELATED RIGHTS

Article 9

Relation to the Berne Convention

1.   Members shall comply with Articles 1 through 21 of the Berne
Convention (1971) and the Appendix thereto.   However, Members shall not
have rights or obligations under this Agreement in respect of the rights
conferred under Article 6*bis* of that Convention or of the rights derived
therefrom.

2.   Copyright protection shall extend to expressions and not to ideas,
procedures, methods of operation or mathematical concepts as such.

Article 10

Computer Programs and Compilations of Data

1.   Computer programs, whether in source or object code, shall be
protected as literary works under the Berne Convention (1971).

2.   Compilations of data or other material, whether in machine readable
or other form, which by reason of the selection or arrangement of their
contents constitute intellectual creations shall be protected as such.   Such
protection, which shall not extend to the data or material itself, shall be
without prejudice to any copyright subsisting in the data or material itself.

Article 11

Rental Rights

In respect of at least computer programs and cinematographic works,
a Member shall provide authors and their successors in title the right to
authorize or to prohibit the commercial rental to the public of originals or
copies of their copyright works.   A Member shall be excepted from this
obligation in respect of cinematographic works unless such rental has led to

widespread copying of such works which is materially impairing the exclusive right of reproduction conferred in that Member on authors and their successors in title. In respect of computer programs, this obligation does not apply to rentals where the program itself is not the essential object of the rental.

Article 12

Term of Protection

Whenever the term of protection of a work, other than a photographic work or a work of applied art, is calculated on a basis other than the life of a natural person, such term shall be no less than 50 years from the end of the calendar year of authorized publication, or, failing such authorized publication within 50 years from the making of the work, 50 years from the end of the calendar year of making.

Article 13

Limitations and Exceptions

Members shall confine limitations or exceptions to exclusive rights to certain special cases which do not conflict with a normal exploitation of the work and do not unreasonably prejudice the legitimate interests of the right holder.

Article 14

Protection of Performers, Producers of Phonograms (Sound Recordings) and Broadcasting Organizations

1.   In respect of a fixation of their performance on a phonogram, performers shall have the possibility of preventing the following acts when undertaken without their authorization: the fixation of their unfixed performance and the reproduction of such fixation. Performers shall also have the possibility of preventing the following acts when undertaken without their authorization: the broadcasting by wireless means and the communication to the public of their live performance.

2.   Producers of phonograms shall enjoy the right to authorize or prohibit the direct or indirect reproduction of their phonograms.

3.   Broadcasting organizations shall have the right to prohibit the following acts when undertaken without their authorization: the fixation, the reproduction of fixations, and the rebroadcasting by wireless means of broadcasts, as well as the communication to the public of television broadcasts of the same. Where Members do not grant such rights to broadcasting organizations, they shall provide owners of copyright in the subject matter of broadcasts with the possibility of preventing the above acts, subject to the provisions of the Berne Convention (1971).

4.   The provisions of Article 11 in respect of computer programs shall apply *mutatis mutandis* to producers of phonograms and any other right holders in phonograms as determined in a Member's law. If on 15 April 1994 a Member has in force a system of equitable remuneration of right holders in respect of the rental of phonograms, it may maintain such system provided that the commercial rental of phonograms is not giving rise to the material impairment of the exclusive rights of reproduction of right holders.

5.   The term of the protection available under this Agreement to performers and producers of phonograms shall last at least until the end of a period of 50 years computed from the end of the calendar year in which the fixation was made or the performance took place. The term of protection granted pursuant to paragraph 3 shall last for at least 20 years from the end of the calendar year in which the broadcast took place.

6.   Any Member may, in relation to the rights conferred under paragraphs 1, 2 and 3, provide for conditions, limitations, exceptions and reservations to the extent permitted by the Rome Convention. However, the provisions of Article 18 of the Berne Convention (1971) shall also apply, *mutatis mutandis*, to the rights of performers and producers of phonograms in phonograms.

SECTION 2: TRADEMARKS

Article 15

Protectable Subject Matter

1.   Any sign, or any combination of signs, capable of distinguishing the goods or services of one undertaking from those of other undertakings, shall be capable of constituting a trademark. Such signs, in particular words including personal names, letters, numerals, figurative elements and combinations of colours as well as any combination of such signs, shall be gible for registration as trademarks. Where signs are not inherently capable of distinguishing the relevant goods or services, Members may make

registrability depend on distinctiveness acquired through use. Members may require, as a condition of registration, that signs be visually perceptible.

2.   Paragraph 1 shall not be understood to prevent a Member from denying registration of a trademark on other grounds, provided that they do not derogate from the provisions of the Paris Convention (1967).

3.   Members may make registrability depend on use. However, actual use of a trademark shall not be a condition for filing an application for registration.   An application shall not be refused solely on the ground that intended use has not taken place before the expiry of a period of three years from the date of application.

4.   The nature of the goods or services to which a trademark is to be applied shall in no case form an obstacle to registration of the trademark.

5.   Members shall publish each trademark either before it is registered or promptly after it is registered and shall afford a reasonable opportunity for petitions to cancel the registration.   In addition, Members may afford an opportunity for the registration of a trademark to be opposed.

Article 16

Rights Conferred

1.   The owner of a registered trademark shall have the exclusive right to prevent all third parties not having the owner's consent from using in the course of trade identical or similar signs for goods or services which are identical or similar to those in respect of which the trademark is registered where such use would result in a likhood of confusion.   In case of the use of an identical sign for identical goods or services, a likhood of confusion shall be presumed.   The rights described above shall not prejudice any existing prior rights, nor shall they affect the possibility of Members making rights available on the basis of use.

2.   Article 6*bis* of the Paris Convention (1967) shall apply, *mutatis mutandis*, to services.   In determining whether a trademark is well-known, Members shall take account of the knowledge of the trademark in the relevant sector of the public, including knowledge in the Member concerned which has been obtained as a result of the promotion of the trademark.

3.   Article 6*bis* of the Paris Convention (1967) shall apply, *mutatis mutandis*, to goods or services which are not similar to those in respect of which a trademark is registered, provided that use of that trademark in relation to those goods or services would indicate a connection between those

goods or services and the owner of the registered trademark and provided that the interests of the owner of the registered trademark are likely to be damaged by such use.

Article 17

Exceptions

Members may provide limited exceptions to the rights conferred by a trademark, such as fair use of descriptive terms, provided that such exceptions take account of the legitimate interests of the owner of the trademark and of third parties.

Article 18

Term of Protection

Initial registration, and each renewal of registration, of a trademark shall be for a term of no less than seven years. The registration of a trademark shall be renewable indefinitely.

Article 19

Requirement of Use

1.   If use is required to maintain a registration, the registration may be cancelled only after an uninterrupted period of at least three years of non-use, unless valid reasons based on the existence of obstacles to such use are shown by the trademark owner. Circumstances arising independently of the will of the owner of the trademark which constitute an obstacle to the use of the trademark, such as import restrictions on or other government requirements for goods or services protected by the trademark, shall be recognized as valid reasons for non-use.

2.   When subject to the control of its owner, use of a trademark by another person shall be recognized as use of the trademark for the purpose of maintaining the registration.

Article 20

Other Requirements

The use of a trademark in the course of trade shall not be unjustifiably encumbered by special requirements, such as use with another trademark, use in a special form or use in a manner detrimental to its capability to distinguish the goods or services of one undertaking from those of other undertakings. This will not preclude a requirement prescribing the use of the trademark identifying the undertaking producing the goods or services along with, but without linking it to, the trademark distinguishing the specific goods or services in question of that undertaking.

Article 21

Licensing and Assignment

Members may determine conditions on the licensing and assignment of trademarks, it being understood that the compulsory licensing of trademarks shall not be permitted and that the owner of a registered trademark shall have the right to assign the trademark with or without the transfer of the business to which the trademark belongs.

SECTION 3: GEOGRAPHICAL INDICATIONS

Article 22

Protection of Geographical Indications

1.   Geographical indications are, for the purposes of this Agreement, indications which identify a good as originating in the territory of a Member, or a region or locality in that territory, where a given quality, reputation or other characteristic of the good is essentially attributable to its geographical origin.

2.   In respect of geographical indications, Members shall provide the legal means for interested parties to prevent:

    (a)   the use of any means in the designation or presentation of a good that indicates or suggests that the good in question originates in a geographical area other than the true place of origin in a manner which misleads the public as to the geographical origin of the good;

(b)   any use which constitutes an act of unfair competition within the meaning of Article 10*bis* of the Paris Convention (1967).

3.   A Member shall, *ex officio* if its legislation so permits or at the request of an interested party, refuse or invalidate the registration of a trademark which contains or consists of a geographical indication with respect to goods not originating in the territory indicated, if use of the indication in the trademark for such goods in that Member is of such a nature as to mislead the public as to the true place of origin.

4.   The protection under paragraphs 1, 2 and 3 shall be applicable against a geographical indication which, although literally true as to the territory, region or locality in which the goods originate, falsely represents to the public that the goods originate in another territory.

Article 23

Additional Protection for Geographical Indications for Wines and Spirits

1.   Each Member shall provide the legal means for interested parties to prevent use of a geographical indication identifying wines for wines not originating in the place indicated by the geographical indication in question or identifying spirits for spirits not originating in the place indicated by the geographical indication in question, even where the true origin of the goods is indicated or the geographical indication is used in translation or accompanied by expressions such as "kind", "type", "style", "imitation" or the like.[4]

2.   The registration of a trademark for wines which contains or consists of a geographical indication identifying wines or for spirits which contains or consists of a geographical indication identifying spirits shall be refused or invalidated, *ex officio* if a Member's legislation so permits or at the request of an interested party, with respect to such wines or spirits not having this origin.

3.   In the case of homonymous geographical indications for wines, protection shall be accorded to each indication, subject to the provisions of paragraph 4 of Article 22. Each Member shall determine the practical conditions under which the homonymous indications in question will be differentiated from each other, taking into account the need to ensure equitable treatment of the producers concerned and that consumers are not misled.

---

4 Notwithstanding the first sentence of Article 42, Members may, with respect to these obligations, instead provide for enforcement by administrative action.

4.   In order to facilitate the protection of geographical indications for wines, negotiations shall be undertaken in the Council for TRIPS concerning the establishment of a multilateral system of notification and registration of geographical indications for wines gible for protection in those Members participating in the system.

Article 24

International Negotiations; Exceptions

1.   Members agree to enter into negotiations aimed at increasing the protection of individual geographical indications under Article 23.   The provisions of paragraphs 4 through 8 below shall not be used by a Member to refuse to conduct negotiations or to conclude bilateral or multilateral agreements.   In the context of such negotiations, Members shall be willing to consider the continued applicability of these provisions to individual geographical indications whose use was the subject of such negotiations.

2.   The Council for TRIPS shall keep under review the application of the provisions of this Section;   the first such review shall take place within two years of the entry into force of the WTO Agreement.   Any matter affecting the compliance with the obligations under these provisions may be drawn to the attention of the Council, which, at the request of a Member, shall consult with any Member or Members in respect of such matter in respect of which it has not been possible to find a satisfactory solution through bilateral or plurilateral consultations between the Members concerned.   The Council shall take such action as may be agreed to facilitate the operation and further the objectives of this Section.

3.   In implementing this Section, a Member shall not diminish the protection of geographical indications that existed in that Member immediately prior to the date of entry into force of the WTO Agreement.

4.   Nothing in this Section shall require a Member to prevent continued and similar use of a particular geographical indication of another Member identifying wines or spirits in connection with goods or services by any of its nationals or domiciliaries who have used that geographical indication in a continuous manner with regard to the same or related goods or services in the territory of that Member either (*a*) for at least 10 years preceding 15 April 1994 or (*b*) in good faith preceding that date.

5.   Where a trademark has been applied for or registered in good faith, or where rights to a trademark have been acquired through use in good faith either:

(a)   before the date of application of these provisions in that Member as defined in Part VI; or

(b)   before the geographical indication is protected in its country of origin;

measures adopted to implement this Section shall not prejudice gibility for or the validity of the registration of a trademark, or the right to use a trademark, on the basis that such a trademark is identical with, or similar to, a geographical indication.

6.   Nothing in this Section shall require a Member to apply its provisions in respect of a geographical indication of any other Member with respect to goods or services for which the relevant indication is identical with the term customary in common language as the common name for such goods or services in the territory of that Member. Nothing in this Section shall require a Member to apply its provisions in respect of a geographical indication of any other Member with respect to products of the vine for which the relevant indication is identical with the customary name of a grape variety existing in the territory of that Member as of the date of entry into force of the WTO Agreement.

7.   A Member may provide that any request made under this Section in connection with the use or registration of a trademark must be presented within five years after the adverse use of the protected indication has become generally known in that Member or after the date of registration of the trademark in that Member provided that the trademark has been published by that date, if such date is earlier than the date on which the adverse use became generally known in that Member, provided that the geographical indication is not used or registered in bad faith.

8.   The provisions of this Section shall in no way prejudice the right of any person to use, in the course of trade, that person's name or the name of that person's predecessor in business, except where such name is used in such a manner as to mislead the public.

9.   There shall be no obligation under this Agreement to protect geographical indications which are not or cease to be protected in their country of origin, or which have fallen into disuse in that country.

SECTION 4: INDUSTRIAL DESIGNS

Article 25

Requirements for Protection

1.   Members shall provide for the protection of independently created industrial designs that are new or original. Members may provide that designs are not new or original if they do not significantly differ from known designs or combinations of known design features. Members may provide that such protection shall not extend to designs dictated essentially by technical or functional considerations.

2.   Each Member shall ensure that requirements for securing protection for textile designs, in particular in regard to any cost, examination or publication, do not unreasonably impair the opportunity to seek and obtain such protection. Members shall be free to meet this obligation through industrial design law or through copyright law.

Article 26

Protection

1.   The owner of a protected industrial design shall have the right to prevent third parties not having the owner' s consent from making, selling or importing articles bearing or embodying a design which is a copy, or substantially a copy, of the protected design, when such acts are undertaken for commercial purposes.

2.   Members may provide limited exceptions to the protection of industrial designs, provided that such exceptions do not unreasonably conflict with the normal exploitation of protected industrial designs and do not unreasonably prejudice the legitimate interests of the owner of the protected design, taking account of the legitimate interests of third parties.

3.   The duration of protection available shall amount to at least 10 years.

SECTION 5: PATENTS

Article 27

Patentable Subject Matter

1.   Subject to the provisions of paragraphs 2 and 3, patents shall be
available for any inventions, whether products or processes, in all fields of
technology, provided that they are new, involve an inventive step and are
capable of industrial application.[5] Subject to paragraph 4 of Article 65,
paragraph 8 of Article 70 and paragraph 3 of this Article, patents shall be
available and patent rights enjoyable without discrimination as to the place
of invention, the field of technology and whether products are imported or
locally produced.

2.   Members may exclude from patentability inventions, the prevention
within their territory of the commercial exploitation of which is necessary to
protect *ordre public* or morality, including to protect human, animal or plant
life or health or to avoid serious prejudice to the environment, provided that
such exclusion is not made merely because the exploitation is prohibited by
their law.

3.   Members may also exclude from patentability:

(a)   diagnostic, therapeutic and surgical methods for the treatment
of humans or animals;

(b)   plants and animals other than micro-organisms, and essentially
biological processes for the production of plants or animals
other than non-biological and microbiological processes.
However, Members shall provide for the protection of plant
varieties either by patents or by an effective *sui generis* system
or by any combination thereof. The provisions of this
subparagraph shall be reviewed four years after the date of
entry into force of the WTO Agreement.

Article 28

Rights Conferred

1.   A patent shall confer on its owner the following exclusive rights:

---

5 For the purposes of this Article, the terms "inventive step" and "capable of industrial application"
may be deemed by a Member to be synonymous with the terms "non-obvious" and "useful" respectively.

(a) where the subject matter of a patent is a product, to prevent third parties not having the owner's consent from the acts of: making, using, offering for sale, selling, or importing[6] for these purposes that product;

(b) where the subject matter of a patent is a process, to prevent third parties not having the owner's consent from the act of using the process, and from the acts of: using, offering for sale, selling, or importing for these purposes at least the product obtained directly by that process.

2.   Patent owners shall also have the right to assign, or transfer by succession, the patent and to conclude licensing contracts.

Article 29

Conditions on Patent Applicants

1.   Members shall require that an applicant for a patent shall disclose the invention in a manner sufficiently clear and complete for the invention to be carried out by a person skilled in the art and may require the applicant to indicate the best mode for carrying out the invention known to the inventor at the filing date or, where priority is claimed, at the priority date of the application.

2.   Members may require an applicant for a patent to provide information concerning the applicant's corresponding foreign applications and grants.

Article 30

Exceptions to Rights Conferred

Members may provide limited exceptions to the exclusive rights conferred by a patent, provided that such exceptions do not unreasonably conflict with a normal exploitation of the patent and do not unreasonably prejudice the legitimate interests of the patent owner, taking account of the legitimate interests of third parties.

---

6 This right, like all other rights conferred under this Agreement in respect of the use, sale, importation or other distribution of goods, is subject to the provisions of Article 6.

Article 31

Other Use Without Authorization of the Right Holder

Where the law of a Member allows for other use[7] of the subject matter of a patent without the authorization of the right holder, including use by the government or third parties authorized by the government, the following provisions shall be respected:

(a) authorization of such use shall be considered on its individual merits;

(b) such use may only be permitted if, prior to such use, the proposed user has made efforts to obtain authorization from the right holder on reasonable commercial terms and conditions and that such efforts have not been successful within a reasonable period of time. This requirement may be waived by a Member in the case of a national emergency or other circumstances of extreme urgency or in cases of public non-commercial use. In situations of national emergency or other circumstances of extreme urgency, the right holder shall, nevertheless, be notified as soon as reasonably practicable. In the case of public non-commercial use, where the government or contractor, without making a patent search, knows or has demonstrable grounds to know that a valid patent is or will be used by or for the government, the right holder shall be informed promptly;

(c) the scope and duration of such use shall be limited to the purpose for which it was authorized, and in the case of semi-conductor technology shall only be for public non-commercial use or to remedy a practice determined after judicial or administrative process to be anti-competitive;

(d) such use shall be non-exclusive;

(e) such use shall be non-assignable, except with that part of the enterprise or goodwill which enjoys such use;

(f) any such use shall be authorized predominantly for the supply of the domestic market of the Member authorizing such use;

(g) authorization for such use shall be liable, subject to adequate protection of the legitimate interests of the persons so authorized, to be terminated if and when the circumstances

---

7 "Other use" refers to use other than that allowed under Article 30.

which led to it cease to exist and are unlikely to recur. The competent authority shall have the authority to review, upon motivated request, the continued existence of these circumstances;

(h)   the right holder shall be paid adequate remuneration in the circumstances of each case, taking into account the economic value of the authorization;

(i)   the legal validity of any decision relating to the authorization of such use shall be subject to judicial review or other independent review by a distinct higher authority in that Member;

(j)   any decision relating to the remuneration provided in respect of such use shall be subject to judicial review or other independent review by a distinct higher authority in that Member;

(k)   Members are not obliged to apply the conditions set forth in subparagraphs (b) and (f) where such use is permitted to remedy a practice determined after judicial or administrative process to be anti-competitive. The need to correct anti-competitive practices may be taken into account in determining the amount of remuneration in such cases. Competent authorities shall have the authority to refuse termination of authorization if and when the conditions which led to such authorization are likely to recur;

(l)   where such use is authorized to permit the exploitation of a patent ("the second patent") which cannot be exploited without infringing another patent ("the first patent"), the following additional conditions shall apply:

    (i)   the invention claimed in the second patent shall involve an important technical advance of considerable economic significance in relation to the invention claimed in the first patent;

    (ii) the owner of the first patent shall be entitled to a cross-licence on reasonable terms to use the invention claimed in the second patent;   and

    (iii) the use authorized in respect of the first patent shall be non-assignable except with the assignment of the second patent.

Article 32

Revocation/Forfeiture

An opportunity for judicial review of any decision to revoke or forfeit a patent shall be available.

Article 33

Term of Protection

The term of protection available shall not end before the expiration of a period of twenty years counted from the filing date.[8]

Article 34

Process Patents: Burden of Proof

1.   For the purposes of civil proceedings in respect of the infringement of the rights of the owner referred to in paragraph 1(b) of Article 28, if the subject matter of a patent is a process for obtaining a product, the judicial authorities shall have the authority to order the defendant to prove that the process to obtain an identical product is different from the patented process. Therefore, Members shall provide, in at least one of the following circumstances, that any identical product when produced without the consent of the patent owner shall, in the absence of proof to the contrary, be deemed to have been obtained by the patented process:

(a)   if the product obtained by the patented process is new;

(b)   if there is a substantial likhood that the identical product was made by the process and the owner of the patent has been unable through reasonable efforts to determine the process actually used.

2.   Any Member shall be free to provide that the burden of proof indicated in paragraph 1 shall be on the alleged infringer only if the condition referred to in subparagraph (a) is fulfilled or only if the condition referred to in subparagraph (b) is fulfilled.

---

8 It is understood that those Members which do not have a system of original grant may provide that the term of protection shall be computed from the filing date in the system of original grant.

3.   In the adduction of proof to the contrary, the legitimate interests of defendants in protecting their manufacturing and business secrets shall be taken into account.

SECTION 6: LAYOUT-DESIGNS (TOPOGRAPHIES) OF INTEGRATED CIRCUITS

Article 35

Relation to the IPIC Treaty

Members agree to provide protection to the layout-designs (topographies) of integrated circuits (referred to in this Agreement as "layout-designs") in accordance with Articles 2 through 7 (other than paragraph 3 of Article 6), Article 12 and paragraph 3 of Article 16 of the Treaty on Intellectual Property in Respect of Integrated Circuits and, in addition, to comply with the following provisions.

Article 36

Scope of the Protection

Subject to the provisions of paragraph 1 of Article 37, Members shall consider unlawful the following acts if performed without the authorization of the right holder: 9 importing, selling, or otherwise distributing for commercial purposes a protected layout-design, an integrated circuit in which a protected layout-design is incorporated, or an article incorporating such an integrated circuit only in so far as it continues to contain an unlawfully reproduced layout-design.

Article 37

Acts Not Requiring the Authorization of the Right Holder

1.   Notwithstanding Article 36, no Member shall consider unlawful the performance of any of the acts referred to in that Article in respect of an integrated circuit incorporating an unlawfully reproduced layout-design or any article incorporating such an integrated circuit where the person performing or ordering such acts did not know and had no reasonable ground to know, when acquiring the integrated circuit or article incorporating such

---

9 The term "right holder" in this Section shall be understood as having the same meaning as the term "holder of the right" in the IPIC Treaty.

an integrated circuit, that it incorporated an unlawfully reproduced layout-design. Members shall provide that, after the time that such person has received sufficient notice that the layout-design was unlawfully reproduced, that person may perform any of the acts with respect to the stock on hand or ordered before such time, but shall be liable to pay to the right holder a sum equivalent to a reasonable royalty such as would be payable under a freely negotiated licence in respect of such a layout-design.

2.   The conditions set out in subparagraphs (a) through (k) of Article 31 shall apply *mutatis mutandis* in the event of any non-voluntary licensing of a layout-design or of its use by or for the government without the authorization of the right holder.

Article 38

Term of Protection

1.   In Members requiring registration as a condition of protection, the term of protection of layout-designs shall not end before the expiration of a period of 10 years counted from the date of filing an application for registration or from the first commercial exploitation wherever in the world it occurs.

2.   In Members not requiring registration as a condition for protection, layout-designs shall be protected for a term of no less than 10 years from the date of the first commercial exploitation wherever in the world it occurs.

3.   Notwithstanding paragraphs 1 and 2, a Member may provide that protection shall lapse 15 years after the creation of the layout-design.

SECTION 7:   PROTECTION OF UNDISCLOSED INFORMATION

Article 39

1.   In the course of ensuring effective protection against unfair competition as provided in Article 10*bis* of the Paris Convention (1967), Members shall protect undisclosed information in accordance with paragraph 2 and data submitted to governments or governmental agencies in accordance with paragraph 3.

2.   Natural and legal persons shall have the possibility of preventing information lawfully within their control from being disclosed to, acquired by,

or used by others without their consent in a manner contrary to honest commercial practices[10] so long as such information:

(a)   is secret in the sense that it is not, as a body or in the precise configuration and assembly of its components, generally known among or readily accessible to persons within the circles that normally deal with the kind of information in question;

(b)   has commercial value because it is secret; and

(c)   has been subject to reasonable steps under the circumstances, by the person lawfully in control of the information, to keep it secret.

3.   Members, when requiring, as a condition of approving the marketing of pharmaceutical or of agricultural chemical products which utilize new chemical entities, the submission of undisclosed test or other data, the origination of which involves a considerable effort, shall protect such data against unfair commercial use. In addition, Members shall protect such data against disclosure, except where necessary to protect the public, or unless steps are taken to ensure that the data are protected against unfair commercial use.

SECTION 8:   CONTROL OF ANTI-COMPETITIVE PRACTICES
IN CONTRACTUAL LICENCES

Article 40

1.   Members agree that some licensing practices or conditions pertaining to intellectual property rights which restrain competition may have adverse effects on trade and may impede the transfer and dissemination of technology.

2.   Nothing in this Agreement shall prevent Members from specifying in their legislation licensing practices or conditions that may in particular cases constitute an abuse of intellectual property rights having an adverse effect on competition in the relevant market. As provided above, a Member may adopt, consistently with the other provisions of this Agreement, appropriate measures to prevent or control such practices, which may include for example exclusive grantback conditions, conditions preventing challenges to

---

10 For the purpose of this provision, "a manner contrary to honest commercial practices" shall mean at least practices such as breach of contract, breach of confidence and inducement to breach, and includes the acquisition of undisclosed information by third parties who knew, or were grossly negligent in failing to know, that such practices were involved in the acquisition.

validity and coercive package licensing, in the light of the relevant laws and regulations of that Member.

3.   Each Member shall enter, upon request, into consultations with any other Member which has cause to beve that an intellectual property right owner that is a national or domiciliary of the Member to which the request for consultations has been addressed is undertaking practices in violation of the requesting Member's laws and regulations on the subject matter of this Section, and which wishes to secure compliance with such legislation, without prejudice to any action under the law and to the full freedom of an ultimate decision of either Member.   The Member addressed shall accord full and sympathetic consideration to, and shall afford adequate opportunity for, consultations with the requesting Member, and shall cooperate through supply of publicly available non-confidential information of relevance to the matter in question and of other information available to the Member, subject to domestic law and to the conclusion of mutually satisfactory agreements concerning the safeguarding of its confidentiality by the requesting Member.

4.   A Member whose nationals or domiciliaries are subject to proceedings in another Member concerning alleged violation of that other Member's laws and regulations on the subject matter of this Section shall, upon request, be granted an opportunity for consultations by the other Member under the same conditions as those foreseen in paragraph 3.

PART III

ENFORCEMENT OF INTELLECTUAL PROPERTY RIGHTS

SECTION 1:   GENERAL OBLIGATIONS

Article 41

1.   Members shall ensure that enforcement procedures as specified in this Part are available under their law so as to permit effective action against any act of infringement of intellectual property rights covered by this Agreement, including expeditious remedies to prevent infringements and remedies which constitute a deterrent to further infringements.   These procedures shall be applied in such a manner as to avoid the creation of barriers to legitimate trade and to provide for safeguards against their abuse.

2.   Procedures concerning the enforcement of intellectual property rights shall be fair and equitable.   They shall not be unnecessarily

complicated or costly, or entail unreasonable time-limits or unwarranted delays.

3.   Decisions on the merits of a case shall preferably be in writing and reasoned.   They shall be made available at least to the parties to the proceeding without undue delay.   Decisions on the merits of a case shall be based only on evidence in respect of which parties were offered the opportunity to be heard.

4.   Parties to a proceeding shall have an opportunity for review by a judicial authority of final administrative decisions and, subject to jurisdictional provisions in a Member's law concerning the importance of a case, of at least the legal aspects of initial judicial decisions on the merits of a case.   However, there shall be no obligation to provide an opportunity for review of acquittals in criminal cases.

5.   It is understood that this Part does not create any obligation to put in place a judicial system for the enforcement of intellectual property rights distinct from that for the enforcement of law in general, nor does it affect the capacity of Members to enforce their law in general.   Nothing in this Part creates any obligation with respect to the distribution of resources as between enforcement of intellectual property rights and the enforcement of law in general.

SECTION 2:   CIVIL AND ADMINISTRATIVE PROCEDURES AND REMEDIES

Article 42

Fair and Equitable Procedures

Members shall make available to right holders [11] civil judicial procedures concerning the enforcement of any intellectual property right covered by this Agreement.   Defendants shall have the right to written notice which is timely and contains sufficient detail, including the basis of the claims.   Parties shall be allowed to be represented by independent legal counsel, and procedures shall not impose overly burdensome requirements concerning mandatory personal appearances.   All parties to such procedures shall be duly entitled to substantiate their claims and to present all relevant evidence.   The procedure shall provide a means to identify and protect confidential information, unless this would be contrary to existing constitutional requirements.

---

11 For the purpose of this Part, the term "right holder" includes federations and associations having legal standing to assert such rights.

Article 43

Evidence

1.   The judicial authorities shall have the authority, where a party has presented reasonably available evidence sufficient to support its claims and has specified evidence relevant to substantiation of its claims which lies in the control of the opposing party, to order that this evidence be produced by the opposing party, subject in appropriate cases to conditions which ensure the protection of confidential information.

2.   In cases in which a party to a proceeding voluntarily and without good reason refuses access to, or otherwise does not provide necessary information within a reasonable period, or significantly impedes a procedure relating to an enforcement action, a Member may accord judicial authorities the authority to make prminary and final determinations, affirmative or negative, on the basis of the information presented to them, including the complaint or the allegation presented by the party adversely affected by the denial of access to information, subject to providing the parties an opportunity to be heard on the allegations or evidence.

Article 44

Injunctions

1.   The judicial authorities shall have the authority to order a party to desist from an infringement, *inter alia* to prevent the entry into the channels of commerce in their jurisdiction of imported goods that involve the infringement of an intellectual property right, immediately after customs clearance of such goods.   Members are not obliged to accord such authority in respect of protected subject matter acquired or ordered by a person prior to knowing or having reasonable grounds to know that dealing in such subject matter would entail the infringement of an intellectual property right.

2.   Notwithstanding the other provisions of this Part and provided that the provisions of Part II specifically addressing use by governments, or by third parties authorized by a government, without the authorization of the right holder are complied with, Members may limit the remedies available against such use to payment of remuneration in accordance with subparagraph (h) of Article 31.   In other cases, the remedies under this Part shall apply or, where these remedies are inconsistent with a Member's law, declaratory judgments and adequate compensation shall be available.

Article 45

Damages

1.   The judicial authorities shall have the authority to order the infringer to pay the right holder damages adequate to compensate for the injury the right holder has suffered because of an infringement of that person' s intellectual property right by an infringer who knowingly, or with reasonable grounds to know, engaged in infringing activity.

2.   The judicial authorities shall also have the authority to order the infringer to pay the right holder expenses, which may include appropriate attorney's fees. In appropriate cases, Members may authorize the judicial authorities to order recovery of profits and/or payment of pre-established damages even where the infringer did not knowingly, or with reasonable grounds to know, engage in infringing activity.

Article 46

Other Remedies

In order to create an effective deterrent to infringement, the judicial authorities shall have the authority to order that goods that they have found to be infringing be, without compensation of any sort, disposed of outside the channels of commerce in such a manner as to avoid any harm caused to the right holder, or, unless this would be contrary to existing constitutional requirements, destroyed. The judicial authorities shall also have the authority to order that materials and implements the predominant use of which has been in the creation of the infringing goods be, without compensation of any sort, disposed of outside the channels of commerce in such a manner as to minimize the risks of further infringements. In considering such requests, the need for proportionality between the seriousness of the infringement and the remedies ordered as well as the interests of third parties shall be taken into account. In regard to counterfeit trademark goods, the simple removal of the trademark unlawfully affixed shall not be sufficient, other than in exceptional cases, to permit release of the goods into the channels of commerce.

Article 47

Right of Information

Members may provide that the judicial authorities shall have the authority, unless this would be out of proportion to the seriousness of the infringement, to order the infringer to inform the right holder of the identity of third persons involved in the production and distribution of the infringing goods or services and of their channels of distribution.

Article 48

Indemnification of the Defendant

1.   The judicial authorities shall have the authority to order a party at whose request measures were taken and who has abused enforcement procedures to provide to a party wrongfully enjoined or restrained adequate compensation for the injury suffered because of such abuse. The judicial authorities shall also have the authority to order the applicant to pay the defendant expenses, which may include appropriate attorney's fees.

2.   In respect of the administration of any law pertaining to the protection or enforcement of intellectual property rights, Members shall only exempt both public authorities and officials from liability to appropriate remedial measures where actions are taken or intended in good faith in the course of the administration of that law.

Article 49

Administrative Procedures

To the extent that any civil remedy can be ordered as a result of administrative procedures on the merits of a case, such procedures shall conform to principles equivalent in substance to those set forth in this Section.

SECTION 3: PROVISIONAL MEASURES

Article 50

1.   The judicial authorities shall have the authority to order prompt and effective provisional measures:

(a)   to prevent an infringement of any intellectual property right from occurring, and in particular to prevent the entry into the channels of commerce in their jurisdiction of goods, including imported goods immediately after customs clearance;

(b)   to preserve relevant evidence in regard to the alleged infringement.

2.   The judicial authorities shall have the authority to adopt provisional measures *inaudita altera parte* where appropriate, in particular where any delay is likely to cause irreparable harm to the right holder, or where there is a demonstrable risk of evidence being destroyed.

3.   The judicial authorities shall have the authority to require the applicant to provide any reasonably available evidence in order to satisfy themselves with a sufficient degree of certainty that the applicant is the right holder and that the applicant' s right is being infringed or that such infringement is imminent, and to order the applicant to provide a security or equivalent assurance sufficient to protect the defendant and to prevent abuse.

4.   Where provisional measures have been adopted *inaudita altera parte*, the parties affected shall be given notice, without delay after the execution of the measures at the latest. A review, including a right to be heard, shall take place upon request of the defendant with a view to deciding, within a reasonable period after the notification of the measures, whether these measures shall be modified, revoked or confirmed.

5.   The applicant may be required to supply other information necessary for the identification of the goods concerned by the authority that will execute the provisional measures.

6.   Without prejudice to paragraph 4, provisional measures taken on the basis of paragraphs 1 and 2 shall, upon request by the defendant, be revoked or otherwise cease to have effect, if proceedings leading to a decision on the merits of the case are not initiated within a reasonable period, to be determined by the judicial authority ordering the measures where a Member's law so permits or, in the absence of such a determination, not to exceed 20 working days or 31 calendar days, whichever is the longer.

7.   Where the provisional measures are revoked or where they lapse due to any act or omission by the applicant, or where it is subsequently found that there has been no infringement or threat of infringement of an intellectual property right, the judicial authorities shall have the authority to order the applicant, upon request of the defendant, to provide the defendant appropriate compensation for any injury caused by these measures.

8.   To the extent that any provisional measure can be ordered as a result of administrative procedures, such procedures shall conform to principles equivalent in substance to those set forth in this Section.

SECTION 4: SPECIAL REQUIREMENTS RELATED TO BORDER MEASURES[12]

Article 51

Suspension of Release by Customs Authorities

Members shall, in conformity with the provisions set out below, adopt procedures[13] to enable a right holder, who has valid grounds for suspecting that the importation of counterfeit trademark or pirated copyright goods[14] may take place, to lodge an application in writing with competent authorities, administrative or judicial, for the suspension by the customs authorities of the release into free circulation of such goods. Members may enable such an application to be made in respect of goods which involve other infringements of intellectual property rights, provided that the requirements of this Section are met. Members may also provide for corresponding procedures concerning the suspension by the customs authorities of the release of infringing goods destined for exportation from their territories.

Article 52

Application

Any right holder initiating the procedures under Article 51 shall be required to provide adequate evidence to satisfy the competent authorities that, under the laws of the country of importation, there is *prima facie* an infringement of the right holder's intellectual property right and to supply a sufficiently detailed description of the goods to make them readily recognizable by the customs authorities. The competent authorities shall inform the applicant within a reasonable period whether they have accepted the application and, where determined by the competent authorities, the period for which the customs authorities will take action.

---

12 Where a Member has dismantled substantially all controls over movement of goods across its border with another Member with which it forms part of a customs union, it shall not be required to apply the provisions of this Section at that border.
13 It is understood that there shall be no obligation to apply such procedures to imports of goods put on the market in another country by or with the consent of the right holder, or to goods in transit.
14 For the purposes of this Agreement:

Article 53

Security or Equivalent Assurance

1.   The competent authorities shall have the authority to require an applicant to provide a security or equivalent assurance sufficient to protect the defendant and the competent authorities and to prevent abuse.   Such security or equivalent assurance shall not unreasonably deter recourse to these procedures.

2.   Where pursuant to an application under this Section the release of goods involving industrial designs, patents, layout-designs or undisclosed information into free circulation has been suspended by customs authorities on the basis of a decision other than by a judicial or other independent authority, and the period provided for in Article 55 has expired without the granting of provisional ref by the duly empowered authority, and provided that all other conditions for importation have been complied with, the owner, importer, or consignee of such goods shall be entitled to their release on the posting of a security in an amount sufficient to protect the right holder for any infringement.   Payment of such security shall not prejudice any other remedy available to the right holder, it being understood that the security shall be released if the right holder fails to pursue the right of action within a reasonable period of time.

Article 54

Notice of Suspension

The importer and the applicant shall be promptly notified of the suspension of the release of goods according to Article 51.

Article 55

Duration of Suspension

If, within a period not exceeding 10 working days after the applicant has been served notice of the suspension, the customs authorities have not been informed that proceedings leading to a decision on the merits of the case have been initiated by a party other than the defendant, or that the duly empowered authority has taken provisional measures prolonging the suspension of the release of the goods, the goods shall be released, provided that all other conditions for importation or exportation have been complied with; in appropriate cases, this time-limit may be extended by another 10 working days.   If proceedings leading to a decision on the merits of the case have been initiated, a review, including a right to be heard, shall take place upon request of the defendant with a view to deciding, within a reasonable period, whether these measures shall be modified, revoked or confirmed. Notwithstanding the above, where the suspension of the release of goods is carried out or continued in accordance with a provisional judicial measure, the provisions of paragraph 6 of Article 50 shall apply.

Article 56

Indemnification of the Importer and of the Owner of the Goods

Relevant authorities shall have the authority to order the applicant to pay the importer, the consignee and the owner of the goods appropriate compensation for any injury caused to them through the wrongful detention of goods or through the detention of goods released pursuant to Article 55.

Article 57

Right of Inspection and Information

Without prejudice to the protection of confidential information, Members shall provide the competent authorities the authority to give the right holder sufficient opportunity to have any goods detained by the customs authorities inspected in order to substantiate the right holder's claims. The competent authorities shall also have authority to give the importer an equivalent opportunity to have any such goods inspected. Where a positive determination has been made on the merits of a case, Members may provide the competent authorities the authority to inform the right holder of the names and addresses of the consignor, the importer and the consignee and of the quantity of the goods in question.

Article 58

Ex Officio Action

Where Members require competent authorities to act upon their own initiative and to suspend the release of goods in respect of which they have acquired *prima facie* evidence that an intellectual property right is being infringed:

(a)   the competent authorities may at any time seek from the right holder any information that may assist them to exercise these powers;

(b)   the importer and the right holder shall be promptly notified of the suspension. Where the importer has lodged an appeal against the suspension with the competent authorities, the suspension shall be subject to the conditions, *mutatis mutandis*, set out at Article 55;

(c)   Members shall only exempt both public authorities and officials from liability to appropriate remedial measures where actions are taken or intended in good faith.

Article 59

Remedies

Without prejudice to other rights of action open to the right holder and subject to the right of the defendant to seek review by a judicial authority, competent authorities shall have the authority to order the destruction or disposal of infringing goods in accordance with the principles set out in Article 46. In regard to counterfeit trademark goods, the authorities shall not allow the re-exportation of the infringing goods in an unaltered state or subject them to a different customs procedure, other than in exceptional circumstances.

Article 60

De Minimis Imports

Members may exclude from the application of the above provisions small quantities of goods of a non-commercial nature contained in travellers' personal luggage or sent in small consignments.

SECTION 5:   CRIMINAL PROCEDURES

Article 61

Members shall provide for criminal procedures and penalties to be applied at least in cases of wilful trademark counterfeiting or copyright piracy on a commercial scale.   Remedies available shall include imprisonment and/or monetary fines sufficient to provide a deterrent, consistently with the level of penalties applied for crimes of a corresponding gravity. In appropriate cases, remedies available shall also include the seizure, forfeiture and destruction of the infringing goods and of any materials and implements the predominant use of which has been in the commission of the offence. Members may provide for criminal procedures and penalties to be applied in other cases of infringement of intellectual property rights, in particular where they are committed wilfully and on a commercial scale.

PART IV

ACQUISITION AND MAINTENANCE OF INTELLECTUAL PROPERTY RIGHTS AND RELATED *INTER-PARTES* PROCEDURES

Article 62

1.   Members may require, as a condition of the acquisition or maintenance of the intellectual property rights provided for under Sections 2 through 6 of Part II, compliance with reasonable procedures and formalities. Such procedures and formalities shall be consistent with the provisions of this Agreement.

2.   Where the acquisition of an intellectual property right is subject to the right being granted or registered, Members shall ensure that the procedures for grant or registration, subject to compliance with the substantive conditions for acquisition of the right, permit the granting or registration of the right within a reasonable period of time so as to avoid unwarranted curtailment of the period of protection.

3.   Article 4 of the Paris Convention (1967) shall apply *mutatis mutandis* to service marks.

4.   Procedures concerning the acquisition or maintenance of intellectual property rights and, where a Member's law provides for such procedures, administrative revocation and *inter partes* procedures such as opposition, revocation and cancellation, shall be governed by the general principles set out in paragraphs 2 and 3 of Article 41.

5.   Final administrative decisions in any of the procedures referred to under paragraph 4 shall be subject to review by a judicial or quasi-judicial authority. However, there shall be no obligation to provide an opportunity for such review of decisions in cases of unsuccessful opposition or

administrative revocation, provided that the grounds for such procedures can be the subject of invalidation procedures.

PART V

DISPUTE PREVENTION AND SETTLEMENT

Article 63

Transparency

1.   Laws and regulations, and final judicial decisions and administrative rulings of general application, made effective by a Member pertaining to the subject matter of this Agreement (the availability, scope, acquisition, enforcement and prevention of the abuse of intellectual property rights) shall be published, or where such publication is not practicable made publicly available, in a national language, in such a manner as to enable governments and right holders to become acquainted with them. Agreements concerning the subject matter of this Agreement which are in force between the government or a governmental agency of a Member and the government or a governmental agency of another Member shall also be published.

2.   Members shall notify the laws and regulations referred to in paragraph 1 to the Council for TRIPS in order to assist that Council in its review of the operation of this Agreement.   The Council shall attempt to minimize the burden on Members in carrying out this obligation and may decide to waive the obligation to notify such laws and regulations directly to the Council if consultations with WIPO on the establishment of a common register containing these laws and regulations are successful.   The Council shall also consider in this connection any action required regarding notifications pursuant to the obligations under this Agreement stemming from the provisions of Article 6*ter* of the Paris Convention (1967).

3.   Each Member shall be prepared to supply, in response to a written request from another Member, information of the sort referred to in paragraph 1.   A Member, having reason to beve that a specific judicial decision or administrative ruling or bilateral agreement in the area of intellectual property rights affects its rights under this Agreement, may also request in writing to be given access to or be informed in sufficient detail of such specific judicial decisions or administrative rulings or bilateral agreements.

4.   Nothing in paragraphs 1, 2 and 3 shall require Members to disclose confidential information which would impede law enforcement or otherwise be contrary to the public interest or would prejudice the legitimate commercial interests of particular enterprises, public or private.

Article 64

Dispute Settlement

1.   The provisions of Articles XXII and XXIII of GATT 1994 as elaborated and applied by the Dispute Settlement Understanding shall apply to consultations and the settlement of disputes under this Agreement except as otherwise specifically provided herein.

2.   Subparagraphs 1(b) and 1(c) of Article XXIII of GATT 1994 shall not apply to the settlement of disputes under this Agreement for a period of five years from the date of entry into force of the WTO Agreement.

3.   During the time period referred to in paragraph 2, the Council for TRIPS shall examine the scope and modalities for complaints of the type provided for under subparagraphs 1(b) and 1(c) of Article XXIII of GATT 1994 made pursuant to this Agreement, and submit its recommendations to the Ministerial Conference for approval. Any decision of the Ministerial Conference to approve such recommendations or to extend the period in paragraph 2 shall be made only by consensus, and approved recommendations shall be effective for all Members without further formal acceptance process.

PART VI

TRANSITIONAL ARRANGEMENTS

Article 65

Transitional Arrangements

1.   Subject to the provisions of paragraphs 2, 3 and 4, no Member shall be obliged to apply the provisions of this Agreement before the expiry of a general period of one year following the date of entry into force of the WTO Agreement.

2.   A developing country Member is entitled to delay for a further period of four years the date of application, as defined in paragraph 1, of the provisions of this Agreement other than Articles 3, 4 and 5.

3.   Any other Member which is in the process of transformation from a centrally-planned into a market, free-enterprise economy and which is undertaking structural reform of its intellectual property system and facing special problems in the preparation and implementation of intellectual property laws and regulations, may also benefit from a period of delay as foreseen in paragraph 2.

4.   To the extent that a developing country Member is obliged by this Agreement to extend product patent protection to areas of technology not so protectable in its territory on the general date of application of this Agreement for that Member, as defined in paragraph 2, it may delay the application of the provisions on product patents of Section 5 of Part II to such areas of technology for an additional period of five years.

5.   A Member availing itself of a transitional period under paragraphs 1, 2, 3 or 4 shall ensure that any changes in its laws, regulations and practice made during that period do not result in a lesser degree of consistency with the provisions of this Agreement.

Article 66

Least-Developed Country Members

1.   In view of the special needs and requirements of least-developed country Members, their economic, financial and administrative constraints, and their need for flexibility to create a viable technological base, such Members shall not be required to apply the provisions of this Agreement, other than Articles 3, 4 and 5, for a period of 10 years from the date of application as defined under paragraph 1 of Article 65. The Council for TRIPS shall, upon duly motivated request by a least-developed country Member, accord extensions of this period.

2.   Developed country Members shall provide incentives to enterprises and institutions in their territories for the purpose of promoting and encouraging technology transfer to least-developed country Members in order to enable them to create a sound and viable technological base.

Article 67

Technical Cooperation

In order to facilitate the implementation of this Agreement, developed country Members shall provide, on request and on mutually agreed terms and conditions, technical and financial cooperation in favour of developing and least-developed country Members. Such cooperation shall include assistance in the preparation of laws and regulations on the protection and enforcement of intellectual property rights as well as on the prevention of their abuse, and shall include support regarding the establishment or reinforcement of domestic offices and agencies relevant to these matters, including the training of personnel.

PART VII

INSTITUTIONAL ARRANGEMENTS; FINAL PROVISIONS

Article 68

Council for Trade-Related Aspects of Intellectual Property Rights

The Council for TRIPS shall monitor the operation of this Agreement and, in particular, Members' compliance with their obligations hereunder, and shall afford Members the opportunity of consulting on matters relating to the trade-related aspects of intellectual property rights. It shall carry out such other responsibilities as assigned to it by the Members, and it shall, in particular, provide any assistance requested by them in the context of dispute settlement procedures. In carrying out its functions, the Council for TRIPS may consult with and seek information from any source it deems appropriate. In consultation with WIPO, the Council shall seek to establish, within one year of its first meeting, appropriate arrangements for cooperation with bodies of that Organization.

Article 69

International Cooperation

Members agree to cooperate with each other with a view to minating international trade in goods infringing intellectual property rights. For this purpose, they shall establish and notify contact points in their administrations and be ready to exchange information on trade in infringing goods. They shall, in particular, promote the exchange of information and cooperation between customs authorities with regard to trade in counterfeit trademark goods and pirated copyright goods.

Article 70

Protection of Existing Subject Matter

1.   This Agreement does not give rise to obligations in respect of acts which occurred before the date of application of the Agreement for the Member in question.

2.   Except as otherwise provided for in this Agreement, this Agreement gives rise to obligations in respect of all subject matter existing at the date of application of this Agreement for the Member in question, and which is protected in that Member on the said date, or which meets or comes subsequently to meet the criteria for protection under the terms of this Agreement. In respect of this paragraph and paragraphs 3 and 4, copyright obligations with respect to existing works shall be solely determined under Article 18 of the Berne Convention (1971), and obligations with respect to the rights of producers of phonograms and performers in existing phonograms shall be determined solely under Article 18 of the Berne Convention (1971) as made applicable under paragraph 6 of Article 14 of this Agreement.

3.   There shall be no obligation to restore protection to subject matter which on the date of application of this Agreement for the Member in question has fallen into the public domain.

4.   In respect of any acts in respect of specific objects embodying protected subject matter which become infringing under the terms of legislation in conformity with this Agreement, and which were commenced, or in respect of which a significant investment was made, before the date of acceptance of the WTO Agreement by that Member, any Member may provide for a limitation of the remedies available to the right holder as to the continued performance of such acts after the date of application of this Agreement for that Member. In such cases the Member shall, however, at least provide for the payment of equitable remuneration.

5.   A Member is not obliged to apply the provisions of Article 11 and of paragraph 4 of Article 14 with respect to originals or copies purchased prior to the date of application of this Agreement for that Member.

6.   Members shall not be required to apply Article 31, or the requirement in paragraph 1 of Article 27 that patent rights shall be

enjoyable without discrimination as to the field of technology, to use without the authorization of the right holder where authorization for such use was granted by the government before the date this Agreement became known.

7.   In the case of intellectual property rights for which protection is conditional upon registration, applications for protection which are pending on the date of application of this Agreement for the Member in question shall be permitted to be amended to claim any enhanced protection provided under the provisions of this Agreement.   Such amendments shall not include new matter.

8.   Where a Member does not make available as of the date of entry into force of the WTO Agreement patent protection for pharmaceutical and agricultural chemical products commensurate with its obligations under Article 27, that Member shall:

(a)   notwithstanding the provisions of Part VI, provide as from the date of entry into force of the WTO Agreement a means by which applications for patents for such inventions can be filed;

(b)   apply to these applications, as of the date of application of this Agreement, the criteria for patentability as laid down in this Agreement as if those criteria were being applied on the date of filing in that Member or, where priority is available and claimed, the priority date of the application;   and

(c)   provide patent protection in accordance with this Agreement as from the grant of the patent and for the remainder of the patent term, counted from the filing date in accordance with Article 33 of this Agreement, for those of these applications that meet the criteria for protection referred to in subparagraph (b).

9.   Where a product is the subject of a patent application in a Member in accordance with paragraph 8(a), exclusive marketing rights shall be granted, notwithstanding the provisions of Part VI, for a period of five years after obtaining marketing approval in that Member or until a product patent is granted or rejected in that Member, whichever period is shorter, provided that, subsequent to the entry into force of the WTO Agreement, a patent application has been filed and a patent granted for that product in another Member and marketing approval obtained in such other Member.

Article 71

Review and Amendment

1.   The Council for TRIPS shall review the implementation of this Agreement after the   expiration of the transitional period referred to in paragraph 2 of Article 65.   The Council shall, having regard to the experience gained in its implementation, review it two years after that date, and at identical intervals thereafter.   The Council may also undertake reviews in the light of any relevant new developments which might warrant modification or amendment of this Agreement.

2.   Amendments merely serving the purpose of adjusting to higher levels of protection of intellectual property rights achieved, and in force, in other multilateral agreements and accepted under those agreements by all Members of the WTO may be referred to the Ministerial Conference for action in accordance with paragraph 6 of Article X of the WTO Agreement on the basis of a consensus proposal from the Council for TRIPS.

Article 72

Reservations

Reservations may not be entered in respect of any of the provisions of this Agreement without the consent of the other Members.

Article 73

Security Exceptions

Nothing in this Agreement shall be construed:

(a)   to require a Member to furnish any information the disclosure of which it considers contrary to its essential security interests; or

(b)   to prevent a Member from taking any action which it considers necessary for the protection of its essential security interests;

   (i)   relating to fissionable materials or the materials from which they are derived;

   (ii)   relating to the traffic in arms, ammunition and implements of war and to such traffic in other goods and materials as is carried on directly or indirectly for the purpose of supplying a military establishment;

(iii) taken in time of war or other emergency in international relations; or

(c) to prevent a Member from taking any action in pursuance of its obligations under the United Nations Charter for the maintenance of international peace and security.

索引

著者紹介

竹内 誠也 （たけうち せいや）

山口大学大学院 技術経営研究科 教授・弁理士

経歴
1996年　慶應義塾大学経済学部経済学科 卒業
1998年　慶應義塾大学法学部法律学科 卒業
2003年　中央大学大学院法学研究科 博士前期課程修了（法学修士）
2013年　英国エディンバラ大学ロースクール大学院 後期研究課程Research Law Program
　　　　修了（Research LL.M）
　　　　英国オックスフォード大学大学院Presessional Program 履修
2016～2020年　英国オックスフォード大学ロースクール 客員法学者

職歴
1998～2003年　三菱電機株式会社 法務知財本部 知的財産渉外部 主任
2003～2015年　日本アイ・ビー・エム株式会社 知的財産法務部 次長弁理士
2015年～現在　山口大学大学院 技術経営研究科 教授
　　　　　　　竹内知的財産法務事務所 代表弁理士
2019年～現在　国際連合WIPO 知財仲裁機構 国際仲裁調停官

著書
『コンテンツ・ネット取引とIoTビジネスに係る情報法・知的財産法・競争法の法的課題に関する実務上の留意点と法政策の展望』EMEパブリッシング，2017.
Legal Practice and Policy-making on the IoT Business Model:Challenges on IP Law and Information Law in Japan, EME Publishing, 2018.
『オープン戦略下における知的財産法務の実務と国際知財法政策の諸動向』，EMEパブリッシング，2019.

◎本書スタッフ
マネージャー：大塚 浩昭
編集長：石井 沙知
表紙デザイン：tplot.inc 中沢 岳志
技術開発・システム支援：インプレスR&D NextPublishingセンター
●本書に記載されている会社名・製品名等は、一般に各社の登録商標または商標です。本文中の©、®、TM等の表示は省略しています。
●本書の内容についてのお問い合わせ先

近代科学社Digital　メール窓口
kdd-info@kindaikagaku.co.jp
件名に「『本書名』問い合わせ係」と明記してお送りください。
電話やFAX、郵便でのご質問にはお答えできません。返信までには、しばらくお時間をいただく場合があります。なお、本書の範囲を超えるご質問にはお答えしかねますので、あらかじめご了承ください。

国際知的財産法概説

TRIPs特許・反競争

2020年4月24日　初版発行Ver.1.0

著　者　竹内 誠也
発行人　井芹 昌信
発　行　近代科学社Digital
販　売　株式会社近代科学社
　　　　〒162-0843
　　　　東京都新宿区市谷田町2-7-15 近代科学社ビル
　　　　https://www.kindaikagaku.co.jp

©2020 Seiya Takeuchi.
印刷・製本　京葉流通倉庫株式会社
Printed in Japan

ISBN978-4-7649-6009-1

近代科学社Digital は、株式会社近代科学社が推進する21世紀型の理工系出版レーベ
ルです。デジタルパワーを積極活用することで、オンデマンド型のスピーディで持続可能な出
版モデルを提案します。

近代科学社Digitalは株式会社インプレスR&Dのデジタルファースト出版プラットフォーム
"NextPublishing" との協業で実現しています。